GÉNEROS, MASCULINIDADES Y DIVERSIDAD

Educación física, deporte e identidades masculinas

Joaquín Piedra (coord.)

GÉNEROS, MASCULINIDADES Y DIVERSIDAD

Educación física, deporte e identidades masculinas

Eric Anderson, Pilar Colás-Bravo, Emilia Fernández-García, Michael Gard, Canan Koca, Håkan Larsson, Águeda Latorre, Carlos Lomas, Cristina López-Villar, Mark McCormack, Pınar Öztürk, Gonzalo Ramírez-Macías, Francis Ries, Carmen Rodríguez, Augusto R. Rodríguez-Sánchez, Cristina Sanz, Pablo Ariel Scharagrodsky, Paula Silva

Octaedro

Título: *Géneros, masculinidades y diversidad: educación física, deporte e identidades masculinas*

Coordinador: Joaquín Piedra

Autores: Eric Anderson, Pilar Colás-Bravo, Emilia Fernández-García, Michael Gard, Canan Koca, Håkan Larsson, Águeda Latorre, Carlos Lomas, Cristina López-Villar, Mark McCormack, Pınar Öztürk, Joaquín Piedra, Gonzalo Ramírez-Macías, Francis Ries, Carmen Rodríguez, Augusto R. Rodríguez-Sánchez, Cristina Sanz, Pablo Ariel Scharagrodsky, Paula Silva

Primera edición: diciembre de 2013

ISBN: 978-84-9921-441-2
Depósito legal: B. 28.032-2013

Ilustración cubierta: 123RF (Gladcov Vladimir)
Diseño cubierta: Tomàs Capdevila
Realización: Editorial Octaedro

Impresión: DC PLUS, Serveis Editorials

Impreso en España - *Printed in Spain*

Sumario

Presentación de los autores

Eric Anderson

El profesor Eric Anderson es un sociólogo norteamericano, actualmente en la University of Winchester, Inglaterra y académico de la British Academy of Social Sciences. Es conocido por sus investigaciones sobre sexualidades y masculinidades, particularmente en el campo del deporte y de las relaciones.

Sus trabajos muestran un incremento positivo de las relaciones entre atletas gays en el deporte, así como una evaluación de la masculinidad de jóvenes heterosexuales hacia una masculinidad más suave e inclusiva. El profesor Anderson también trabaja en problemáticas relacionadas con la monogamia de los hombres y la función del engaño, el reconocimiento de la bisexualidad masculina y el incremento de la aceptación de los besos entre jóvenes varones heterosexuales.

Ha escrito 10 libros, algunos de ellos premiados y *best sellers*. Ha publicado en numerosas revistas científicas y escribe artículos regularmente en la prensa. El profesor Anderson está casado con el Dr. Grant Tyler Peterson, y tienen dos hijos.

Pilar Colás-Bravo

Doctora en Ciencias de la Educación, Catedrática de Métodos de Investigación y Diagnóstico en Educación en la Universidad de Sevilla, España. Tiene una larga trayectoria de participación en Proyectos de Investigación I+D sobre temas de Género, Evaluación y TIC. Especialista en métodos cuantitativos y cualitativos de investigación en educación. Actualmente es investigadora del Proyecto I+D *El espejismo del ascenso social y socialización de la violencia de género* subvencionado por el Ministerio de Ciencia e Innovación. Colabora como experta con la Agencia Nacional Española de Evaluación de la Calidad y la Acreditación (ANECA).

Ha sido invitada como ponente a Congresos Nacionales e Internacionales, en calidad de experta sobre temas de Género. Ha dirigido Tesis y numerosos trabajos de investigación sobre *Identidad y Género.* Es autora de más de un centenar de publicaciones científicas y especializadas, entre otras, *Género y Educación: La realidad en las instituciones educativas* (2011), *Educación inclusiva en género. Aplicaciones en la práctica* (2010), *Género y Ciencia. Líneas y metodologías de Investigación* (2008), *Guía de prevención y atención de la violencia de género en las universidades* (2008), *Investigación, Género y Educación* (2007), *La interiorización de los estereotipos de género en jóvenes y adolescentes* (2007), *La construcción de la identidad de género: enfoques teóricos para fundamentar la investigación e intervención educativa* (2007), *Género, Interculturalidad e Identidad. Teoría y práctica educativa* (2006).

Emilia Fernández-García

Licenciada en Educación Física y Doctora en Ciencias de la Educación desde 1995. Desempeña su trabajo como Catedrática en la Facultad de Educación-Centro de Formación del Profesorado de la Universidad Complutense de Madrid, España. Es Directora del Grupo de Investigación UCM 940096 «Estudios de género en la Actividad Física y el Deporte» y actualmente dirige el Departamento de Expresión Musical y Corporal de dicha Universidad.

Michael Gard

Michael Gard es profesor investigador en la Escuela de Educación de la Southern Cross University, Australia. Enseña y escribe sobre danza, deporte y ciencias de la salud humana. Es autor de tres libros incluyendo *The Obesity Epidemic: Science, Morality and Ideology* (con Jan Wright) y *The End of the Obesity Epidemic.* Entre sus otros campos de investigación se incluyen la historia del deporte y las políticas sexuales y de género de la danza educativa. Junto a Carolyn Vender Schee, está escribiendo un libro sobre las relaciones históricas y contemporáneas entre escuela y política de salud pública. Este trabajo considera la evolución de las prácticas y políticas de salud pública en las escuelas, así como las formas en las que las actuales políticas de salud hacen a las escuelas y a los chicos más aptos para la explotación empresarial.

Canan Koca

Doctora por la Hacettepe University, Escuela de Ciencias del Deporte y de la Tecnología, de Turquía. Ha trabajado como investigadora en la Universidad de Edimburgo, Escocia. Desde 2010 trabaja como profesora en Hacettepe University. Canan es presidenta desde 2012 del Turkish Association of Physical Activity and Sport for Women y miembro del comité ejecutivo de la International Association of Physical Education and Sport for Girls and Women (IAPESGW) desde 2009. En 2006 obtiene el «Young Scholars Award» de la International Association of Physical Education in Higher Education (AIESEP), en Finlandia. En 2011 es galardonada como Mejor Joven Científica por la Academia Turca de Ciencias. En 2012 recibe el Koç-KAM Research Award en Estudios de Género por la Koç University Center for Gender Studies.

El interés científico de Canan Koca se sitúa en las políticas y prácticas relacionadas principalmente con la promoción de la actividad física y la práctica deportiva en chicas y mujeres. Actualmente su investigación se centra en la práctica de actividad física en tres generaciones de mujeres turcas. Tiene varias publicaciones en revistas internacionales como *Sport, Education and Society, Gender and Education, Gender, Work and Organization, Sex Roles*; y ha contribuido en capítulos de libros nacionales e internacionales.

Håkan Larsson

Håkan Larsson es profesor de educación física en The Swedish School of Sport Sciences de Estocolmo, Suecia. Dirige un grupo de investigación sobre educación física y pedagogía deportiva, constituido por seis investigadores y 15 estudiantes de doctorado. Su interés investigador se centra en el deporte y el género, así como en la enseñanza y aprendizaje en educación física. A menudo, estas dos líneas de investigación convergen. Actualmente está colaborando en dos proyectos de investigación, uno sobre enseñanza y aprendizaje en educación física secundaria desde una perspectiva sociocultural, y otro sobre experiencias deportivas en personas LGBTQ (lesbiana, gay, bisexual, travesti o queer) desde la perspectiva queer.

Águeda Latorre

Doctora por la Universidad de Sevilla. Profesora Contratada Doctora del Departamento de Educación Física y el Deporte de la Universidad de Sevilla, España. Miembro del Grupo de Investigación «HUM507: Educación Física: Salud y Deporte». Ha participado en proyectos de investigación como «Elaboración de página web interactiva del M.E.C.D. Centro Nacional de Información, del Ministerio de Educación, Cultura y Deporte, Gobierno de España», «Evaluación de la formación deportiva en Andalucía, de la Consejería de Turismo y Deporte de la Junta de Andalucía». Actualmente colabora, junto con otros compañeros del departamento, en trabajos que relacionan la masculinidad y la homosexualidad en las clases de educación física.

Carlos Lomas

Profesor en el Instituto de Educación Secundaria nº 1 de Gijón (España). Asesor de formación continua del profesorado entre 1990-2010. Director de la revista *SIGNOS* (<http://www.cprgijon.es/cpr/revista-signos>) entre 1990 y 1997 y autor, entre otros libros y artículos en revistas especializadas, de *El espectáculo del deseo. Usos y formas de la persuasión publicitaria* (Octaedro, 1996), *Cómo enseñar a hacer cosas con las palabras* (Paidós, 1999, dos volúmenes), *¿Todos los hombres son iguales?* (Paidós, 2003), *Los chicos también lloran* (Paidós, 1999) y *¿El otoño del patriarcado? Luces y sombras de la igualdad entre mujeres y hombres* (Península, 2008). Como formador ha intervenido en congresos, cursos, seminarios y jornadas en España, Portugal, Brasil, México, Guatemala, Venezuela, Puerto Rico, Chile y Colombia.

Cristina López-Villar

Doctora en Ciencias de la Actividad Física y el Deporte, Universidad de Vigo, España. Profesora de Teoría e Historia de la Actividad Física y el Deporte en la Facultad de Ciencias del Deporte y la Educación Física de la Universidad de A Coruña. Como miembro del Grupo de Estudios de Género, Actividad Física y Deporte (GEXAFD), sus líneas de investigación actuales giran en torno a la historia de las mujeres en el deporte y a la actividad física como medio de empoderamiento. Ha participado en la elaboración del Plan integral para la actividad física y el deporte del CSD, concretamente desde el capítulo de la igualdad efectiva entre mujeres y hombres editado en 2010. Ha publicado monografías como *La realidad físico-deportiva de las mujeres en Galicia* (2008), y artículos sobre género en revistas españolas como *Apunts* o *Tándem.*

Mark McCormack

El Doctor Mark McCormack es profesor de Sociología en la Durham University, Inglaterra. Su línea de investigación documenta la erosión de la homofobia en los ambientes educativo y deportivo, uniendo esta tendencia social a nuevas formas de masculinidades entre jóvenes heterosexuales. Ha publicado sus trabajos en *Sociology*, *Sociological Perspecti ves* y *British Journal of Sociology*, así como en su libro *The Declining Significance of Homophobia: How Teenage Boys are Redefining Masculinity and Heterosexuality.*

Las investigaciones de Mark exploran también la influencia de la disminución de la homofobia en la vida de las minorías sexuales, particularmente en los jóvenes bisexuales. Aquí, las experiencias de salida del armario de los hombres bisexuales han mejorado en los últimos años, y sus comportamientos de género se han hecho más inclusivos. Mark va a hacer en los próximos años publicaciones sobre este tema, incluyendo un libro en colaboración con Eric Anderson editado por Columbia University Press. Mark ha coeditado también *Contemporary Debates in the Sociology of Education*, con Rachel Brooks y Kalwant Bhopal.

Pınar Öztürk

Pınar Ozturk obtuvo su graduado en el departamento de psicología de la Ankara University en 2001. Posteriormente realizó un máster en el departamento de psicología del desarrollo de la Hacettepe University en 2005. Ha trabajado como psicóloga en varias instituciones públicas entre 2004 y 2011. En el área de la psicología del desarrollo ha tomado parte en algunas investigaciones y proyectos relacionados con el desarrollo mental, social y emocional de los niños. Actualmente está realizando su doctorado en la Escuela de Ciencias del Deporte y de la Tecnología de la Hacettepe University desde 2011 y trabaja como investigadora en el mismo departamento. Su interés científico es la problemática del género en campo de la actividad física y el ejercicio, masculinidades en educación física y deporte, y motiavación hacia el ejercicio recreacional.

Joaquín Piedra

Doctor por la Universidad de Sevilla (España) y Licenciado en Ciencias de la Actividad Física y el Deporte por la Universidad de Granada (España). Trabaja desde 2006 en la Universidad de Sevilla y actualmente es profesor Ayudante Doctor del Departamento de Educación Física y Deporte. Su línea de investigación es la igualdad en las clases de educación física, analizando tanto al alumnado como al profesorado. Actualmente está trabajando en un proyecto sobre masculinidades, homofobia y heterosexismo en las clases de Educación Física, colaborando con diferentes universidades europeas.

Gonzalo Ramírez-Macías

Gonzalo Ramírez-Macías es profesor de la Facultad de Ciencias de la Educación en la Universidad de Sevilla (España), donde imparte Historia del Deporte y la Educación Física. Ha publicado diversos trabajos sobre historia del deporte y temas de género.

Francis Ries

Profesor Contratado Doctor en el Departamento de Educación Física y Deporte de la Facultad de Ciencias de la Educación en la Universidad de Sevilla, España. Actualmente ejerce de Vicedecano de Internacionalización de dicha facultad. Ha impartido clases en diferentes universidades europeas (Francia, Reino Unido, Islandia y Alemania).

Sus campos de interés científico se centran en la educación física y el deporte, la motivación, los aspectos psicosociales de la actividad física, la coeducación, la formación del profesorado y la internacionalización de la educación superior.

El Dr. Ries es autor de diversos artículos y capítulos de libros sobre la Teoría del Comportamiento Planificado en contextos deportivos, coeducativos y motivacionales en la actividad física.

Carmen Rodríguez

Licenciada en Ciencias de la Actividad Física y del Deporte por la Universidad de Granada (España). Trabaja desde 1993 en la Universidad de Sevilla y actualmente es profesora Titular del Departamento de Educación Física y Deporte, donde imparte la disciplina de Atletismo, así como Mujer y Deporte, en el *Master Oficial de Género y Desarrollo Profesional*. Investiga sobre género en la práctica de actividad física-deportiva, teniendo proyectos y publicaciones nacionales e internacionales al respecto relacionadas con el deporte, el género y el atletismo. Complementa su actividad académica con la de entrenadora de atletismo del núcleo de velocidad y vallas de la Real Federación Española de Atletismo.

Augusto R. Rodríguez-Sánchez

Licenciado en Ciencias de la Actividad Física y del Deporte y actualmente doctorando en el Departamento de Educación Física y Deporte de la Universidad de Sevilla, España. Investiga sobre género en la práctica de actividad física-deportiva, teniendo publicaciones nacionales e internacionales al respecto relacionadas con el deporte, la mujer y la homofobia.

Cristina Sanz

Licenciada en Psicopedagogía por la Universidad Complutense de Madrid desde 2009 y Maestra con la especialidad de Educación Física desde el año 2005. Desde dicho año trabaja como maestra especialista en Educación Física en un centro público de la Comunidad de Madrid (España). Actualmente, se encuentra en proceso de elaboración de su Tesis Doctoral que está relacionada con la identidad masculina en la educación física, la actividad física y el deporte.

Pablo Ariel Scharagrodsky

Doctor en Ciencias Sociales y Humanas por la Universidad Nacional de Quilmes. Actualmente es docente investigador en la Universidad de Quilmes en la Licenciatura en Educación y en la Universidad de La Plata en el Profesorado en Educación Física. Además, es co-director del Programa de investigación denominado «Escuela, diferencia e inclusión» en la Universidad Nacional de Quilmes. Sus temas de investigación son la Historia de la Educación y de la Educación Física y de los Deportes en perspectiva de género. Especialmente en temas referidos a los *Men's Studies*. Entre sus últimas publicaciones destaca la coordinación del libro: *La invención del 'homo gymnasticus'. Fragmentos históricos sobre la educación de los cuerpos en movimiento en Occidente.* Editorial Prometeo, 2011. Ha publicado también gran número de artículos y capítulos de libros sobre la temática del cuerpo, el género, la educación y la educación física.

Paula Silva

Paula Silva es profesora de la Facultad de Deporte en la Universidad de Oporto (FADEUP), Portugal, donde imparte clases en el grado y posgrado en pedagogía del deporte y en formación del profesorado de educación física. Es investigadora en el CIAFEL-Research Centre in Physical Activity, Health and Leisure (FADEUP), y su investigación se centra en género en el deporte y en la educación física.

Agradecimientos

En primer lugar quisiera agradecer el trabajo y la dedicación de todos los autores y autoras de este libro, así como su confianza en este proyecto que se inició hace un año. Su esfuerzo y paciencia en la elaboración, revisión y reedición de sus trabajos han permitido finalizar este trabajo del que me siento tan orgulloso y contento.

Quisiera también agradecer a los editores de la editorial Octaedro por confiar en nuestro trabajo, en especial a Juan León, por su trato y paciencia dispensada en estos meses.

También se merecen mi agradecimiento Pablo Ocaña y Marina Puertas, traductores de los capítulos de los autores no hispanohablantes. Su trabajo y compromiso merecen el mejor de los reconocimientos. Igualmente tenemos que agradecer la colaboración y el apoyo económico e institucional recibido por FARE Network en la edición de este libro y que, como nosotros, lucha por la eliminación de las discriminaciones en el deporte

Finalmente quisiera agradecer las aportaciones de Mª Ángeles Rebollo y Rafael García, que, como formadores míos, me iniciaron en el tema de las desigualdades educativas por razón de género. Gracias a ellos esto hoy día trabajando en este tema con la mayor de las ganas y la mayor de las ilusiones.

Introducción

Desde hace más de 40 años, se vienen estudiando, investigando y escribiendo trabajos a nivel internacional sobre la situación de la mujer en el deporte y en la educación física. Algo más reciente, aunque también con una amplia trayectoria, encontramos publicaciones sobre masculinidades, sobre homofobia o sobre diversidades en las clases de educación física. Sin embargo, estos trabajos han tenido un público y un área de influencia eminentemente anglosajona. El interés científico y académico por estos temas ha ido llegando con años de retraso a otras sociedades como las mediterráneas, las sudamericanas o las musulmanas.

Estos cambios en los intereses científicos vienen en muchos casos de la mano de los cambios sociales y políticos acontecidos en los países. En sociedades como la española o las iberoamericanas, los cambios políticos y socioculturales sobre igualdad de género, derechos y libertades han empezado a llegar hace algo más de una década, sin alcanzar ni mucho menos los niveles de libertad y apertura de las sociedades occidentales. Es por ello que el volumen de trabajos que encontramos en la literatura científica en castellano sobre género y educación física sea mucho más reducido y reciente que en otras sociedades más avanzadas a nivel de derechos y libertades.

Además, como ya hemos mencionado, al hablar de igualdad, al hablar de género, se hace referencia en muchos casos a la lucha por la igualdad de las mujeres, al feminismo, a la discriminación del sexo femenino. Sin querer menospreciar ni minimizar la necesidad, la pertinencia y los logros de estos trabajos e investigaciones, la lucha por la igualdad ha dejado en un segundo lugar a la otra mitad de la población. Sin sensibilizar ni hacer partícipes en la lucha contra las desigualdades a los hombres y niños, no lograremos la total erradicación de las discriminaciones en nuestras sociedades.

Este libro tiene su origen precisamente en estas dos realidades. Por un lado, la falta de publicaciones en lengua castellana sobre la temática, y por otro lado, la escasez de publicaciones de género, específicas sobre las diversidades y las masculinidades en el área educativa del deporte, la educación física. Como afirman los investigadores, la falta de investigaciones y trabajos que profundicen en la problemática de las diversidades (Clarke, 2006) supone un obstáculo para la comprensión de esta realidad en las clases de educación física en nuestra sociedad (Barbero, 2003), y por lo tanto para proponer soluciones. El objetivo de este libro no es aclarar todas las cuestiones que atañen a la dificultad para alcanzar la igualdad real más allá del feminismo. Esta publicación está planteada, más bien, como un primer impulso a la investigación sobre diversidades en las clases de educación física en el ámbito científico de lengua castellana. Por otro lado, intentamos facilitar la difusión del conocimiento internacional sobre masculinidades y diversidades, a través de trabajos de autores de reconocido prestigio en el ámbito del deporte, la educación física y el género. ¿Por qué unir masculinidades y homosexualidad en un mismo libro? Como afirma el sociólogo Michael Messner (1992), dentro de la definición moderna de masculinidad, la prohibición de la homosexualidad es uno de los rasgos principales, especialmente en el ámbito deportivo donde la hostilidad hacia la homosexualidad se acrecienta (McCaughtry, Dillon, Jones y Smigell, 2005; Pronger, 2000). En muchos casos, la homosexualidad es el línea límite entre lo que se considera y se acepta como masculino y lo que no. Por eso, en muchos casos, al estudiar las masculinidades tenemos que tener en cuenta la homosexualidad en nuestras investigaciones, uniendo en una dualidad lo que en realidad son dos cuestiones diferentes pero con rasgos comunes.

Para analizar esta situación, el monográfico está dividido en tres grandes bloques. Por un lado, el primer bloque presenta una serie de trabajos de temática transversal, es decir, no centrados específicamente en la educación física y en el estudio de la masculinidad y la diversidad sexual dentro de ella, pero que tienen su influencia en la compresión de la realidad escolar en nuestras aulas. Por otro lado, el segundo bloque de capítulos presenta investigaciones desarrolladas recientemente en diferentes países y sociedades, describiendo la realidad masculina de las clases de educación física bajo el prisma de su desarrollo social, cultural, político y religioso. Todas las investigaciones presentadas lo hacen bajo el amparo de diferentes teorías que explican la masculinidad en la sociedad, particularmente en el ámbito deportivo. La mayoría de los trabajos se enmarcan en la explicación de la masculinidad dada por Raewyn Connell (1995) en la que destaca la masculinidad hegemónica como dominante en la sociedad occidental. Además, algunos se apoyan en constructos y teorías como las comunidades de práctica de género de Paechter (2003), la teoría del *Doing Gender* de West y Zimmerman (1987), así como los conceptos de habitus, capital social y físico del sociólogo francés Pierre Bourdieu (1978; 2000). Esta variedad de aportes y visiones teóricas no hace más que enriquecer el conocimiento académico e investigador de los trabajos que forman este libro. De esta manera permiten también explicar mejor la construcción de la masculinidad en las aulas de educación física desde posicionamientos epistemológicos diferentes, pero aunándolos todos para una mejor compresión de la diversidad de género en nuestras aulas. Por último, el tercer bloque presenta un par de trabajos sobre el análisis de la homosexualidad en las clases de educación física en España. Se presentan dos trabajos que tratan de dinamizar la escasa investigación en esta temática en nuestro país y cultura, aportando una visión de la realidad desde la perspectiva del alumnado y del profesorado.

El primer capítulo de este libro tiene su ubicación fuera de los bloques mencionados porque es un documento que hace de unión y conexión entre la introducción y los tres bloques de capítulos del libro. En él, el profesor Carlos Lomas hace una aproximación teórica a las nociones relacionadas con la masculinidad dentro del patriarcado que marcan una forma de ser hombre, que oprime y domina a las demás visiones de la masculinidad. Se destacan también las consecuencias para los hombres y la sociedad de esta forma de entender la masculinidad. Por último, enmarca esta nociones en la educación en general, y en la educación física y el deporte en particular.

En el capítulo 2, los investigadores Mark McCormack y Eric Anderson presentan un análisis de la realidad educativa sobre la masculinidad y la homofobia en la vida diaria de un grupo de alumnos de 16 a 18 años en una escuela tipo de Inglaterra. Entre los datos que obtienen mediante observaciones y entrevistas destacan que en este grupo de jóvenes empieza a verse disminuida la homofobia, observándose mayor libertad para el contacto físico entre jóvenes, mayor expresión de emociones, así como la inexistencia de ataques homófonos en el discurso. Este trabajo pone el contrapunto a las concepciones más diseminadas de la masculinidad y la homosexualidad en las escuelas, teniendo que rehacer las concepciones de la masculinidad de Connell para explicar estas nuevas situaciones en las escuelas británicas.

Michael Gard, en el capítulo 3, hace un repaso histórico al desarrollo de la danza en diferentes culturas no occidentales, desde África hasta Asia, pasando por Europa, tratando de desmitificar la vinculación actual casi obligatoria de la danza masculina con la homosexualidad, resaltado la construcción de las masculinidades unidas a las danza. En todas las danzas citadas se ve la influencia de las concepciones culturales, sociales y políticas, pero destacando la normalización de la participación masculina en la danza. No es hasta el desarrollo de la Europa industrializada en el siglo XIX cuando empiezan a extenderse en la danza los prejuicios homofóbicos de la sociedad europea. En la segunda parte del capítulo, el autor australiano desengrana y detalla las causas de la marginalización de la danza en la educación física en las clases occidentales en los últimos 100 años, fruto de fuerzas sociales similares que provocaron la decadencia de los bailarines.

Las investigadoras españolas Pilar Colás-Bravo y Carmen Rodríguez plantean desde la perspectiva de género el análisis de los estereotipos de género en las mujeres atletas. Desde esta perspectiva analizan en el capítulo 4 las creencias y opiniones de un grupo de universitarios encontrando que, a pesar de su formación especializada en ciencias del deporte, los estereotipos sexistas siguen arraigados en el pensamiento de los chicos y chicas sobre el atletismo. Estas opiniones parecen estar más arraigadas en el pensamiento masculino, lo que no hace sino apoyar la premisa de la necesidad de una formación y sensibilización más efectivas e intensas en el colectivo masculino.

En el capítulo 5 la profesora Cristina López-Villar destaca la importancia del juego y del juguete en la formación y desarrollo del niño a nivel psicológico y sociológico. El estudio realizado analiza los catálogos de juguetes en España en las pasadas navidades. El análisis de dichos documentos recalca la reproducción de los roles y estereotipos asignados por género de forma hegemónica y tradicional. En el caso de los niños, se constata la fuerte presencia de estereotipos asociados a la masculinidad tradicional como dinamismo, agresividad, tendencia al dominio, aspecto afectivo poco definido, aptitud para las ciencias, valentía o amor al riesgo. A partir de los resultados, la autora hace cinco propuestas didácticas para la etapa de infantil (3-6 años) que se pueden integrar con mucha facilidad en las propuestas de aula de los docentes.

En su análisis de la realidad portuguesa, la profesora Paula Silva hace, en el capítulo 6, una aproximación muy clara e inteligente a las teorías de género que explican la construcción de la masculinidad en la sociedad portuguesa. En la segunda parte del capítulo la investigadora presenta los resultados de observaciones y entrevistas tanto a docentes como al alumnado en las clases de educación física portuguesa. Los resultados de este estudio señalan la multiplicidad de masculinidades y feminidades presentes en el contexto de práctica deportiva y la necesidad de deconstruir el género para alcanzar la plena igualdad en la sociedad.

En el capítulo 7, el investigador argentino Pablo A. Scharagrodsky detalla la historia de la masculinidad en la educación física desde el surgimiento de las escuelas gimnásticas europeas en el siglo XIX, destacando las características que han permitido la reproducción de la masculinidad hegemónica imperante en la sociedad argentina actual. A partir de esta visión histórica, el autor desgrana los aspectos básicos que contribuyen a la construcción de la masculinidad en la educación física argentina presente. Conocer estos aspectos básicos permitirá a los docentes formular escenarios más justos y equitativos en la educación física futura.

En el capítulo 8, las investigadoras españolas Emilia Fernández-García y Cristina Sanz analizan las opiniones y experiencias de un grupo de alumnos de 5º y 6º de Primaria (10-12 años) en las clases de educación física con respecto a su identidad masculina. Las entrevistas realizadas resaltan la concepción masculina de estos chicos como oposición de lo femenino, identificando los rasgos tradicionales asociados a la identidad masculina. Las experiencias de los chicos demuestran que aquellos que no se ajustan a estos rasgos y patrones son discriminados, debido en su mayoría al incumplimiento de estereotipos de género existentes en esta área. Se destaca también la mayor rigidez en la identidad masculina que en la femenina que se traduce en críticas, insultos e incomprensión hacia los chicos que se desvinculan de la masculinidad hegemónica.

El profesor sueco Håkan Larsson, hace un análisis en el capítulo 9 de los modelos de género de la realidad educativa en su país, concretamente en el área de la educación física. A lo largo de su capítulo se van desmenuzando las características de la educación física, cargada de una visión discriminativa entre el profesorado y el alumnado. El análisis histórico plantea el origen de dicha situación actual. Al final del capítulo, el autor plantea una posible alternativa docente para ir más allá de la visión masculina reducida, planteamientos que él está llevando a la práctica en sus clases universitarias.

Las investigadoras turcas Canan Koca y Pinar Öztürk desgranan en el capítulo 10 la situación de la masculinidad en la sociedad turca a través del discurso del alumnado y las prácticas docentes. Este análisis refleja la fuerte influencia de la masculinidad hegemónica en la sociedad turca, los grandes rasgos marciales de la educación física y la importancia de la competición en las clases de educación física, espacialmente el fútbol, que ha desempeñado un papel crucial en el dominio masculino, y necesario para mantener el estatus de miembro en la comunidad de práctica masculina en los colegios turcos. A aquellos chicos que no forman parte de esta comunidad de práctica se les discrimina y rechaza rápidamente, considerándolos afeminados y homosexuales.

En el capítulo 11, Joaquín Piedra, Gonzalo Ramírez y Águeda Latorre desgranan, a través de entrevistas a profesorado de educación física, las percepciones y creencias sobre las masculinidades y la homosexualidad en sus clases. Los datos que se resaltan de este estudio destacan la sensibilidad que estos docentes dicen tener hacia la diversidad sexual en sus aulas, afirmando tener un trato cordial y respetuoso con estas personas. Sin embargo, estas afirmaciones a veces se contradicen con otras declaraciones, que en muchos casos reproducen de manera inconsciente estereotipos con su alumnado, transmitiendo una educación discriminativa. La sociedad española, a pesar de los cambios y avances legislativos, sigue mostrando patrones de discriminación en las aulas, en muchos casos sutiles y subconscientes. Se destaca, por ello, la necesidad de la sensibilización y formación del futuro profesorado de educación física, que conozca y disponga de las herramientas necesarias para erradicar de sus clases toda forma de discriminación.

Por último, en el capítulo 12 los investigadores Joaquín Piedra, Francis Ries y Augusto Rodríguez muestran los resultados de un estudio llevado a cabo con jóvenes españoles sobre la homofobia y el heterosexismo durante sus clases de educación física en secundaria. Los datos de su trabajo demuestran que los jóvenes manifiestan haber sido testigos de comportamientos homofóbicos entre estudiantes en bastantes ocasiones. Los chicos y chicas del estudio reconocen el uso del lenguaje homofóbico en las clases, especialmente en el caso de los chicos. Al preguntarles sobre la labor docente, los jóvenes perciben que su profesorado no actuó de manera adecuada ante las situaciones de discriminación sexual.

Referencias

Barbero, J. I. (2003). «La educación física y el deporte como dispositivos normalizadores de la heterosexualidad». En O. Guasch y O. Viñuales (eds.), *Sexualidades: diversidad y control social* (pp. 355-377). Barcelona: Bellaterra.

Bourdieu, P. (1978). «Sport and social class». *Social Science Information, 17,* 819-840.

Bourdieu, P. (2000). *La dominación masculina*. Barcelona: Anagrama.

Clarke, G. (2006). «Sexuality and Physical Education». En D. Kirk, D. MacDonald y M. O'Sullivan (eds.), *The Handbook of Physical Education* (pp. 723-739). Londres: SAGE.

Connell, R. W. (1995). *Masculinities*. Cambridge: Polity.

Messner, M. (1992). *Power and play. Sports and the problem of masculinity*. Boston: Beacon Press.

McCaughtry, N.; Dillon, S. R.; Jones, E. y Smigell, S. (2005). «Sexuality sensitive schooling». *Quest*, 57(4), 426-443.

Paechter, C. (2003). «Masculinities and femininities as communities of practice». *Women's Studies International Forum*, *26*, 1, 69-77. doi 10.1016/S0277-5395(02)00356-4.

PRONGER, B. (2000). «Homosexuality and Sport. Who's winning?» En J. McKay, M. Messner y D. Sabo (eds.), *Masculinities, gender relations and sport* (pp. 222-244). Londres: SAGE.

WEST, C. y ZIMMERMAN, D. (1987). «Doing Gender». *Gender & Society, 1*(2), 125-151.

1 La coeducación de la masculinidad y el aprendizaje de la equidad

Carlos Lomas

En las últimas décadas, y en sintonía con las vindicaciones feministas a favor de la igualdad entre mujeres y hombres, los estudios sobre la identidad femenina se han ocupado de indagar en torno a la tupida red de mediaciones subjetivas y culturales (desde el origen sexual hasta el contexto familiar y social, la influencia de la institución escolar, de la tradición religiosa y cultural o de los textos de la cultura de masas...) que influyen de una manera significativa en la construcción sociocultural de la feminidad a la vez que han mostrado con claridad cómo la dictadura del patriarcado ha tenido y sigue teniendo aún hoy en día efectos indeseables de opresión, desigualdad y violencia en la vida cotidiana de la inmensa mayoría de las mujeres del planeta.

En este contexto, los *estudios sobre la mujer* –sobre el *segundo sexo,* en palabras de Simone de Beauvoir (1949)–, surgen en los denominados *estudios de género* con la voluntad de contribuir a *visibilizar* la injusticia y la inequidad en las relaciones entre mujeres y hombres y a entender esas relaciones entre unas y otros como unas *relaciones de poder* que se manifiestan tanto en la esfera íntima y familiar como en la vida pública y laboral. Sin embargo, los *estudios de género* no son solo *estudios sobre la mujer* (admitir tal falacia equivaldría a afirmar que solo la mujer tiene un género vinculado al sexo femenino y que el hombre encarna un *genérico humano* ajeno a la diferencia sexual y a sus efectos subjetivos y culturales en la vida de las personas y de nuestras sociedades). Por el contrario, los estudios de género han de ocuparse indistintamente, y de hecho se ocupan, tanto de la construcción cultural de la feminidad como de la masculinidad, así como el análisis de las creencias y de los contextos que contribuyen a la formación de identidades humanas a partir de la diferencia sexual y a la justificación injustificable de la desigualdad cultural entre mujeres y hombres.

Sin embargo, es obvio que la identidad masculina no ha sido objeto, hasta hace apenas unos años, de una indagación crítica semejante a la indagación efectuada desde los estudios de género sobre la mujer que mostrara con claridad los itinerarios y los contextos en los que los hombres aprenden a ser hombres casi siempre a partir de los mandatos de la cultura del patriarcado y del aprendizaje de formas misóginas y homófonas de la masculinidad que están en el origen de la opresión, la desigualdad y la violencia que sufren tantas mujeres (y también tantos hombres) en el mundo. Quizá porque, como señala Middleton (1992, p. 7), «si los hombres todavía les niegan el poder a las mujeres, ¿cómo pueden producir un discurso político emancipador sobre la masculinidad y subvertir su propio dominio?».

La dictadura del patriarcado y la construcción cultural de las masculinidades

Los estudios sobre la identidad masculina, en especial los estudios sociológicos y antropológicos de orientación feminista, han subrayado la idea de que la masculinidad no es una esencia innata ni un hecho tan solo biológico sino también, y sobre todo, una *construcción cultural*, es decir, el efecto en cada hombre, en cada época y en cada sociedad de una retahíla de creencias, conductas, normas y estilos de vida que otorgan a la mayoría de los hombres una serie de privilegios simbólicos y materiales por el solo hecho de haber nacido hombres y de no ser mujeres. La masculinidad, en este caso, ha de entenderse en un doble sentido: como una forma global de cultura que comparten los hombres en distintas sociedades y grupos humanos –y de ahí su carácter transcultural– y como una forma específica de cultura que revela que ser hombre tiene diferentes significados en cada sociedad, en cada época, en cada grupo humano y en cada hombre, lo que nos permite hablar de formas heterogéneas y cambiantes de masculinidad y, en consecuencia, insistir en el carácter plural de las *masculinidades*, es decir, en las mil y un maneras de ser hombres en nuestras vidas de hombres y en nuestras sociedades. Como señalan Martino y Pallota-Chiarolli (2006, pp. 25 y 27), la vida de los hombres «no puede reducirse de forma simple e inequívoca a dualismos jerárquicos de tipo binario» por lo que «es necesario tener en cuenta factores como la indigenidad, el género, la clase social, la sexualidad y la discapacidad que inciden sobre sus prácticas sociales de masculinidad».

En efecto, los hombres no son iguales entre sí, como no son iguales entre sí los hombres y las mujeres, y como tampoco son iguales las mujeres entre sí.[1] No existe una forma universal de ser hombre, sino formas diversas de ser hombres que se manifiestan de maneras diferentes teniendo en cuenta no solo las diferencias subjetivas sino también las diferencias de clase social, de orientación sexual, de ideología, de instrucción cultural, de raza y de etnia... (Lomas, 2003, 2008). De ahí que los hombres tengan diferente jerarquía social no solo en su relación con las mujeres sino también entre ellos mismos. Porque, no es lo mismo ser heterosexual que ser homosexual, ser indígena en Guatemala o ejecutivo de la Bolsa de Nueva York, ser católico o ser musulmán en España, ser analfabeto o ser catedrático de Filosofía en Roma... Berger, Wallis y Watson (1995) insisten en que «la masculinidad se conforma no como una entidad monolítica sino como una interrelación de factores emocionales e intelectuales que afecta directamente a hombres y a mujeres y en la que participan otros factores sociales como raza, sexualidad, nacionalidad y clase».

Por ello, no existe una *esencia masculina* que condena a los hombres al ejercicio de las diferentes formas de violencia contra las mujeres (desde el insulto y el menosprecio hasta el acoso sexual, el maltrato y el asesinato) sino maneras concretas de ser hombres que se sustentan casi siempre en la misoginia, en la homofobia y en el ejercicio de modos de dominación (en el ámbito íntimo, familiar y público) sustentados en una *división sexual* de las tareas y de las expectativas. Como señala Elizabeth Badinter (1992) a propósito de la identidad masculina: a) no hay una masculinidad única, lo que implica que no existe un modelo masculino universal y válido para cualquier lugar, época, clase social, edad, raza, orientación sexual... sino una diversidad heterogénea de identidades masculinas y de maneras de ser hombres en nuestras sociedades; b) la versión dominante de la identidad masculina no constituye una *esencia* sino una *ideología de poder y de opresión* a las mujeres que tiende a justificar la dominación masculina; y c) la identidad masculina, en todas sus versiones, se aprende y por tanto también se puede cambiar.

Dicho de otra manera, los «dividendos patriarcales» de la dominación masculina no son el efecto *natural* de las diferencias sexuales entre hombres y mujeres sino el *efecto cultural* de un determinado modo de entender y de construir a lo largo del tiempo las relaciones entre los hombres y las mujeres que se apoya en una presunta naturaleza superior de los hombres que «justifica», en nombre de la razón y del *orden natural* de las cosas, la dominación masculina, la desigualdad entre los sexos, las estrictas fronteras que se asignan convencionalmente a los géneros masculinos y femeninos, el sexismo en todas sus manifestaciones y, en última instancia, el

1. Estas líneas son una revisión y actualización de otros trabajos anteriores (Lomas, 2003, 2008).

ejercicio del poder y de la opresión contra las mujeres (y contra otros hombres). Esa *dictadura del patriarcado* y esa opresión femenina (y también a menudo masculina) no son el efecto inevitable de las diferencias biológicas entre mujeres y hombres sino el efecto social de una división sexual del trabajo que asigna de forma asimétrica e injusta a unas y a otros tareas y expectativas no solo diferentes sino también desiguales. Por ello, el análisis de las causas de la dominación masculina que aún hoy constatamos, aunque en diverso grado, en las sociedades actuales nos invita a entender las diferencias entre mujeres y hombres no solo en términos de *distinción sexual* entre unas y otros sino sobre todo en términos de *relaciones de poder* entre las formas hegemónicas de la masculinidad y otras formas de entender las identidades humanas, como las que encarnan la mayoría de las mujeres y esos otros hombres que no se adecuan al ideal canónico de «hombre de verdad» (heterosexual y viril, casi siempre de raza blanca y estatus económico acomodado, con voluntad de dominio y de liderazgo, ajeno a las emociones y a las tareas convencionalmente asignadas a las mujeres, en ocasiones violento...).

¿Qué es un *hombre de verdad*?

A finales de los años ochenta del siglo pasado y hasta hoy en día se han editado numerosos estudios sobre la masculinidad (Brannon, 1986; Askew y Ross, 1988; Welzer-Lang, 1991; Badinter, 1992; Killmartin, 1994; Connell, 1995; Kimmel, 1996 y 1997; Callirgos, 1996; Bourdieu, 1998; Valdés y Olavarría, 1997; Bonino, 1998; Burin y Meler, 2000; Carabí, 2000; Tomé y Rambla, 2001; Castañeda, 2002; Lomas, 2003, 2004 y 2008: Martino y Pallota-Chiarolli, 2006; Gabarró Berbegal, 2010; Leal González y Arconada Melero, 2012, entre otros) que analizan la *dominación masculina* como un conjunto de prácticas (como una *performance*, en palabras de Butler, 1990) sustentadas en una ideología de poder que «justifica» el menosprecio y la opresión de las mujeres (y de otros hombres) en nombre de la naturaleza, de la razón y de una mirada heterosexuada sobre el mundo y sobre los seres humanos. Estos y otros muchos estudios sobre la construcción social de la masculinidad (en los que se indaga sobre asuntos tales como las relaciones de los hombres con otros hombres, con las mujeres, con la figura del padre, con el cuerpo, con el deseo heterosexual y homosexual, con el entorno escolar, con el deporte, con la salud sexual y reproductiva, con el mundo del trabajo, con las hijas e hijos, con la violencia...) surgen en las dos últimas décadas, y especialmente en ámbitos académicos anglosajones, del sur de Europa y de Latinoamérica (México, Chile, Perú,

Guatemala, Argentina...), y tienen una deuda innegable e inestimable con los estudios de género de orientación feminista.

En estos estudios, al analizar los itinerarios subjetivos y culturales por los que a lo largo de los siglos han transitado las ideologías de la dominación masculina, se concluye que la construcción cultural de la masculinidad hegemónica se ha sustentado en las siguientes estrategias:

1. La eliminación de diferencias entre los hombres con la voluntad de construir un modelo uniforme y universal de sujeto masculino que se corresponda con el arquetipo tradicional de la virilidad.
2. El alejamiento masculino del mundo femenino y la eliminación de los estilos y de las conductas que pudieran vincular a *los hombres de verdad* con los estilos y con las conductas de las mujeres y de los homosexuales. Sea cual sea la raza, la clase social, la etnia, las creencias, la edad o el estatus económico y cultural, en la inmensa mayoría de las culturas humanas y de sus grupos sociales ser hombre consiste en no ser como las mujeres o como esos otros hombres a los que se identifica con las mujeres. La virilidad se define así antes por lo que *no es* o por lo que *no desea ser* antes que por lo que en realidad *es* o *desea ser*. La identidad masculina dominante nace entonces de la oposición a lo femenino y a los *gays* y no de la vindicación de lo específicamente masculino. Como señala José Miguel Cortés (2002, p. 43), «la masculinidad hegemónica se ha ido construyendo como un proceso de diferenciación y de negación de los otros, principalmente de las mujeres y de los *gays*. Así, la identidad masculina se ha consolidado frente a dos amenazas: la feminidad y la homosexualidad». De ahí que la dominación masculina se ejerza no solo contra las mujeres sino también (y en ocasiones de una manera aún más cruel si cabe) contra otros hombres cuya orientación homosexual es vista como *afeminada*. La masculinidad hegemónica es misógina y homófoba: los *hombres de verdad* no son ni femeninos ni homosexuales. O sea, no son inferiores ni subordinados sino superiores y dominantes.
3. La asignación cultural del poder a los hombres, en nombre de la naturaleza y de la razón. El poder de los hombres se sustenta así no solo en el orden natural de las cosas sino también en el orden cultural de las sociedades. Es entonces cuando el (des)orden masculino se enuncia como el único orden posible y deseable. Lo masculino es el eje central de la sociedad, el único paradigma posible y deseable, y los hombres son la medida de todas las cosas y lo genéricamente humano. De ahí que a los hombres les corresponda de manera indiscutible el liderazgo, la organización de la sociedad, el ejercicio del poder, el uso de la razón y la gestión de la economía, el control a ultranza de los afectos y de los sen-

timientos, la utilización de la violencia en el ámbito doméstico y en las instituciones policiales y militares, la gestión religiosa de las deidades de turno... en otras palabras, lo valioso, lo trascendente, lo legítimo, lo prestigioso, lo público.

Sobre héroes y tumbas: costes y beneficios de la masculinidad hegemónica en la tribu masculina

En opinión de Pierre Bourdieu (1998), la dominación masculina sobre las mujeres se sustenta en una *violencia simbólica* que se orienta a fomentar la aceptación del *capital cultural* de los hombres, o sea, de sus maneras de ver, de entender y de organizar el mundo. De este modo, la educación tradicional de las mujeres se orienta al aprendizaje de las virtudes de la abnegación y del silencio y a la aceptación resignada de un destino injusto y desigual. Sin embargo, los hombres también son víctimas del orden simbólico de la cultura patriarcal ya que «la condición masculina supone un deber-ser [...]. El privilegio masculino no deja de ser una trampa y encuentra su contrapartida en la tensión y en la contención permanentes, a veces llevadas al absurdo, que impone en cada hombre el deber de afirmar en cualquier circunstancia su virilidad [...]. La virilidad, entendida como capacidad reproductora, sexual y social, pero también como aptitud para el combate y para el ejercicio de la violencia, es fundamentalmente una carga» (Bourdieu, 1998 [2000], pp. 67 y 68).

Alarde continuo del vigor, de la agresividad y de la violencia, indiferencia ante el dolor, ironía ante el valor de la ternura y de los sentimientos, liderazgo y competitividad, atracción por el riesgo, exhibición continua de su heterosexualidad a toda prueba y afirmación categórica de una infalible virilidad, menosprecio hacia las mujeres y desprecio (y temor) hacia la homosexualidad masculina: he aquí algunos de los elementos que caracterizan a la *masculinidad hegemónica* y que se manifiestan de manera pública en la medida en que las bravatas masculinas forman parte de un ritual y de una *performance*, es decir, de un espectáculo teatral ante el público, es decir, ante la tribu masculina. En este sentido Enrique Gil Calvo (2006) alude a esas *máscaras masculinas* que permiten a los hombres interpretar el papel de héroes, patriarcas y monstruos en el espectáculo cotidiano de la vida social.

Como señala Millington (2007, pp. 45 y 46), «los machos tienen que ser vistos por los otros como autoritarios y agresivos –el machismo no es nada si no hay espectáculo–. Este modo de actuar es la dimensión pública que corresponde a la conformidad fundamental del machismo con estructuras imaginarias provistas por lo simbólico social. La asimilación del sujeto masculino a una norma social se manifiesta en esta forma de actuación imitativa». Por su parte, Robert Lancaster (citado por Chant y Craske, 2003, p. 16) escribe que el machismo «es una manera de estructurar el poder entre los hombres. Como beber, jugar, arriesgarse, imponer la opinión de uno y pelear, la conquista de las mujeres es una proeza que se dirige a dos audiencias: primero, a otros hombres, ante quienes se debe probar constantemente la masculinidad y la virilidad; y segundo, a sí mismo, a quien hay que demostrarle todos los signos de la masculinidad».

En la tribu masculina los afectos y las emociones se cotizan a la baja ya que se consideran a menudo un síntoma de debilidad y el indicio de una virilidad insuficiente. El hombre, investido con los atributos del héroe, contiene las emociones ya que afectarían a su afán de éxito en la aventura, aunque hoy esa aventura no consista en matar dragones y en salvar a las princesas sino en esgrimir currículos, en liderar iniciativas, en obtener un mayor salario, en ser emprendedor, en tener iniciativas y en ascender en la escala social. La tiranía de ese modelo dominante de masculinidad tiene sin embargo efectos indeseables en la vida de los hombres. Como señala Michael Kaufman (1997, p. 81), cada vez son más los hombres que experimentan, en diferente medida, «dolor por tratar de seguir y asumir los imposibles patrones de virilidad. En otras palabras, el patriarcado no es solo un problema para las mujeres. La gran paradoja de nuestra cultura patriarcal (especialmente desde que el feminismo ha levantado demandas significativas) es que las formas dañinas de masculinidad dentro de una sociedad dominada por los hombres son perjudiciales no sólo para las mujeres sino también para ellos mismos».

Veamos algunos ejemplos de los perjuicios o *costes* que la masculinidad tradicional tiene para la inmensa mayoría de los hombres (véase Gabarró Berbegal, 2010):

Costes penitenciarios: Más del 90% de la población encarcelada en España son hombres.

Costes educativos: el fracaso académico, el absentismo y el abandono escolar y las agresiones en los centros educativos afecta de manera mayoritaria a los chicos.

Costes asociados a una sexualidad insatisfactoria, basada en la cantidad y en la comparación (en la frecuencia sexual y en el tamaño del pene) y no en el libre encuentro y en la comunicación placentera.

Costes asociados a la ocultación de los afectos y de los sentimientos, lo que conduce a muchos hombres a relaciones afectivas insatisfactorias, a una paternidad distanciada y al analfabetismo emocional.

Costes asociados a los mandatos tradicionales de la masculinidad: obsesión por el liderazgo, el éxito, la competencia, el riesgo, el individualismo, el espíritu bélico...

Costes sanitarios: la esperanza de vida es menor en los hombres y no por razones biológicas sino por hábitos ligados a la masculinidad (por ejemplo, la ausencia de actitudes de prevención a la hora de evitar el cáncer de próstata).

Costes asociados a la violencia: la violencia física es casi siempre masculina, tanto a la hora de ejercerla como de sufrirla: peleas, violaciones, guerras...

Costes asociados a conductas de riesgo: desde la conducción temeraria al consumo irresponsable de alcohol y otras drogas... De ahí que en la tribu masculina esa obsesión por ser héroes acabe a menudo arrojando tantas víctimas a las tumbas.

Masculinidades y educación

Detengámonos ahora en los *costes* escolares de las formas tradicionales de la masculinidad en adolescentes y jóvenes.

Como indicamos hace un momento, el fracaso académico, el absentismo en las aulas, el abandono escolar y las agresiones en los centros educativos son hoy mayoritariamente masculinos. El modelo dominante de masculinidad sigue inspirando las conductas de demasiados chicos que ven en la *objeción escolar* una manera de afirmar su identidad masculina frente al *orden femenino* de la escuela. El orden simbólico de la masculinidad dominante, inspirador de la conducta escolar y grupal de la mayoría de los adolescentes y jóvenes, se manifiesta en un conjunto de prácticas y de actitudes coincidentes con los estereotipos tradicionales de la virilidad. Jugar muy bien al fútbol, sobresalir en fuerza y en agresividad en los juegos de carácter competitivo, «tener éxito» con las chicas aunque ello no signifique apreciar su afecto ni tener en cuenta sus ideas y sentimientos, ejercer la violencia sobre otros chicos cuya masculinidad es puesta en tela de juicio por su orientación homosexual, por su interés por el estudio, por su discapacidad física o cognitiva, por su amistad con las chicas o por su escasa entidad física... constituyen algunas de las acciones cotidianas de los chicos en las escuelas y en los institutos que contribuyen a convertir la cultura masculina del patio y del aula en una cultura ética y estética de la rebeldía masculina frente al *orden escolar*).

Los chicos aprenden dentro y fuera de la escuela el código ético y estético que subyace a esta mística adolescente de la masculinidad dominante, tan semejante al arquetipo tradicional de la virilidad heterosexual, y «aprenden a ser hombres» en los diversos ámbitos en los que se produce su socialización como personas. O sea,

- en el seno de unas familias y de unos hogares en los que aún siguen vigentes –aunque en menor medida que antaño– la mayoría de los privilegios asociados a la dominación masculina (como, por ejemplo, una asignación asimétrica de las obligaciones domésticas a madres y a padres, a hermanas y a hermanos…);
- en una escuela que sigue aún hoy menospreciando la cultura y el saber de las mujeres en la selección de sus contenidos escolares y en sus estilos de relación y de convivencia;
- en un grupo de iguales en el que los chicos imitan y reproducen los estilos, las interacciones y las conductas atribuidas convencionalmente a los hombres de acuerdo con el estereotipo canónico de la masculinidad hegemónica;
- en unos deportes y en unos juegos de competición física en los que todo vale y está justificado si sirve para derrotar al enemigo y ejercer así el poder y el liderazgo sobre los vencidos, de acuerdo con un orden simbólico en gran medida equivalente al orden simbólico de las guerras y del sometimiento de quienes fracasan en el combate. A este afán sirve también la deificación de las figuras deportivas y su conversión en referentes éticos y estéticos del éxito, del liderazgo y de la virilidad a toda prueba. Como señalan Martino y Pallota-Chiarolli, 2006, p. 262), «la educación física y el deporte se constituyen en sitios idóneos para el control, la regulación y la consolidación de ciertas versiones de masculinidad por parte de los iguales».
- en el escenario cotidiano de los mensajes de la cultura de masas, con toda su cohorte de héroes masculinos en las series televisivas, en los dibujos animados, en los videojuegos, en las películas, en los anuncios publicitarios (Lomas y Arconada, 1999, 2003), en la prensa deportiva, en el diluvio de información indiscriminada y a menudo discriminatoria que aflora en Internet… que actúan como referentes simbólicos –como modelos arquetípicos de conducta y de relación– en los niños, los adolescentes y los jóvenes.

Como consecuencia de estos y de otros influjos culturales, asistimos a la construcción social de un arquetipo viril que se traduce, como señala Charo Altable (2000, p. 227), «en un varón joven, arriesgado, duro, valiente, contundente y firme, que reprime la empatía y las reacciones demasiado afectivas hacia otras personas. Este arquetipo muestra la separación y la diferencia con otros seres humanos más que la unión y la semejanza. De esta manera, se prepara el camino hacia la intolerancia con otras formas de masculinidad». Pese a algunos cambios y pese a la emergencia de identidades masculinas alternativas a la masculinidad hegemónica, el arquetipo tradicional de la virilidad sigue constituyendo aún el referente dominante del aprendizaje social de la masculinidad de la mayoría de los chicos (Martino y Pallota-Chiarolli, 2006; Lomas, 2007, 2008; Leal González y Arconada Melero, 2012) y está en el origen de la mayoría de los episodios de violencia y de fracaso escolar que se dan en nuestras escuelas e institutos.

La (co)educación física de los chicos

Quizá por ello, de un tiempo a esta parte comienza a entenderse, aunque en ocasiones también a malentenderse, la urgencia de la coeducación de los chicos, es decir, de una acción escolar y social que, por una parte, contribuya a identificar el modo en que se manifiestan en adolescentes y en jóvenes las ideas y las conductas asociadas a la *masculinidad hegemónica* y, por otra, contribuya a mostrar otras maneras de ser hombres ajenas al arquetipo tradicional de la virilidad que atenúen la ansiedad, la infelicidad y el fracaso escolar que hoy sufren tantos adolescentes y jóvenes (Lomas, 2004, 2008; Gabarró Berbegal, 2010; Leal González y Arconada Melero, 2012, entre otros).

Hace ya algunos años las investigaciones etnográficas sobre las conductas infantiles en el patio escolar (véase por ejemplo Askew y Ross, 1988; Subirats y Tomé, 2007) mostraron cómo en las escuelas e institutos las niñas y las adolescentes tendían a la quietud y a la conversación entre ellas en escenarios segregados mientras los niños ocupaban, a veces de manera exclusiva, casi todo el espacio del patio escolar y jugaban a deportes de acción y de contacto físico como el fútbol, de los que excluían a las niñas y en los que competían con un ardor guerrero que concluía en ocasiones en peleas, trifulcas, heridas y llantos.

Conviene recordar en este sentido que, como subrayan Martino y Pallota-Chiarolli (2006, pp. 31-35), los usos del cuerpo están unidos indisolublemente a la representación íntima y a la exhibición pública de formas de masculinidad en contextos sociales a menudo dualistas y jerarquizados. De ahí la importancia de indagar en torno a las ideas y a los prejuicios que los adolescentes y los jóvenes tienen sobre el cuerpo masculino de acuerdo con el estereotipo tradicional de la virilidad heterosexual (aunque a menudo esas ideas y esos prejuicios inspiren también las conductas corporales de ciertas formas de homosexualidad masculina). En otras palabras, ideas y prejuicios sobre el desarrollo muscular, sobre el tamaño del pene, sobre la fortaleza física y la resistencia al dolor, sobre la agresividad en los deportes «masculinos» e incluso sobre otros aspectos de su imagen corporal como la ropa, los adornos, las formas de hablar y de andar… que les ayudan a ir adecuándose en la medida de lo posible a ese canon estético de cuerpo musculoso y fuerte asociado habitualmente a los estereotipos físicos de la masculinidad convencional. En palabras de Martino y Pallota-Chiarolli (2006, p. 36), «la presión por incorporarse a la representación corporal normativa se debe tanto al deseo de muchos chicos de atraer a las chicas como a la representación mayoritaria del cuerpo masculino en los medios de comunicación», especialmente a través de la deificación de las figuras de la élite deportiva del fútbol y de otros deportes de masas.

En este contexto, a menudo el deporte y la educación física en los contextos escolares también constituyen escenarios eficacísimos de expresión y de consolidación de las versiones dominantes de la masculinidad. De ahí que un enfoque crítico y equitativo de la educación física exija interrogarse en torno a la construcción cultural de las masculinidades en el currículo escolar y a sus efectos en el trabajo pedagógico en las clases: «¿Cómo podemos planificar e impartir la educación física para intentar desplazar la posición central de los deportes de equipo tradicionales del currículum y ofrecer a todos los chicos y chicas la oportunidad de profundizar en una gama más amplia, equitativa y estimulante de posibilidades de educación física» (Wright, 1988, citado por Martino y Pallota-Chiarolli, 2006, p. 271).

A ayudarnos a responder a esta y a otras preguntas obedecen las páginas de este libro, que constituye una valiosa contribución al fomento de una (co)educación física en las escuelas e institutos que favorezca tanto a la deconstrucción de los arquetipos tradicionales de la masculinidad como a la emergencia de identidades masculinas alternativas a la masculinidad hegemónica y al fomento de una cultura de la equidad entre los sexos que evite cualquier forma de violencia y elija el diálogo como manera idónea de resolver los conflictos entre las personas. En este trabajo colectivo se estudian asuntos de tanta relevancia como la construcción de las identidades masculinas en la publicidad infantil, el vínculo entre danza y masculinidad, la homofobia y la masculinidad en las clases de educación física en Gran Bretaña, el mosaico de las masculinidades en la educación física en Portugal, Suecia, Turquía o Argentina, las ideas y prejuicios de los jóvenes españoles sobre los homosexuales y el prestigio del heterosexismo en las clases de educación física, la mirada masculina sobre el cuerpo de las atletas, la identidad masculina preadolescente o el papel del profesorado de educación física ante las actitudes homofóbicas.

El vínculo innegable entre el modelo aún dominante de masculinidad entre adolescentes y jóvenes y el modo en que a menudo se entiende la educación física en los contextos escolares constituye un argumento ineludible a la hora de contribuir a la construcción escolar y social de una masculinidad alternativa a la masculinidad hegemónica, violenta, misógina, homófoba y opresiva. De ahí que estas páginas sean especialmente valiosas y oportunas para «fomentar prácticas curriculares y pedagógicas orientadas al desarrollo de ciudadanos con una mentalidad crítica dispuestos a desempeñar un papel clave en la creación de sociedades más equitativas que valoren a todas las personas por igual. Para alcanzar estos objetivos se requieren cambios radicales en la educación física en todos los aspectos y, concretamente, en las políticas educativas, en el diseño del currículo y en las clases» (Penney y Chandler, 2000, p. 73).

Y en ese aprendizaje escolar y social de la equidad, como señala la socióloga mexicana Lucero Jiménez Guzmán (2005, p. 35), «los hombres tendrán que despojarse de muchos de los mandatos que los han llevado a ser *muy hombres*, pero *poco humanos*».

Referencias

Altable, C. (2000). *Educación sentimental y erótica para adolescentes. Más allá de la igualdad*. Buenos Aires/Madrid: Miño y Dávila.

Askew, S. y Ross, C. (1988). *Boys Don't Cry: Boys and Sexism in Education*. Berkshire: Open University Press (traducción al castellano: *Los niños no lloran. El sexismo en educación*. Barcelona: Paidós, 1991).

Badinter, E. (1992). XY. *La identidad masculina*. Madrid: Alianza.

De Beauvoir, S. (1949). *El segundo sexo*. Madrid: Cátedra. (Edición de 1999).

Berger, M.; Wallis, B. y Watson, S. (1995). *Constructing Masculinity*. Nueva York: Routledge.

Bonino, L. (1998). *Micromachismos, la violencia invisible*. Madrid: Cecom.

Bourdieu, P. (1998). *La dominación masculina*. Barcelona: Anagrama.

Brannon, R. (1986). «The Male Sex Role and What it's Done for us Lately». En R. Brannon, y D. David (eds.), *The Forty-nine Percent Majority*. Addison-Wesley.

Burin, M. y Meler, I. (2000). *Varones. Género y subjetividad masculina*. Buenos Aires: Paidós.

Butler, J. (1990). *Géneros en disputa*. Barcelona: Paidós.

Callirgos, J. C. (1996). *Sobre héroes y batallas. Los caminos de la identidad masculina*. Lima: Escuela para el Desarrollo.

Carabí, A. (2000). «Construyendo nuestras masculinidades: una introducción». En M. Segarra y A. Carabí (eds.), *Nuevas masculinidades* (pp. 15-28) Barcelona: Icaria.

Castañeda, M. (2002). *El machismo invisible*. México: Grijalbo.

Chant, S. y Craske, N. (2003). *Gender in Latin America*. Londres: Latin American Bureau.

Connell, R. W. (1995). *Masculinities. Power and Social Change*. Berkeley: University of California Press (traducción parcial al castellano en Lomas, 2003).

Cortés, J. M. G. (2002). «Construyendo masculinidades». En J. M. G. Cortés (coord.), *Héroes caídos. Masculinidad y representación*. Castellón: Espai d'Art Contemporani de Castelló.

Gabarró Berbegal, D. (2010). *¿Fracaso escolar? La solución inesperada del género y la coeducación*. Lleida: Boira Editorial. (España). Disponible en: <http://www.udg.edu/LinkClick.aspx?fileticket=eUAernHuWC8%3D&tabid=17482&language=ca-ES>.

Gil Calvo, E. (2006). *Máscaras masculinas. Héroes, patriarcas y monstruos*. Barcelona: Anagrama.

Jiménez Guzmán, M. L. (2005). «La construcción social de la(s) masculinidad(es) desde la perspectiva de género y sexualidad masculina desde una perspectiva relacional». *Mirada Antropológica*, 3. México: Universidad Autónoma de Puebla.

Kaufman, M. (1997). «Las experiencias contradictorias del poder entre los hombres». En T. Valdés, y J. Olavarría (eds.) *Masculinidad-es: poder y crisis*. Santiago de Chile: Isis Internacional-Flacso.

Killmartín, C. T. (1994). *The Masculine Self*. Nueva York: Macmillam.

Kimmel, M. (1996). *Manhood in America: A Cultural History*. Nueva York: The Free Press.

Kimmel, M. (1997). Homofobia, temor, vergüenza y silencio en la identidad masculina. En T. Valdés, y J. Olavarría (eds.) *Masculinidad-es: poder y crisis*. (pp. 49-62). Santiago de Chile: Isis Internacional-Flacso.

Leal González, D. A. y Arconada Melero, M. A. (2012). *Convivir en igualdad. Prevención de violencia masculina hacia las mujeres en todas las etapas educativas*. Madrid: UNED.

Lomas, C. (comp.) (2003). *¿Todos los hombres son iguales? Identidades masculinas y cambios sociales*. Barcelona: Paidós Contextos.

Lomas, C. (comp.) (2004). *Los chicos también lloran. Identidades masculinas, igualdad entre los sexos y coeducación*. Barcelona: Paidós.

Lomas, C. (2007). «¿La escuela es un infierno? Violencia escolar y construcción social de la masculinidad». *Revista de Educación, 343*, 3-102.

Lomas, C. (2008). *¿El otoño del patriarcado? Luces y sombras de la igualdad entre mujeres y hombres*. Barcelona: Península.

Lomas, C. y Arconada, M. A. (1999). «Mujer y publicidad: de la diferencia a la desigualdad». En C. Lomas (comp.), *¿Iguales o diferentes? Género, diferencia sexual, lenguaje y educación* (pp. 113-156). Barcelona: Paidós Educador.

Lomas, C. y Arconada, M. A. (2003). «La construcción de la masculinidad en el lenguaje y en la publicidad». En C. Lomas (comp.), *¿Todos los hombres son iguales? Identidades masculinas y cambios sociales* (pp. 145-203). Barcelona: Paidós Contextos.

Martino, W. y Pallota-Chiarolli, M. (2006). *Pero, ¿qué es un chico? Aproximación a la masculinidad en contextos escolares*. Barcelona: Octaedro.

Middleton, P. (1992). *The Inward Gace: Masculinity and Subjetivity in Modern Culture*. Nueva York: Routledge.

MILLINGTON, M. (2007). *Hombres in/visibles. La representación de la masculinidad en la ficción latinoamericana*. México: Fondo de Cultura Económica.

PENNEY, D. y CHANDLER, T. (2000). «Physical education: what future(s)?» *Sport, Education and Society*, *5*(1), 71-87.

SUBIRATS, M. y TOMÉ, A. (2007). *Balones fuera. Reconstruir los espacios desde la coeducación*. Barcelona: Octaedro.

TOMÉ, A. y RAMBLA, X. (2001). *La coeducación de las identidades masculinas en la educación secundaria. Cuadernos para la Coeducación* Barcelona: Institut de Ciènces de l'Educación. Universitat Autònoma de Barcelona.

VALDÉS, T. y OLAVARRÍA, J. (eds.) (1997). *Masculinidad-es: poder y crisis*. Santiago de Chile: Isis Internacional-Flacso.

WELZER-LANG, D. (1991). *Les hommes violents*. París: Lierre et Coudrier (reedición en Editions Côté Femmes, 1996).

BLOQUE I

Masculinidad y homosexualidad: temas transversales

2 «Ya no se acepta más»: la erosión de la homofobia y el suavizado de la masculinidad en las clases de sexto de Inglaterra[1]

Mark McCormack y Eric Anderson

Introducción

En el año 2008, el «Department of Children, Schools and Families» de Reino Unido publicó las directrices prácticas que los directores de colegio debían seguir para combatir el acoso homofóbico en los colegios. Esta normativa recomienda que se imparta historia LGBT en los colegios y que se presenten ejemplos de gays y lesbianas al alumnado. Esta política destaca un cambio institucional radical en el pensamiento relacionado con la homosexualidad en el sistema escolar británico. Hasta el año 2003, la legislación prohibió la «promoción de la homosexualidad» en los colegios. Esto provocó que se prohibieran libros con temas «pro-gays». Inspirados por esta normativa reciente, hemos analizado los niveles actuales de homofobia y la construcción contemporánea de la masculinidad en una clase británica de sexto que llamamos «Standard High».

Este artículo aporta conocimientos sobre el género, las sexualidades y las escuelas gracias a su investigación socioconstructiva con fundamentos empíricos. Nos interesa la forma en la que los modelos de poder (en rela-

1. McCormack, M. y Anderson, E. (2010). «'It's Just Not Acceptable Any More'»: The Erosion of Homophobia and the Softening of Masculinity at an English Sixth Form. *Sociology*, 44(5), 843-859.

ción con el género y la sexualidad) influyen en la vida de este alumnado; las formas en las que el alumnado rebate o se conforma con las normas sexuales ortodoxas y de género y la forma en la que las teorías de la sexualidad y el género justifican nuestras conclusiones. Ambos autores han recogido datos de campo, analizando nuestras interpretaciones independientes de los hechos. Esto supone que la validez de nuestros análisis se ve reforzada por la experiencia mutua y la codificación de los datos.

Mientras que las investigaciones anteriores muestran que los niños mantienen la masculinidad por medio del uso de peyorativos homofóbicos a gritos, mostramos que esta situación no se produce en Standard High. Por el contrario, los niños se posicionan en contra de la homofobia, llegando a estigmatizar el uso del discurso homofóbico. Se observa que los niños heterosexuales de Standard High, corporal y emocionalmente cercanos a otros niños, tratan temas que fueron femeninos sin que su identidad heterosexual que percibe la sociedad resulte amenazada. No obstante, percibimos que incluso en este ambiente inclusivo, la vigilancia del límite heterosexual continúa y la heteronormatividad existe mediante la presunción de la heterosexualidad.

La heteronormatividad y la homofobia en los colegios públicos

Distintas investigaciones vinculan las actividades de homofobia, heternormatividad y sexualidad en la producción y el mantenimiento de las identidades de género en las culturas occidentales (Plummer, 1999). Para los niños y hombres, la intersección de la heterosexualidad y la masculinidad es tan intensa que Pronger (1990) sostiene que el término *heteromasculinidad* se necesita para reflejar sus imbricaciones con más exactitud. Sin embargo, las investigaciones minimizan con frecuencia la interacción compleja y multidimensional de la sexualidad y el género. Así, Jackson (2006, p. 106) refleja: «La sexualidad, el género y la heterosexualidad se cruzan de distintas formas y entre las distintas dimensiones de lo social».

A nivel institucional, en los colegios se realiza su propia opresión sexual y de género (Allen, 2007; Atkinson y DePalma, 2009; Pascoe, 2007). Los currículum, las políticas y los debates autorizados oficialmente sobre la sexualidad han demostrado que se favorece la heterosexualidad a la vez que se rechazan otras identidades sexuales diferentes (Epstein y Johnson, 1998). En Australia, por ejemplo, Ferfolja (2007) demuestra que se favorece la heterosexualidad gracias al silenciamiento institucional y la omisión de identidades gay, indicando que así se reproduce el prejuicio homofóbico.

En EE.UU. y Reino Unido, Pascoe (2007) y Epstein *et al.* (2003) muestran que las culturas homofóbicas autorizadas institucionalmente reducen de forma severa las libertades sociales y el ambiente de aprendizaje de las minorías sexuales, de forma que los alumnos gays continúan estando muy estigmatizados en los sistemas escolares.

No obstante, las identidades sexuales del alumnado y los comportamientos de género también se han visto regulados de forma estricta por la interacción social (Epstein *et al.*, 2003; Frosh *et al.*, 2002; Mac an Ghaill, 1994). Las investigaciones han documentado que los chicos solo disponen de una variedad limitada de comportamientos de género en los colegios. Esto demuestra que, para conseguir una forma validada culturalmente de la masculinidad, los niños deben distanciarse socialmente de los alumnos gays y que con frecuencia deben intelectualizar actitudes homofóbicas (Frosh *et al.*, 2002; Plummer, 1999). Además, a fin de evitar la sospecha homosexual, se observa que los niños se separan de la sensibilidad homosocial y de la intimidad emocional (Nayak y Kehily, 1996). Tradicionalmente, ha habido excepciones únicamente en niños con un capital masculino alto, que (irónicamente) tienen permiso para romper algunos de estos límites de género (Anderson, 2005a; Pascoe, 2003).

El estigma vinculado a la homosexualidad también supone que los chicos utilizan distintas técnicas de mantenimiento de límites heterosexuales para defender públicamente sus identidades heterosexuales (Kehily, 2002). El método principal de esta técnica ha sido la utilización del discurso[2] homofóbico. Esto tiene una doble finalidad. En primer lugar, los epítetos homofóbicos contribuyen a que los niños se distancien de cualquier cosa que perciban como femenina y/o gay (Epstein, 1997; Plummer, 1999). En segundo lugar, la vigilancia discursiva de las normas sexuales ortodoxas y de género fomentan el capital heteromasculino propio (Epstein, 1993; Frosh *et al.*, 2002; Mac an Ghaill, 1994). Así pues, se ha descrito el acoso homofóbico como algo inevitable para los chicos que violan los límites heteromasculinos, independientemente de su orientación sexual real o percibida (Martino y Pallotta-Chiarolli, 2003). Los investigadores también han mostrado la forma en la que la homofobia influye de manera diversa en el alumnado según su raza y clase social (Froyum, 2007; Pascoe, 2007; Taylor, 2007).

2. Entendemos discurso en el sentido foucaldiano como un conjunto sistemático de prácticas que forman el tema de debate.

Teoría de la masculinidad inclusiva

Contextualizamos y analizamos nuestra investigación etnográfica mediante la *teoría de la masculinidad inclusiva* de Anderson (2009). Esta teoría incorpora la *teoría hegemónica de la masculinidad* de Conell (1987, 1995) ya que reconoce que las masculinidades en ocasiones están estratificadas según un modo hegemónico de dominación. No obstante, la sitúa históricamente, indicando que la teoría de Connell es únicamente precisa en ámbitos en los que hay un nivel elevado de homofobia. En este punto, Connell y Anderson coinciden en que los niños y los hombres están obligados a construir su masculinidad por oposición a la feminidad y la homosexualidad (Mac an Ghaill, 1994; Salisbury y Jackson, 1996). En este espíritu, la homofobia es la herramienta más importante para la vigilancia de las masculinidades (Kimmel, 1994; Plummer, 1999; Pronger, 1990).[3]

No obstante, la teoría de la masculinidad inclusiva amplía la teoría de Connell al sostener que, dado que la homofobia cultural o local lo rechaza, los mandatos de la masculinidad hegemónicos tienen menos influencia cultural. Por ejemplo, en un ámbito en el que la homofobia ha disminuido pero aún es evidente, Anderson (2005b) describe dos arquetipos opuestos de masculinidad que compiten por el dominio (uno de tendencia homofóbica y otro gay), pero ninguno tiene un control hegemónico.

Por ultimo, la teoría de la masculinidad inclusiva sugiere que, cuando las formas aceptables de la masculinidad ya no consideran que la homofobia manifiesta sea socialmente aceptable, los atributos valorados de los niños y los hombres no se basan en la marginalización y el dominio de otras personas. De este modo, Anderson teoriza que los comportamientos de género de los niños y los hombres serán radicalmente distintos en ámbitos en los que no hay homofobia manifiesta y que esto hace que se valoren distintos arquetipos de masculinidad en un ámbito inclusivo. Por lo tanto, la teoría de la masculinidad inclusiva ofrece un marco para comprender la dinámica de género de los espacios temporales en los que la homofobia manifiesta ha disminuido, algo que no aborda el trabajo de Connell (1987, 1995). No obstante, la teoría de Anderson no trata la forma en la que se mantienen los límites heterosexuales en un ámbito inclusivo. Articulamos esta idea mediante nuestro concepto de *recuperación heterosexual.*

3. Mientras que se ha criticado el concepto de homofobia por sus tendencias psicologizantes, observamos que su uso sociológico continúa manteniendo la utilidad heurística (Kimmel, 1994; Plummer, 1999).

Reestablecimiento de los límites heterosexuales

Los límites de las identidades masculinas heterosexuales legitimizadas han demostrado estar controlados por distintas prácticas (en ocasiones crueles) discursivas y de comportamiento (Nayak y Kehily, 1996; Steinberg *et al.*, 1997). No obstante, Anderson (2009) sugiere que la sexualidad existente o las teorías de género no logran capturar la forma en la que los límites heterosexuales se controlan en ámbitos libres de homofobia. En este artículo, nos referimos a la homofobia *explícita*. Tal y como la definimos, esta incluye la exclusión social de los alumnos gays, el discurso homofóbico y las actitudes negativas sobre las minorías sexuales.

A esta teoría le añadimos la conceptualización de la *recuperación heterosexual* como una herramienta heurística para comprender las estrategias que los chicos utilizan para establecer y mantener las identidades heterosexuales sin recurrir a la homofobia. Definimos dos formas de recuperación heterosexual, reconociendo que estas no son necesariamente minuciosas en las formas en las que los chicos pueden recuperar su heterosexualidad. La *recuperación de la conquista* conceptualiza las formas en la que los chicos se jactan de sus deseos o conquistas heterosexuales (Kehily, 2002; Mac an Ghaill, 1994), mientras que la *recuperación irónica* describe la proclamación satírica del deseo del mismo sexo, o una identidad gay, para mantener una identidad heterosexual (Kaplan, 2005).

Ambas formas de recuperación heterosexual se utilizan cuando los chicos temen que su heterosexualidad está cuestionada. Por ejemplo, utilizan la recuperación heterosexual tras mostrar un comportamiento transgresor de género (Nayak y Kehily, 1996; Pascoe, 2007). Así pues, la recuperación heterosexual sirve como una actividad para marcar los límites, consolidando las masculinidades heterosexuales y valorando la heterosexualidad en el proceso.

Además de sugerir que las técnicas de recuperación heterosexuales son mecanismos para (re)hacer una identidad heterosexual, también destacamos que la forma irónica funciona como un mecanismo social que permite que los chicos amplíen (e incluso violen) los límites de género férreamente controlados descritos por la literatura de la masculinidad. Así, la recuperación irónica ofrece a los chicos una estrategia concreta mediante la que pueden aprobar comportamientos transgresores sin amenazar sus identidades heterosexuales percibidas socialmente. Mientras que solo a los chicos y los hombres con un gran capital masculino se les ha permitido transgredir las normas de género (Anderson, 2005a; Pascoe, 2003), la recuperación irónica es un mecanismo que la mayoría de los chicos pueden utilizar para transgredir las normas de género ortodoxas en este ámbito.

Métodos

Procedimientos

En esta etnografía se empleó un nuevo enfoque metodológico. Los dos autores recogieron datos juntos en el período de estudio. Esto hizo que se recogieran más datos e hizo que una parte importante de datos empíricos se sometiera a la observación de ambos investigadores. De forma independiente y conjuntamente, observamos la dinámica de género en distintas clases de sexto curso y aprovechamos nuestras capacidades para ampliar las observaciones de los participantes a otros ámbitos. Por ejemplo, un de los autores es un cantante experimentado, por lo que participó en varios ensayos, mientras que otro tiene experiencia en deportes, por lo que entrenó con alumnado deportista. Este aspecto de nuestra etnografía mejoró el capital con el alumnado, que pertenecía a distintos grupos sociales. No obstante, los datos más reveladores proceden de la sala de alumnado.[4]

La sala de alumnado estaba abierta todo el día, de forma que tanto alumnos como alumnas la utilizaban en su tiempo libre. La mayoría pasaba al menos parte de su día en este lugar y los niños y todos los grupos sociales (y distintos arquetipos masculinos) la utilizaban. Es importante que esta área no tuviese vigilancia alguna. Pocas veces vimos a docentes en la sala de alumnado. Así pues, este ámbito ofrecía la oportunidad de observar a los niños de varios subgrupos lejos de las normas institucionales.

A fin de minimizar la visibilidad del proceso de investigación, los recuerdos inmediatos sustituyeron a la toma de notas (Spradley, 1970). A pesar de que esto puede provocar que algunos datos se recuerden de forma errónea, se minimizan las dudas sobre esta estrategia por la confirmación mutua y la codificación de los acontecimientos recordados. Esta es una de las ventajes de tener dos investigadores en el campo.

Mientras que cinco meses observando a los participantes proporcionaron una perspectiva de los modelos de conducta de los alumnos, las entrevistas facilitaron datos sobre las actitudes de los informantes (Brewer, 2000). Estas entrevistas se realizaron cuando el estudio iba a finalizar, de forma que había más relación entre los investigadores y los informantes. Se realizaron 17 entrevistas semiestructuradas, seleccionadas estratégicamente y en profundidad con alumnos heterosexuales. Las realizamos elaborando esquemáticamente los grupos de amistad de los aproximadamente 100 niños y seleccionando estratégicamente los participantes de los distintos grupos para la entrevista. A continuación, añadimos cinco entrevistas

4. Sala de uso común para el alumnado existentes en centros educativos británicos, donde se trabaja de manera libre y colaborativa (N. del T.)

con alumnos gays (22 entrevistas en total). Entrevistamos a un alumno de sexto, gay manifiesto, a un alumno gay de un curso inferior de Standard School, y a tres alumnos gays manifiestos que se habían graduado recientemente en Standard High (localizados mediante redes sociales de alumnos actuales).

El plan de la entrevista incluía actitudes de los participantes hacia los hombres gays, su concepto de masculinidad, su percepción de popularidad entre iguales y otros asuntos. Las entrevistas tenían una duración media de 60 minutos. El director, un tutor y el alumno autorizaban las entrevistas y se cambiaron los nombres.

Efecto investigador y proceso de investigación

A fin de reducir el efecto investigador, hemos intentado minimizar la distancia social entre nosotros y los participantes. En este enfoque ha influido el trabajo etnográfico de Ferguson (2000). En él, Ferguson se alía con el alumnado, distanciándose del personal docente y administrativo. Este enfoque le permitió desarrollar un nivel de confianza con los alumnos, que ofrece una riqueza de datos difícil de lograr en los colegios. Contribuimos a este enfoque vistiéndonos como los alumnos, con vaqueros y camisas de River Island o Topman y con el pelo como ellos lo llevan. Hablamos de los programas de televisión que les gustan (ej. Skins y Padre de familia) y no nos cortamos a la hora de decir palabrotas o hablar de sexo.

A fin de aumentar la confianza y el respeto de los alumnos, participamos en conductas contrarias a las normas, como jugar al voleibol espontáneamente en la sala de alumnos e ignorar que los alumnos copien los deberes. Nuestra aceptación también se vio facilitada porque muchos alumnos preguntaron al primer autor (que es blanco y de clase media) sobre sus experiencias recientes antes de graduarse en la universidad local, mientras que el segundo autor (también blanco y de clase media) observó que los participantes están muy interesados en el patrimonio de California y en la residencia de «Orange County» (el tema de un famoso programa juvenil). Su falta de conocimiento de la cultura británica también le dio la oportunidad de hacer preguntas sobre las normas impuestas de Standard High, por las que los alumnos mostraron interés por debatir.

Dado que valoramos la complejidad de cooperar con alumnos de sexto curso, reconociendo que había diferencias notables entre nosotros y ellos, consideramos que la mayor parte de los alumnos tenía una buena opinión sobre nosotros (Davies, 1999). Esto lo respalda que los alumnos nos invitaran a actividades extraescolares sociales (correr, hacer deporte, eventos musicales y el bar local para tomar un trago o jugar al billar). A pesar de que no asistimos, también nos invitaron a fiestas en casas.

No obstante, somos conscientes de que el proceso de investigación y la relación entre los investigadores y los alumnos puede tener efectos complejos e inesperados en los datos (Carspecken, 1996; Davies, 1999). Así, se ha realizado un informe sólido metodológico de la reflexividad y el efecto investigador (McCormack, 2011). Sin embargo, destacamos que realizamos distintas acciones para estudiar las identidades interactivas y cohibidas que los participantes mostraron en la investigación. Analizamos de forma reflexiva nuestra posición (como investigadores adultos) cuando nos reunimos en las sesiones de análisis de datos (Davies, 1999) y tuvimos en cuenta las influencias personales de cada una de las personas que participan en los análisis de datos.

Por ultimo, hemos investigado la forma en la que los participantes han actuado de forma distinta cuando los investigadores estaban presentes, ya que los alumnos pueden haber ocultado los motivos de participar con adultos. Willis (1977), por ejemplo, documenta las formas en la que los niños en edad escolar «se enrollan» con sus profesores, modificando conscientemente su forma de ser. Teniendo esto en mente, comprobamos el grado en el que los participantes pueden haber representado erróneamente los niveles de discurso homofóbico e intimidad corporal que observamos en este colegio. Comprobamos las actividades de los participantes de dos formas. En primer lugar, hablamos con dos participantes clave sobre nuestras conclusiones (Carspecken, 1996). Incluso, de forma estratégica, presentamos algunas conclusiones falsas para comprobar que estos alumnos querían rebatirlas. Ambos alumnos discreparon con las conclusiones falsas, por lo que nos fiamos de sus datos a la hora de ayudarnos a desarrollar nuestros temas. En segundo lugar, hablamos con algunos docentes que habían pasado tiempo con los alumnos pero que tenían poca autoridad sobre ellos. Entre estas personas se encontraban tres mujeres que trabajaban en la zona de almuerzo de la sala de alumnado, así como dos limpiadores y el conserje. Estos seis adultos coincidieron en que no habían notado cambio alguno en la forma en la que los alumnos actuaban cuando estaba el investigador delante, y las «encargadas del almuerzo» confirmaron por separado la mayor sensibilidad (en los últimos años) entre los niños de Standard High.

Codificación y análisis

Percibimos que la existencia de dos investigadores en el campo no solo ha contribuido a una mayor y más exhaustiva recogida de datos, sino que también ha reforzado la codificación temática y el análisis de las situaciones (May y Pattillo-McCoy, 2000). Nos reunimos en sesiones de colaboración e interpretación de datos varias veces al día. En estas sesiones, debatimos sobre nuestras observaciones conjuntas y propias en privado, cuestionando con frecuencia las interpretaciones ajenas. Consideramos que este enfoque ha proporcionado una investigación más sólida y válida de los distintos significados y las interpretaciones de los acontecimientos sociales en Standard High –en comparación con tener un único investigador en el campo–.

Se grabaron y transcribieron las entrevistas y a continuación cada investigador las codificó de forma independiente, utilizando un método constante-comparativo de temas emergentes (Goetz y LeCompte, 1981). Luego, se compararon estos códigos para mejorar la validez de nuestros análisis. A pesar de que se estudió tanto a niños como a niñas, aquí limitamos nuestro debate al comportamiento y las actitudes de género de los niños. También limitamos nuestro análisis de raza y clase social. Esto se debe a que la óptica analítica de la sexualidad y el género ofrecen la codificación de datos más fructífera y esta restricción también ha servido para controlar el ya amplio ámbito de esta investigación.

Ubicación de Standard High

Standard High, situada a 7 millas de una gran ciudad británica del sur de Inglaterra, recibe alumnado principalmente de los 15000 residentes de la ciudad de Standard. A pesar de que hay 1300 alumnos y alumnas, en sexto curso hay aproximadamente 200 (con edades comprendidas entre 16 y 18 años), y la mitad son niños. El colegio se seleccionó estratégicamente debido a su parecido demográfico con la población de Inglaterra: el alumnado refleja el perfil de la raza y la clase del país de forma global. El 90 por ciento del alumnado es británico blanco y el 10 por ciento restante se reparten entre polacos, británicos negros y británicos asiáticos. La clasificación del éxito escolar del colegio se encuentra en la zona media de los resultados de Inglaterra. Por ultimo, esta «escuela comunitaria global mixta [coeducativa]» representa el tipo de colegio más frecuente del Reino Unido. Por tanto, la denominamos «Standard High» ya que no hay factores únicos que provoquen conductas de género atípicas. No obstante, esto no supone que nuestras conclusiones se puedan generalizar a todos los colegios.

Las normas de clase media predominan en Standard High por dos razones. En primer lugar, Kehily y Pattman (2006) muestran que el sexto curso es un año en el que el alumnado se esfuerza por construir y mantener identidades de clase media y esto puede suceder en Standard High. En segundo lugar, la mayoría del alumnado es de clase media, solo algunos provienen de clases socioeconómicas bajas. Sin embargo, la clase no parece influir en los grupos de amigos en Standard High y un análisis basado en las clases ha demostrado que esta no es una codificación muy productiva de datos. No obstante, reconocemos la importancia implícita de la clase social en Standard High, señalando que la mayoría de nuestros participantes son principalmente privilegiados.

La gran mayoría de los alumnos varones en Standard High son blancos, de clase media y heterosexuales. Esto significa que no luchan con la estratificación de su clase, sexualidad y raza como pueden hacer otros. Para destacar la forma en la que la clase y la sexualidad son factores principales en la exclusión social, Taylor (2007, p. 350) muestra cómo las alumnas lesbianas de clase trabajadora sienten una «desviación doble» ya que su clase y sexualidad se oponen a los discursos escolares dominantes. Así, vemos que la mayoría de los participantes masculinos heterosexuales están inexorablemente vinculados a sus posiciones privilegiadas de clase y raza. La posición dominante y neutralizada de nuestros participantes principalmente privilegiados, les convierte en un grupo de estudio interesante e importante.

Desafiando la homofobia

Los niños de Standard High están claramente en contra de la homofobia. Cuando tratamos este problema en las entrevistas, todos los informantes se posicionaron en su contra. A pesar de que esta no es una prueba en sí misma de una cultura sin homofobia, es digno de mención que ningún alumno varón expresó su homofobia en la entrevista. Por el contrario, se consideró la homofobia como un signo de inmadurez. Matt dijo que «si alguien lo era no le duraría mucho» y que «es muy infantil». Justin añadió, «Cuando estaba en la escuela media, algunos niños decían "ese es gay" en el patio, pero no se saldrían con la suya nunca más. Les dijimos que no». Sam lo confirmó, «Puedes creer en eso [homofobia] antes [sexto], pero no aquí. Ya no se acepta».

Respaldando estas afirmaciones, las observaciones de los participantes destacaron que la palabra «gay» no se utiliza para describir la insatisfacción de estos hombres jóvenes (cf. Pascoe, 2007; Plummer, 1999). En realidad, ningún investigador escuchó ningún epíteto homofóbico en ningún ámbito social en el que se investigó. No se utilizaron términos como «homosexual» y «maricón», mientras que se utilizó el término «fag» únicamente para referirse a un cigarro. «Gay» solo se utilizó cuando se habló de identidad gay y sexualidad.

Hay datos que confirman esto de Jack, un alumno gay manifiesto de sexto de Standard High. Jack dijo que no se sentía subordinado a sus compañeros. Dijo que se le intimidó «un poco» con discursos homofóbicos en años anteriores, no en sexto. «Me gusta este colegio. Los otros niños lo llevan bien. Tengo amigos y nadie se molesta». A pesar de que Jack solo tenía dos amigos, insistía en que era porque pasaba la mayor parte del tiempo en la biblioteca y no por ser gay. «Soy una persona tranquila. Así soy yo», dijo.

Muchos de los niños de Standard High querían integrar a Jack. Por ejemplo, Craig nos dijo que una vez se sintió mal al ver que Jack se sentaba solo en el autobús. Consciente de la timidez de Jack, llamó a dos amigos y se sentaron con Jack el resto del viaje.

Este ambiente de «tolerancia gay» también parece ser el de los alumnos más jóvenes. Alex (14) nos dijo que no tenía problemas por ser gay manifiesto en la escuela inferior de Standard High. Y mientras que las opiniones de Alex y Jack no son una medida objetiva de igualdad, hablan de una homofobia rebajada en comparación con las entrevistas de alumnos gays del mismo colegio hace unos años.

A fin de explorar de forma condicional si había habido una cultura decreciente de homofobia en Standard High, entrevistamos a tres ex-alumnos gays: Luke (24) y Matt (22), que no habían salido del armario durante su etapa en Standard High, y Tim (20), que era gay manifiesto cuando iba al colegio. Se localizó a los informantes por medio de redes sociales de alumnos actuales y hacen todo lo posible porque disminuya la homofobia en Standard High.

Luke declaró que la homofobia le impedía salir del armario: «No había forma de salir en ese momento. Ni me lo pensé» Matt, que tampoco había salido del armario, fue más ambiguo sobre los niveles de homofobia: «Probablemente mis amigos se lo habrían tomado bien pero yo no me habría sentido apoyado. Algunos chicos eran muy homófobos». No obstante, Tim dijo que la homofobia influyó menos en su etapa escolar. «Cuando salí del armario, en principio fue un problema, pero los chicos lo aceptaron». Además de sus ideas distintas sobre salir del armario, Luke (el mayor) dijo que el uso de un lenguaje homofóbico y cruel era frecuente en Standard High, mientras que Matt y Tim no lo escucharon tanto. Estas historias indican que ha habido un debilitamiento de la homofobia en el colegio en los últimos años y que no hemos tropezado con un grupo único de alumnos. Los resultados de estas entrevistas no se pueden expresar de forma tajante, pero indican que la homofobia está disminuyendo en este ámbito concreto.

Resaltamos que estamos tratando de la homofobia manifiesta. Esto incluye la marginalización de alumnos gay, el uso de discurso homofóbico y las actitudes negativas hacia los hombres gays. Y, según estas medidas, era la homofobia la que estaba estigmatizada en Standard High. De esta forma, en lugar de la homofobia como parte fundamental de la masculinidad que Kimmel (1994) describe, los alumnos de Standard High consideraban que la homofobia es un signo de inmadurez.

Recuperación heterosexual limitada

Las investigaciones de género anteriores acerca de los comportamientos masculinos aceptables han mostrado que cuando los niños violan los límites heteromasculinos, se les vigila por el discurso homosexualizante y homofóbico (Plummer, 1999). Así, cuando los niños heterosexuales se relacionan o mantienen contacto corporal «de forma inadecuada», ven necesario defender públicamente su heterosexualidad mediante la homofobia y/o otros comportamientos heterosexualizantes (Kehily, 2002; Nayak y Kehily, 1996). Solo en este estudio, los niños eran muy sensibles con los otros y había una recuperación heterosexual limitada entre los alumnos de Standard High.

Un ejemplo de la recuperación heterosexual conquistada es el de Chris, a quien se conoce por su humor provocador. Entre dos clases, Chris preguntó si Tom Cruise era gay. Jack respondió, «No lo sé, pero hay un vídeo muy divertido de él hablando sobre cienciología en Internet». Chris respondió, «Aún voy por el de Jenna Jameson». En este momento, Chris empleó el conocimiento común de que ella es una estrella de la pornografía, quedando etiquetado como heterosexual.

Sin embargo, el uso más prolífico de la recuperación heterosexual en Standard High se produjo mediante la ironía. Un ejemplo: Joe y Matt (dos de los alumnos más populares) se acercaron a un grupo de alumnos reunidos en el centro de la sala de alumnado. Joe estaba detrás de Matt, abrazándole por el cuello. Luego, Joe bajó sus brazos por la cintura de Matt y puso su cabeza en el hombro de Matt. Un momento después, Joe saltó, gritando enérgicamente, «¡Me pones! ¡Luchemos! ¡Me pones!» Matt se rió y se cayó, aplastando a Joe. Los niños se quedaron atónitos unos segundos antes de que Matt se levantara y ayudara a levantarse a Joe.

Interpretamos esto como la recuperación de la heterosexualidad mediante conductas irónicas, también indica que la sensibilidad del abrazo y la falta de homofobia manifiesta lo distancian de las formas ortodoxas de gestión de los límites heterosexuales. Entendemos que a ambos alumnos se les identifica socialmente como heterosexuales, ya que Joe tenía novia y Matt era conocido por tener relaciones sexuales esporádicas con muchas chicas.

Otro ejemplo de recuperación irónica se produjo cuando Jim, un chico extrovertido, hizo a Baz varios regalos en su cumpleaños. Había unos 25 alumnos viendo cómo Baz abría los regalos y soplaba las velas. En un momento dado, Baz se vio abrumado por la generosidad de su mejor amigo. Se levantó y abrazó a Jim delante de todos. Cuando otro chico dijo, «qué bonito», Jim dijo al resto «Me estoy poniendo. Me estoy poniendo». Todos se rieron con él pero los niños no disolvieron su abrazo durante algunos segundos más.

Esto enfatiza la forma en la que la recuperación heterosexual permite un nivel emocional aumentado (aun limitado) e intimidad física. Al gritar «Me estoy poniendo», a Baz y Jim (que no eran muy populares) no se les estaba controlando la intimidad. No obstante, los chicos limitaron su propia intimidad heterosexual al utilizar la recuperación irónica.

Estos ejemplos no son las únicas situaciones en que los niños tenían intimidad física, ni mucho menos. En cambio, parece que estos alumnos pudieron relacionarse, emocionarse e incluso actuar de forma que solo se permitía a chicos con un gran capital masculino y deportivo. Así, como prevé la teoría de la masculinidad inclusiva, sin el agente vigilante del estigma homofóbico, la cercanía física se convierte en un elemento importante, normalizado y esperado de la vida diaria.

Intimidad ante la ausencia de recuperación heterosexual

La sensibilidad de estos niños de entre 16 y 18 años aparecía en el momento que uno entraba en la sala de alumnado. Por ejemplo, una tarde, Adi estaba sentado con las piernas en el regazo de Ryan. Ryan jugaba con los cordones de Adi, no haciendo nudos sino atando y desatando su zapato. A su lado, Sam estaba sentado en el regazo de Liam, hablando con Baz, que acariciaba lenta y suavemente la pierna de Rhys. Pasaba su mano por el muslo de Rhys. No había razón alguna para este contacto, solo era un signo de afecto. Es relevante que la recuperación heterosexual no se asocia a estas conductas y otros no los vigilaban.

Este análisis también se extiende a las conversaciones. Por ejemplo, un día Jon le preguntó a Sam (que llevaba pantalones cortos), «¿Te has afeitado las piernas?». Sam respondió, «No. Tengo pelo, pero es rubio». Para comprobarlo, Jon se acercó y pasó su mano por la pierna de Sam. «Están bien», dijo. La charla captó la atención de Ant, que confirmó «Han quedado bien».

Otra vez, Oli acariciaba la parte trasera del pelo de Nick, frotando la nuca mientras hablaba del intento fallido de Nick de teñirse el pelo. Steve también tocaba el pelo de Nick, diciendo, «Sí, está muy seco». Nick respondió, «Lo sé. ¡Me tuve que poner mucho acondicionador!» Ninguno de ellos suscitó un sentimiento de homosexualización o feminización entre sus compañeros.

Destacando la normalidad de tal intimidad emocional y física, Ben y Lee, que no eran muy populares, estaban en una esquina de la sala de alumnado. Mientras hablaban, se tocaban las yemas de los dedos. Ben movió su cabeza hacia la oreja de Lee, hablándole durante aproximadamente un minuto. Su boca estaba tan cerca que parecía que sus labios estaban tocando la oreja de Lee.

Debate

Las investigaciones anteriores sobre la cultura escolar han mostrado que las conductas de género de los niños se estructuran social e institucionalmente en un ethos heteromasculino restrictivo que se encuentra muy vigilado por el discurso homofóbico (Nayak y Kehily, 1996). De esta forma, las identidades gays se han estigmatizado, se han silenciado las conversaciones sobre homosexualidad y a los alumnos gay se les ha excluido del ámbito escolar (Epstein y Johnson, 1998). Estas investigaciones muestran que los niños deben actuar de forma agresiva, homofóbica y misógina si quieren mantener su heteromasculinidad entre sus compañeros (Mac an Ghaill, 1994). Sin embargo, nuestras investigaciones ofrecen un contrapunto a esta forma de comprender la construcción de la identidad masculina.

Observamos que los niños heterosexuales en una clase de sexto del sur de Inglaterra son capaces de relacionarse con alumnos gays, ser sensibles al contacto e íntimos emocionalmente con otros chicos y hablar de temas que anteriormente se consideraban femeninos sin recurrir al discurso homofóbico; todo sin quedar homosexualizados por estas conductas. De hecho, las expresiones de afecto hombre a hombre y las emocionales fueron parte fundamental y diaria de la vida en Standard High.

En primer lugar, intentamos explicar estas conductas mediante el capital social, pensando que podía suponer inmunidad para algunos niños (Anderson, 2005a; Pascoe, 2003). Sin embargo, las observaciones de nuestros participantes mostraron que la sensibilidad no se limitaba a chicos de un grupo definible. Por el contrario, independientemente de su popularidad, la intimidad homosocial se preconcebía entre los niños de todos los grupos sociales y arquetipos masculinos.

Estas conclusiones tienen consecuencias importantes para la teorización contemporánea de la sexualidad y la masculinidad. En primer lugar, observamos que la teoría de la masculinidad inclusiva (y no la teoría de la masculinidad hegemónica) explica mejor estas conclusiones. Esto se debe a que la teoría de la masculinidad inclusiva indica que, en una cultura con menos homofobia, se acepta el afecto físico y la intimidad emocional entre los hombres.

En segundo lugar, incluso con un descenso de la homofobia y la ampliación correspondiente de conductas de género aceptables, parece que la heterosexualidad está más consolidada en este ámbito. Así, los ámbitos escolares de investigación con un nivel alto de homofobia explican la naturaleza fragmentada y precaria de la construcción de la identidad heterosexual y su mantenimiento, indicando que solo una transgresión de género puede homosexualizar a un niño (Anderson, 2008; Nayak y Kehily, 1996;

Pascoe, 2007). No obstante, en Standard High, se percibe que los niños son socialmente gays si se identifican públicamente como tales. Así, en este ámbito, el descenso de la homofobia refuerza los límites de la identidad heterosexual, mientras que permite que algunas personas se alejen de ella. Esto supone que el descenso de la homofobia no conlleva necesariamente la dispersión de las identidades sexuales.

La ausencia de homofobia manifiesta en este ámbito permite formular una nueva teoría sobre las prácticas de creación de límites de la heterosexualidad. De esta forma, identificamos la recuperación heterosexual como el mecanismo principal para mantener los límites heterosexuales sin recurrir a la homofobia. No obstante, destacamos que la recuperación heterosexual continúa otorgando privilegios a la heterosexualidad, a la vez que margina de forma implícita las identidades gays. Además, mientras delimitamos nuestro ámbito a la homofobia manifiesta en esta investigación, indicamos que sería una caracterización errónea para calificar los privilegios de la heterosexualidad que documentamos como homofobia encubierta. Esto se debe a que, según Plummer (1999, p. 134), interpretamos el término «homofobia encubierta» para insinuar un intento por parte de los participantes del que no tenemos pruebas. De hecho, esta investigación muestra que la concesión de privilegios a la heterosexualidad puede existir incluso en un grupo de jóvenes que están en contra de la homofobia.

Consideramos que la consolidación de una identidad heterosexual en este ámbito, junto con las nuevas formas de creación de límites heterosexuales, garantiza un cambio en el análisis desde las formas de estudio de la homofobia hasta la investigación de la heteronormatividad en ámbitos escolares (Ferfolja, 2007). Hay pocas investigaciones en el análisis de la heteronormativaidad en ámbitos educativos (Atkinson y DePalma, 2009; Ferfolja, 2007) y estas tienden a centrarse en la exclusión de alumnos gays en colegios (Wilkinson y Pearson, 2009). No obstante, es necesario centrarse en la forma en la que la heteronormatividad también afecta a los alumnos heterosexuales. Tal y como escribe Jackson (2006, p. 117), «los supuestos heteronormativos se relacionan con la institucionalización de la heterosexualidad y también dan forma a las actividades de la heterosexualidad y a ser y hacerse heterosexual». En esta investigación hemos mostrado cómo la recuperación heterosexual mantiene los límites de las identidades heterosexuales e incluso puede extenderse a un ámbito en el que no haya homofobia manifiesta. Así pues, consideramos que los alumnos tienen que analizar la forma en la que la heteronormatividad controla tanto a los alumnos heterosexuales como a los gays para entender su poder completamente.

Para llevarla a cabo no nos hemos centrado en la clase social y la raza ya que no influyen explícitamente en estos participantes de la misma forma que lo hace la sexualidad y el género. Sin embargo, destacamos que esto se debe a la posición privilegiada de los participantes y subrayamos que las experiencias que han vivido están vinculadas inexorablemente a su clase y raza. Así pues, estas conclusiones se encuentran en los discursos de clase media que predominan en Standard High.

Teniendo en cuenta los debates sobre la división norte/sur en la cultura inglesa (Nayak y Kehily, 2008), también es necesario resaltar la especificidad contextual de Standard High como parte del sur de Inglaterra. No obstante, dentro de estos límites, no podemos pensar en razones destacadas por las que las conductas inclusivas de estos chicos deban ser radicalmente distintas a las de alumnos varones en otras clases de sexto en esta parte del país. No ha habido un programa integral de formación de sensibilidad, ni profesores gays manifiestos ni ninguna otra razón institucional que sirva para explicar las actitudes pro-gays y las proporciones elevadas de simpatía homosocial que estos niños han mostrado (consultar McCormack, 2011). A pesar de que necesitamos ser cuidadosos a la hora de hacer generalizaciones a partir de esta etnografía, estos factores indican que no hemos dado con un caso excepcional.

Ya que no conocíamos ninguna otra investigación que documentara tantas actitudes pro-gays en el ámbito de las clases de sexto curso, destacamos que las investigaciones recientes se refieren a una mejoría notable en las actitudes hacia la homosexualidad entre otros grupos de jóvenes británicos (Anderson, 2009; McNair, 2002; Weeks, 2007). Nayak y Kehily (2008) apuntan que la cultura global está produciendo nuevos espacios e incitando a distintas subjetividades juveniles que dan lugar a nuevas expresiones de género. Consideramos que el aumento en las conductas masculinas feminizadas puede deberse en parte a la creciente presencia en los medios de comunicación de la metrosexualidad (Coad, 2008) y a las actitudes positivas en aumento hacia los hombres gays que se observan en la cultura británica (Anderson, 2009; McNair, 2002; Weeks, 2007). Así pues, nuestra investigación muestra que las nuevas formas de las masculinidades heterosexuales en estos momentos están presentes, al menos, en este colegio e insta a los investigadores a que analicen estos temas en otros lugares.

Referencias

Allen, L. (2007). «Denying the Sexual Subject: Schools' Regulation of Student Sexuality». *British Educational Research Journal,* 33(2), 221-234.

Anderson, E. (2005a). *In the Game: Gay Athletes and the Cult of Masculinity.* Albany, NY: State University of New York Press.

ANDERSON, E. (2005b). «Orthodox and Inclusive Masculinity'», *Sociological Perspectives,* 48(3), 337-355.

ANDERSON, E. (2008). «Being Masculine Is Not About Who You Sleep With...» *Sex Roles,* 58, 104-115.

ANDERSON, E. (2009). *Inclusive Masculinity: The Changing Nature of Masculinities.* Londres: Routledge.

ATKINSON, E. y DEPALMA, R. (2009). *Interrogating Heteronormativity in Primary Schools.* Stoke-on-Trent: Trentham.

BREWER, J. D. (2000). *Ethnography.* Buckingham: Open University.

CARSPECKEN, P. F. (1996.) *Critical Ethnography in Educational Research.* Londres: Routledge.

COAD, D. (2008). *The Metrosexual.* Nueva York: State University of New York.

CONNELL, R. W. (1987). *Gender and Power.* Stanford, CA: Stanford University Press.

CONNELL, R. W. (1995) *Masculinities.* Cambridge: Polity.

DAVIES, C. A. (1999). *Reflexive Ethnography.* Londres: Routledge.

EPSTEIN, D. (1993). «Practicing Heterosexuality», *Curriculum Studies,* 1(2), 275-286.

EPSTEIN, D. (1997). «Boyz' own Stories». *Gender and Education,* 9(1), 105-115.

EPSTEIN, D. y JOHNSON, R. (1998). *Schooling Sexualities.* Buckingham: Open University Press.

EPSTEIN, D.; O'FLYNN, S. y TELFORD, D. (2003). *Silenced Sexualities in Schools and Universities.* Stoke-on-Trent: Trentham.

FERFOLJA, T. (2007). «Schooling Cultures». *International Journal of Inclusive Education,* 11(2), 147-162.

FERGUSON, A. A. (2000). *Bad Boys.* Ann Arbor, MI: University of Michigan Press.

FROSH, S.; PHOENIX, A. y PATTMAN, R. (2002). *Young Masculinities: Understanding Boys in Contemporary Society.* Basingstoke: Palgrave.

FROYUM, C. M. (2007). «"At Least I'm not Gay": Heterosexual Identity Making among Poor Black Teens». *Sexualities,* 10(5), 603-622.

GOETZ, J. P. y LECOMPTE, M. P. (1981). «Ethnographic Research and the Problem of Data Reduction». *Anthropology and Education Quarterly,* 12, 51-70.

JACKSON, S. (2006). Gender, Sexuality and Heterosexuality. *Feminist Theory,* 7(1), 105-121.

KAPLAN, D. (2005). «Public Intimacy: Dynamics of Seduction in Male Homosocial Interactions». *Symbolic Interaction,* 28(4), 571-595.

KEHILY, M. J. (2002). *Sexuality, Gender and Schooling.* Londres: Routledge/Falmer.

KEHILY, M. J. y PATTMAN, R. (2006). «Middle Class Struggle». *British Journal of Sociology of Education,* 27(1), 37-52.

KIMMEL, M. S. (1994). «Masculinity as Homophobia». En H. Brod y M. Kaufman (eds), *Theorising Masculinities* (pp. 119-141). Londres: Sage.

MAC AN GHAILL, M. (1994). *The Making of Men.* Buckingham: Open University Press.

McCormack, M. (2011). «The Declining Significance of Homohysteria for Male Students in Three Sixth Forms in the South of England». *British Educational Research Journal,* 37(2), 337-353.

McNair, B. (2002). *Striptease Culture.* Londres: Routledge.

Martino, W. y Pallotta-Chiarolli, M. (2003). *So What's a Boy?* Maidenhead: Open University Press.

May, R. A. B. y Pattillo-McCoy, M. (2000). «Do You See What I See? Examining a Collaborative Ethnography». *Qualitative Inquiry,* 6(1), 65-87.

Nayak, A. y Kehily, M. J. (1996). «Playing it Straight: Masculinities, Homophobia and Schooling». *Journal of Gender Studies,* 5(2), 211-229.

Nayak, A. y Kehily, M. J. (2008). *Gender, Youth and Culture.* Nueva York: Palgrave Macmillan.

Pascoe, C.J. (2003). «Multiple Masculinities: Teenage Boys Talk about Jocks and Gender». *American Behavioural Scientist,* 46(10), 1423-1438.

Pascoe, C. J. (2007). *Dude, You're a Fag.* Londres: University of California Press.

Plummer, D. (1999). *One of the Boys: Masculinity, Homophobia and Modern Manhood.* Nueva York: Harrington Park Press.

Pronger, B. (1990). *The Arena of Masculinity.* Nueva York: St. Martin's Press.

Salisbury, J. y Jackson D. (1996). *Challenging Macho Values.* Londres: Falmer Press.

Spradley, J. P. (1970). *You Owe Yourself a Drink.* Boston, MA: Little & Brown.

Steinberg, D. L.; Epstein, D. y Johnson, R. (1997). *Border Patrols.* Londres: Cassell.

Taylor, Y. (2007). «Brushed behind the Bikeshed». *British Journal of Sociology of Education,* 28(3), 349-362.

Weeks, J. (2007). *The World We Have Won.* Londres: Routledge.

Wilkinson, L. y Pearson, J. (2009). «School Culture and the Well-being of Same-sex-attracted Youth». *Gender & Society,* 23(4), 542-568.

Willis, P. (1977). *Learning to Labour.* Farnborough: Saxon House.

3 Danza, masculinidad y educación física: una perspectiva internacional

Michael Gard

Ha habido distintos estudios etnográficos, antropológicos y sociológicos que aportan cierta claridad a las intersecciones entre la danza y la masculinidad. De forma intencionada, existen pocos artículos, incluidas obras concretas de algunos países y regiones. De distintas formas, estas obras muestran la forma en la que las diversas culturas ofrecen varias respuestas a la pregunta «¿quién o qué es un bailarín?». No obstante, en estos momentos no ha habido intentos sistemáticos de ofrecer una perspectiva internacional sobre la masculinidad y la danza.

Existen al menos dos razones para intentar comenzar el proceso de aunar estos artículos distintos. En primer lugar, un enfoque comparativo puede otorgar a los hallazgos en un contexto concreto una luz diversa que si se consideran de forma aislada. Por ejemplo, las actitudes en un contexto pueden parecer más o menos liberales cuando se comparan con las actitudes en otro contexto.

En segundo lugar, una perspectiva internacional nos permite considerar la importancia de las fuerzas sociales mayores como la colonización, la descolonización y la globalización. Los cambios culturales se pueden vincular y comparar a cambios similares en otras partes del mundo. Por ejemplo, ¿podemos inferir conclusiones sobre la forma en la que los procesos de globalización han cambiado y están cambiando las ideas sobre los hombres que bailan?

Quizás exista un conjunto aún más intrigante de preguntas relativas a la danza y la masculinidad. Durante algún tiempo, ha habido una idea preconcebida sobre los hombres que bailan –en concreto sobre aquellos que participan en representaciones de danza como ballet y danza moderna–, una ansiedad blanca, occidental. ¿Hasta qué punto es esto cierto? En la primera parte de este capítulo intentaré no descartar esta idea y así complicarla. Hago esto analizando la educación en distintos campos para describir un diálogo intercultural en el tiempo y espacio en el que los significados adscritos a los bailarines han cambiado y se han trasladado.

La segunda parte del capítulo se centra en las escuelas, la educación física y la enseñanza de la danza. Aquí trato la forma en la que la política cultural da forma a las razones por las que enseñamos danza, así como la forma en la que el profesorado se atreve a hacerlo y lo hace en las escuelas.

Danza, masculinidad y pertenencia

¿Existe algo que pueda generalizarse de forma sensata sobre las interconexiones entre la práctica de la danza (de cualquier tipo) y la construcción de la masculinidad en el mundo? Mi respuesta a esta pregunta la indica, en primer lugar, mi intento por escribir este capítulo; si no hubiese nada que decir, no habría nada sobre lo que escribir. Y, sin embargo, mi idea es que es fundamental ser claro sobre las limitaciones de esta empresa a fin de minimizar el peligro de llegar a lo que pueden parecer conclusiones inocentemente ambiciosas.

El aspecto fundamental de este capítulo es lo que muchos académicos llaman «danza teatral»; ballet y otras formas occidentales de danza artística (como la danza moderna) que suelen representar bailarines profesionales ante el público. Desde un primer momento, existen problemas en la perspectiva internacional que intento adoptar en este capítulo. El ballet y otras formas de danza teatral tienen sus raíces históricas en los países europeos y, en muchos aspectos, tienen poco que ver con las formas de danza tradicionales y artísticas de los países no europeos. Esto es importante, ya que la curiosidad que marca toda mi investigación en danza y masculinidad ha sido la extendida ambivalencia hacia los bailarines teatrales en los países anglófonos en los últimos 150 años. Teniendo esto en cuenta, resulta adecuado preguntar si las formas no occidentales de danza arrojan alguna luz sobre la política de género de la danza teatral occidental. También debemos recordar que la danza teatral se encuentra entre las muchas otras formas que los europeos y otros occidentales poseen.

Un aspecto más fundamental y secundario es la pura diversidad global de los tipos de danza, por un lado, y por otro, que las masculinidades culturales concretas representan la mayoría de los intentos de generalizar no de forma especulativa sino de manera insignificante. Lo siguiente no es un intento de hacer generalizaciones sobre el mundo, sino un intento de resumir distintas educaciones para provocar el pensamiento. Con dicho fin, he incluido varios estudios de la danza no teatral en países no occidentales. Fundamentalmente, sugiero que observemos las investigaciones sobre géneros de danza que los hombres hacen por el mundo para inferir ideas potencialmente útiles sobre la danza teatral occidental.

El conocimiento de la danza nos enseña que todas las formas de danza son un medio por el que se expresa la membresía de un grupo. Todas las danzas tienen reglas o convenciones y, a pesar de las ideas de «libertad» y «expresión propia» que destacan algunos profesionales, estas prácticas o estilos son una condición previa fundamental para llamar a algo una danza en primer lugar.

La antigüedad de estas reglas siempre es un tema complejo. Por ejemplo, aunque se asocia a Buenos Aires, el tango –como la propia Argentina– es una creación híbrida que tiene raíces en África, Europa y la Argentina urbana y rural del siglo XIX (Taylor, 1998). En cambio, el pasado híbrido del tango ha llevado a un futuro híbrido, con distintas versiones del tango surgidas de lugares lejanos como Finlandia y Japón (Savigliano, 1995). Dado que las danzas tienen reglas y las distintas culturas generan distintos tipos de danza, las formas en las que la gente baila son probablemente, al menos en parte, un tema de política cultural. La antropología es tan buena como cualquier otro lugar para explorar la política cultural de la danza, en concreto la relación con las construcciones de masculinidad.

Hay una tendencia arraigada entre los críticos que investigan sobre la danza en contextos culturales concretos para ver la danza como un tipo de universal humano. La más conocida puede ser Hanna, con sus dos publicaciones clave: *To Dance Is Human: A Theory of Nonverbal Communication* (1979) y *Dance, Sex, and Gender: Signs of Identity, Dominance, Defiance and Desire* (1988). Resulta complicado saber el grado de utilidad o solidez de una observación dado que nos encontramos influidos por la regularidad con la que casi cualquier área del esfuerzo humano –el deporte, la música, la ciencia y la acumulación de riqueza, entre otras– se describe como una expresión de instinto humano innato. La tentación por esencializar la danza complica aún más comprender su especificidad cultural o la importancia de las diferencias entre las culturas.

Por ejemplo, aunque fundamentalmente en etnomusicología, el trabajo de campo de Meintjes con los zulúes en la Sudáfrica del post-apartheid se centra en la muestras masculinas en la canción de Ngoma y en la danza de la rural KwaZulu-Natal. Se trata de asuntos complejos y, no obstante, Meintjes expone que la Ngoma moderna representa aspectos de las luchas políticas, sociales y culturales a las que los zulúes se enfrentaron durante el siglo XX. En concreto, sugiere que los distintos ataques sufridos por la autoridad zulú masculina suscitaron una retrotracción a las historias de guerreros y a muestras aún más exageradas de poder físico y alardes de proezas sexuales mediante la canción y la danza. Así, la canción y la danza Ngoma han cambiado con el tiempo en parte por la posición cambiante de los hombres en la sociedad zulú. En este caso, aún es posible defender que la danza toma su forma no en respuesta a las cualidades esenciales que posee un grupo de personas, sino como una forma de conservar o defender las formas sociales y culturales que los grupos de gente han creado con el tiempo.

Se podrían nombrar muchos otros ejemplos parecidos, en concreto si nos fijamos en la política cultural de los estados de la nación. La investigación de Van Zile (1998) sobre la danza de la espada *Chinju kommu* de Corea del Sur explora las luchas sobre si la danza era originalmente para hombres y mujeres, y cómo y para quién se debe bailar en la actualidad. Cabe resaltar que la danza se concibe como una institución cultural, emblemática de la moderna Corea del Sur. Su política de género local encuentra su expresión nacional en las luchas, en algunos casos, por los detalles mínimos del movimiento y los trajes. La calidad de los gestos, la posición de las piernas, la postura corporal, todo puede ser interpretado como una celebración o debilitamiento de las ideas dominantes de la nación. Observamos situaciones parecidas en la obra de Karayanni (2006) en Chipre, en la que las formas de la danza con las tradiciones populares están divididas por las tensiones étnicas entre los griegos y los turcos chipriotas. Mientras que hay pruebas suficientes que muestran que las culturas griega y turca comparten historias entrelazadas, gran cantidad de energía de ambas partes se ha destinado a dicotomizar la música y danza griega y turca de forma que, por ejemplo, las formas de música y danza con claro sabor turco se han eliminado del flujo de la vida cultural griegochipriota. La lucha por la identidad chipriota en Grecia ha creado una presión cultural a los bailarines para moverse de una forma y no de otra a fin de evitar cualquier vinculación con los menospreciados turcos «afeminados».

El ejemplo chipriota es sugerente en distintos niveles ya que, como preconiza Karayanni (2006), las leyes estatales contra la homosexualidad son principalmente un legado del yugo colonial británico que han defendido ferozmente líderes de la iglesia y políticos. La homosexualidad, como formas insuficientemente «masculinas» de danza, la ven algunas personas como un signo de decadencia nacional y puede debilitar la resolución y la fuerza física necesaria para vencer la amenaza turca.

Un crítico de su obra apunta que Karayanni muestra la forma en la que «...la danza de Oriente Medio se transformó mediante la mirada europea y sus valores subyacentes en una forma artística adecuada al público occidental así como a las élites de nativos que se acercaban al canon occidental» (Kudsieh, 2006, p. 1). En concreto, Karayanni muestra la forma en la que los viajeros y los escritores transformaron la danza del vientre según sus gustos occidentales, coloniales y heterosexuales. Y sigue existiendo un problema:

> ...la relación entre el estado de la danza del vientre en el discurso colonial, el establecimiento de una identidad nacional griega occidentalizada y griega-chipriota y la escisión de las danzas griegas orientales y chipriotas como el Rebetika del folklore nacional. La identidad griega moderna se presenta como masculina, dignificada y refinada; se trata de una identidad que se disocia por completo de la identidad oriental (homo)erótica. (Kudsieh, 2006, p. 1)

Existen claras pruebas históricas de que los jóvenes sexualmente ambiguos bailaban *chifteteli* (danza del vientre) para los mandatarios chipriotas en el siglo x y que el *chifteteli* tiene orígenes griegos y turcos. No obstante, el *chifteteli* se ha eliminado de la historia grecochipriota, así como de sus clases, en la que se establecen los proyectos políticos duales de construcción de una nación y de género:

> La ideología nacionalista ha prescrito los parámetros de la expresión kinestésica aceptable y en este proceso ha definido su parte fascinante: un movimiento anormal con su potencial para el espectáculo y, por tanto, la excitación en términos sexuales. Este discurso también destila los principios que afectaban la pedagogía de mis años de colegio como griego chipriota a comienzos de la década de 1970. En nuestra clase de educación física, se nos enseñaban algunas danzas que se llamaban «panhelénicas»: kalamatianos, syrtos, y tsamikos (aunque la responsabilidad de las danzas en mi colegio recaían en las chicas y no en los chicos, ya que se consideraba la danza más apta para las chicas). (Karayanni, 2006, p. 254)

El debate de Dunne (1998) sobre el poder y la política de género/sexual en Oriente Medio expone varios puntos relacionados. Por ejemplo, que las visiones islámicas sobre la prostitución y la homosexualidad se han encubierto en la historia al igual que ha ocurrido en la historia occidental. No obstante:

> La violencia contra los hombres homosexuales parece estar en aumento. Los bailarines afeminados a los que se les llama *khawals* eran artistas populares en Egipto en el siglo XIX. A día de hoy, dicho término es un insulto, equivalente a «marica». Puede que los *khawals* del siglo XIX no gozaran del respeto como «hombres» pero hay pocas pruebas de que estuviesen sometidos a violencia. La hostilidad hacia las prácticas homosexuales han sido parte del legado político y cultural del colonialismo europeo. (Dunne, 1998, p. 11)

A riesgo de oscurecer diferencias nacionales importantes, hay narraciones muy similares en otros países. Hayashi (1998) expone que antes de la década de 1870, las danzas tradicionales japonesas solo las hacían los hombres, mientras que las mujeres solo podían bailar en ocasiones especiales. Estas danzas tradicionales no se enseñaban en las escuelas. Tras 1870, el gobierno japonés importó un sistema de educación física al estilo europeo que estipulaba las artes marciales y los deportes para los niños, y la gimnasia y los bailes tradicionales para las niñas. Hayashi destaca que el gobierno fue claro en su deseo de producir a hombres aptos para el ejército y mujeres dispuestas a servir a los hombres. En parte como consecuencia de estos cambios, surgió un gran prejuicio contra los bailarines. Sin embargo, en 1994 la danza pasó a ser coeducativa en los institutos japoneses. Este movimiento se vio frenado por los profesores más mayores de educación físicas.

Se podrían citar otras obras antropológicas para reforzar el hecho de que las formas no teatrales de la danza han existido en las culturas indígenas (por ejemplo, en las Islas Tiwi en Grau, 1993, 1994 y África en Oyorty, 1993), migratorias (por ejemplo, los mexicanos en Estados Unidos en Sánchez, 2004) y las culturas modernas urbanas (por ejemplo, el norte de Grecia en Cowan, 1990) a fin de definir los grupos culturales ante sí y de simbolizar el estado, las funciones y las responsabilidades tanto de mujeres como de hombres. Todas estas obras reconocen la fluidez de la danza; las formas en la que la danza refleja las circunstancias sociales y culturales cambiantes, así como su existencia como un vehículo de resistencia ante las normas. Por este motivo, la danza es una actividad regida por normas que puede generar conflictos y trastornos.

Chicos de ballet

El artículo fundamental de Ramsay Burt (1995) *The Male Dancer: Bodies, Spectacle, Sexualities*, resalta que la sospecha occidental de los bailarines teatrales no fue en todo momento una cuestión de homofobia. La reducción de los bailarines durante el periodo romántico del siglo XIX fue, más que nada, consecuencia de las distinciones de la clase emergente. Las sensibilidades de la clase media, impulsadas por varios movimientos sociales como la industrialización, la cristiandad muscular y el deporte organizado, comenzaron a ver el ballet como un vestigio de la nobleza decadente así como, en el caso concreto de los bailarines, de las bufonadas absurdas y antiguas. De alguna forma, podríamos vincular los cambios iniciales a las actitudes de Europa occidental hacia el bailarín teatral del siglo XIX con algunas de las investigaciones no occidentales que se han citado anteriormente. Esto se produce, cuando hablamos de los distintos tipos de danza, en todos los casos en los que el cuerpo masculino que se mueve se controla y/o transforma según los relatos culturales y nacionales y la importancia de los hombres en estos relatos.

Un aspecto sorprendente de la obra de Burt es su reserva alternativa sobre la influencia de la religión. En concreto, no valora que la cristiandad europea haya tenido serias dudas durante siglos de los cuerpos de baile (si desea ver un ejemplo del oprobio de la iglesia inglesa contra la danza durante la mitad de la década de 1500, consulte Haddon, 2004). En algunos países europeos como la República de Irlanda e Irlanda del Norte en los que la iglesia católica aún desempeña una función importante en los asuntos públicos, las denuncias de la danza moderna artística fueron constantes hasta hace poco tiempo (Wulff, 2003). Por supuesto, el miedo a la danza como un primer paso pecaminoso hacia una mala conducta sexual no es lo mismo que la sospecha homofóbica de los bailarines. En realidad, dado que lo anterior concibe que la danza incita al sexo directo y las relaciones posteriores con la homosexualidad, podríamos pensar que son contradictorios. No obstante, la relación importante es la asociación de los cuerpos de baile con el sexo *per se*. Así pues, los bailarines de ballet son, entre otras cosas, artistas y aún hay otras formas de expresión artística que asocian inmediatamente al artista con una identidad sexual de la misma forma en la que lo hace la danza. En otras palabras, estoy repitiendo un argumento sobre las corrientes que desprecian la carne que se encuentran en la historia de las culturas judeocristianas (y no solo el protestantismo), un aspecto que nos devuelve a Burt.

Así como a nivel macroeconómico y de las fuerzas sociales, Burt también destaca la función del deseo individual. Durante la segunda mitad del siglo XIX, la idea de las identidades sexuales individuales emergió y las semillas de la homofobia moderna comenzaban a surgir. Mientras que Burt estima que el estereotipo bailarín/homosexual no floreció hasta Nijinsky y los ballets rusos en la primera década del siglo XX, su argumento es que la parte final del siglo XIX es un periodo en el que era más complicado que los hombres occidentales gozaran mirando los cuerpos de otros hombres. Los nuevos códigos de masculinidad estaban reformulando el deseo de que los hombres, ya no debían probar que eran superiores a las mujeres, como ocurría en el pasado. Ahora debían probar que la masculinidad es lo contrario a la feminidad. Igual que el endurecimiento de las ideas islámicas sobre la homosexualidad y la ambigüedad de género en los últimos 200 años (consulte lo anterior), la vida social en la Europa Occidental modernizante y sus colonias exigía normas más estrictas y claras sobre la forma en la que los hombres y las mujeres pensaban, miraban y se movían.

El espacio no permite un resumen más completo de los estudios sobre la emergencia histórica del estereotipo bailarín/homosexual (si desean conocer esta historia los lectores pueden consultar a Burt, 1995 o si desean una versión de artículos a Adams, 2005). Lo que podemos hacer es centrarnos en relatos históricos que muestren que muchas formas de danza, no solo el ballet, fueron potencialmente sospechosas para los chicos y los hombres en los países occidentales durante el siglo pasado. Por ejemplo, en el campo de la educación física, el siglo XX comenzó y continuó observando las formas populares y creativas de danza como potencialmente perjudiciales para los hombres jóvenes. En cambio, preferían los deportes organizados como la prueba adecuada para los cuerpos masculinos (Lloyd y West, 1988; Winter, 1999). A pesar de que se fomentaba la danza, los educadores temían que los movimientos femeninos «inadecuados» pudiesen ser «captados» por chicos inocentes, al igual que el frío, y les convirtiera así en varones menos convincentes (consulte Adams, 2005 si desea ver algunos ejemplos). El estudio de Winter (1999) de la carrera del profesor de educación física Luther Hasley Gulick de comienzos de siglo XX es clarificador aquí. Gulick era un progresista educativo de Nueva York que creía en el poder de la danza popular para revitalizar la nación americana ante la migración masiva y lo que consideraba la consecuente amenaza para la identidad nacional. Para Gulick, las danzas populares fueron un vehículo ideal para preparar a las chicas americanas –y solo a las chicas– para la pendiente construcción de una nación. En cambio, los chicos tenían que desarrollar la valentía, la dureza y el trabajo en equipo que solo los deportes y el atletismo ofrecen. Winter (1999, p. 33) considera que para Gulick y sus coetáneos, la «identidad nacional funcionaba como una práctica representativa, impuesta mediante un discurso de género y racial de la identidad nacional». En otras palabras, aquí observamos la continuación de la forma en la que los cuerpos de danza se entendían como un elemento constituyente de la identidad colectiva y se atribuyó a la danza el poder para mejorar y (en el caso de un bailarín) debilitar la identidad y cohesión colectiva. Es casi como si a la danza y al cuerpo en movimiento se le atribuyeran poderes mágicos para salvar o corromper a sociedades y a las personas que la componen.

Para las formas más artística de la danza, la última parte del siglo XIX y las primeras décadas del siglo XX son notables por el gran número de mujeres, en oposición a los bailarines, que obtuvieron fama internacional. Durante este periodo bailarinas como Isadora Duncan, Loie Fuller, Ruth St. Denis, Maud Allan, y Gertrude Hoffman alcanzaron gran importancia y muchas, como St. Denis y Allan, se especializaron en representaciones de danza derivadas de las representaciones exóticas del «Este» (si desea más información sobre estas bailarinas consulte Thomas, 1995 y Banes, 1998).

Una de las ideas que podemos tomar de este periodo de la danza occidental es la forma en la que los bailarines tomaron el control de la imagen de Oriente a fin de construir ideas sobre el Oeste *y* el Este en el contexto del imperialismo y de la migración internacional masiva creciente. Por ejemplo, el estudio de Koritz (1994) de la popularidad de Maud Allan en Inglaterra en 1908 expone que Allan presentó al público formas exóticas de movimiento que molestaban y tranquilizaban a los ingleses sobre su lugar en el mundo y el orden de género existente. La visión de Allan del «Este» era considerada «auténtica» por muchos críticos de periódicos pero se trataba de una cómoda autenticidad que clasificaba al Este como una masa indiferenciada; excitando en lugar de impactando o confrontando. El Este de Allan estaba generalizado, no hablaba de ningún país concreto y se ajustaba a la perfección a la ideología imperialista que la gente del Este veía como excitante y peligrosa pero fundamentalmente necesitada de un orden imperial británico.

Los bailarines modernos pioneros de final de siglo XIX/principios del siglo XX son muy aleccionadores en varios niveles. Nos recuerdan que el bailarín teatral es mucho menos visible durante este periodo histórico, un aspecto que los críticos atribuyen al bajo estatus de la danza como profesión en estos momentos (Thomas, 1995). Si tenemos en cuenta la tesis general de Burt, hay motivos para no creer en esta invisibilidad, no solo para cambiar los códigos de masculinidad personal sino también nuevas formas de nacionalismo y el nuevo lugar de los hombres en las nuevas, sólidas y con frecuencia militaristas historias de la identidad nacional. También es importante recordar que la prominencia de las bailarinas se debía en estos momentos a los distintos movimientos feministas en Europa y América del Norte. En otras palabras, es un momento en el que el conocimiento de lo que es un hombre se estaba reduciendo mientras que las funciones y el estatus de las mujeres se abrían.

Esto no significa que no hubiese bailarines teatrales en este periodo. Además de las estrellas del ballet ruso, entre ellos Nijinsky, otros artistas emergían por Europa a pesar de que estos, como el sueco Jean Börlin, tenían relación con Escandinavia, en la que el ballet tenía más apoyo que en la Europa del sur y del oeste. Börlin dio varios recitales algo polémicos en París a comienzos de la década de 1920, algunos los representó desnudo (probablemente, según Batson, 1999, de manera incorrecta). Las actuaciones de Börlin provocaron distintas reacciones, pero ante todo, parece haber sido ridiculizado y quedado como una desgracia en la memoria reciente de los caídos en la Segunda Guerra Mundial. Un crítico francés de *L'Homme et son désir* de Börlin escribió:

> M. Jean Borlin, hijo bastardo del rey de Suecia, ha venido a París a mostrarnos sus muslos y su ombligo [...] En una de sus últimas coreografías (*L'Homme et son*

> *désir*), aparece totalmente desnudo. En el escenario, se puede entender a las mujeres desnudas. Se permite que una hija de Eva considere que está bien formada como para mostrar su cuerpo a cualquier persona, además las mujeres no tienen pudor, todo el mundo sabe que [...] Un hombre desnudo solo se permite como gladiador [...] En cualquier caso, ¡no queremos saber nada de estas coreografías polares! O, por lo menos, muéstrenos solo a bailarinas. ¡Basta de bailarines! Me sorprende que un poilu [soldado francés de la Primera Guerra Mundial] no haya aún protestado contra estas exhibiciones de cuerpos sin cabello. (Batson 1999, p. 239)

Batson (1999) nos recuerda que esta representación tuvo lugar tras el debut de Nijinsky en París más de diez años antes. Los bailarines se habían rehabilitado gracias a los ballets rusos pero la opinión de Batson es que la representación de Nijinsky reflejaba una hipermasculinidad que pretendía oscurecer una ansiedad por ser «lo suficientenmente hombre». Si nos centramos en Freud mediante la teórica cultural Judith Butler, Batson interpreta esto como una «melancolía» que se ha perdido:

> Puede discutirse que el hecho de que Nijinsky sobrecargara las representaciones «masculinas» indica no solo una feminidad incómoda (percibida), sino también su tacto e incorporación de lo que, al menos de forma discursiva, no podía tener: una masculinidad entendida de forma convencional. Del mismo modo, las constantes demandas de una masculinidad «verdadera» secularizada tras la desolación de la Primera Guerra Mundial pueden indicar la pérdida feliz de la masculinidad, no solo por parte de los propios artistas, sino, al menos de forma alegórica, para la nación. (Batson, 1999, p. 242)

Como recalqué al comienzo de este capítulo, no ha habido intentos académicos de tratar el estatus del bailarín desde un punto de vista comparativo histórico o sociológico. Sin embargo, lo que he presentado indica que hay una línea de investigación potencialmente fructífera y que aún no se ha explorado que relaciona tanto las ideas «orientales» como las «occidentales» con las formas en las que el Este y el Oeste utilizaron y fueron utilizados por otros para llegar a tener ideas parecidas sobre si un hombre debe bailar y la forma en la que debe hacerlo. La parte final del siglo XIX y el comienzo de siglo XX parecen clave ya de que se trata de un periodo en el que la circulación global de personas, capital, sistemas de gobierno, productos, arte e incluso gustos estaba pasando por un cambio sin precedentes. También es el momento en el que una la idea del estado nación encontraba una expresión enérgica en Europa y en muchas de sus colonias, tomando forma muchos relatos nacionalistas sobre las personas que pertenecían y las que no (si desea obtener más información de estos desarrollos consulte a Hobsbawm, 1990). La cuestión es que, aunque es globalmente complejo, los aspectos tratados apuntan que el bailarín pasó a ser sospechoso, o al menos potencialmente sospechoso, debido a las formas en las que se le podía ver como un símbolo de identidad nacional y posteriormente también como un síntoma de decadencia sexual, social y nacional. No obstante, volviendo a mi pregunta sobre la danza como expresión innata de deseos humanos, añado que el cambio en el estatus del bailarín nunca parece ser algo «doméstico». Mientras que este es un asunto de cohesión grupal interna y política cultural local, parece justo decir que el bailarín, como la propia masculinidad, es una cuestión de límite y de la definición de él mismo –ya sea una persona o una nación– con respecto a otros.

A pesar de que parece probable que la historia del bailarín de Burt será la versión definitiva durante algún tiempo, esta obra deja algunas preguntas sin resolver sobre el punto hasta el que debemos ver el estereotipo bailarín/homosexual como un fenómeno que tiene su origen en las culturas judeocristianas, dejando a un lado el capcioso problema de la forma en la que debemos definir cuáles son las culturas judeocristianas y cuáles no. Por ejemplo, ¿qué diríamos exactamente sobre el ballet en países como Rusia? Mientras que algunos escritores anglófonos de ballet han optado por romantizar el estado de este ballet (por ejemplo Clark y Crisp, 1984) y, en concreto, sus bailarines estrellas, no resulta demasiado simplista decir que Rusia fue y aún es un gran país. Los relatos históricos y de ficción de la vida de Rudolph Nureyev indican que, como en el Oeste, el ballet lo han disfrutado más los adinerados que los no adinerados (por ejemplo, consulte la biografía definitiva de Kavanagh, 2007, *Rudolf Nureyev: The Life*, o el relato de ficción de Colum McCann, 2003, *Dancer*). De la misma forma, varias historias de ballet (por ejemplo Au, 1988) han comparado el alto estatus relativo de los bailarines en la Dinamarca del siglo XIX con su desaparición virtual en otros países europeos occidentales. Durante este periodo, el ballet danés conservó su mecenazgo real y, sin duda, lo disfrutaron las altas esferas de la sociedad. No obstante, esto no dice mucho de las actitudes de la gran mayoría de las personas y no hay ninguna razón obvia para sospechar que el estereotipo bailarín/homosexual fuera más o menos importante en Dinamarca. La etnografía de Wulff (1998) de algunas de las escuelas de ballet más importantes del mundo, incluido el Ballet Real de Suecia, apunta que no hay prueba alguna de que la sospecha homofóbica sobre los bailarines no se produzca en países escandinavos supuestamente liberales.

Una edición de 2001 de *Dance Magazine* incluía un artículo con testimonios de bailarines sobre los prejuicios que habían tenido que sufrir mientras intentaban hacer carrera. Aunque sea una anécdota, estos breves relatos indican que estos chicos –que crecieron en la segunda mitad de siglo pasado en EE.UU., Italia, Bélgica, Francia o Argentina– se enfrentaron a un acoso importante de sus amigos y familiares por elegir la danza como su carrera profesional. En claro contraste, dos chicos chinos escribieron que no hubo prejuicio alguno hacia los bailarines de ballet en China y que los respetaron, ante todo, como artistas.

¿Dónde nos dejaba esta situación? Considero que no hay motivo alguno en los que basar conclusiones definitivas sobre los orígenes o formas de proliferación del sentimiento antibailarín. Lo que indica el estudio de formas de danza populares y no teatrales es que, mediante sus actividades coloniales, la Europa industrializante del siglo XX exportó alguno de sus prejuicios emergentes sobre la homosexualidad y su malestar creciente con el cuerpo masculino de danza en otras partes del mundo. Por ejemplo, como vimos anteriormente, hay pruebas de que algunas formas de danza masculina se han eliminado de los panoramas culturales de algunos países de Oriente Medio. No obstante, esto deja algunas preguntas sin responder sobre si la sospecha homofóbica de los bailarines surge en el Oeste o, quizás, encontró motivos fundados en otros lugares. En otras palabras, ¿hasta qué punto debemos aceptar la opinión popularizada del siglo XX que romantiza las culturas no occidentales para la celebración de los bailarines a la vez que marcan Occidente como una tierra de prejuicios?

Danza, masculinidad y educación física

En la parte final de este capítulo me centraré en la clase de educación física y en el estado de la danza en la misma. Esto puede parecer una ruptura con respecto a los temas anteriores. Sin embargo, queda muy claro que la marginalización de la danza en la educación física en las clases occidentales en los últimos 100 años es fruto de fuerzas sociales similares que provocaron la decadencia de los bailarines. Un gran número de investigadores en educación física (Brennan, 1996; Flintoff, 1991; Wright, 1996; Talbot, 1997; Paechter, 2000; Gard, 2003) han indicado que fue gracias a las ideologías de género y la construcción de los cuerpos de género por la que la educación física es una institución que se ha asociado históricamente al mundo predominantemente masculino de juegos y deportes. No cabe duda de que los tiempos cambian y hay claros síntomas de que algunos docentes de educación física quieren utilizar la danza tanto en la formación de docentes como en sus clases. Los investigadores en educación física no pertenecientes al mundo anglófono occidental también han señalado el efecto de las ideologías sobre la educación física en general y la danza en concreto. Por ejemplo, Ravé, Pérez y Poyatos (2007) han mostrado que un gran porcentaje de alumnos de colegios españoles tienen visiones estereotipadas reducidas sobre el género, la actividad física adecuada y la forma. Larsson, Fagrell y Redelius (2009) apuntan lo mismo en el contexto de la educación física en Suecia. También señalan las formas en la que el contenido de estas materias está sesgado hacia lo que denominan un «tributo a la masculinidad», una situación en la que se asume que los alumnos no tienen interés algunos por actividades como la gimnasia y la danza.

Teniendo en cuenta el origen histórico y social que se ha descrito en este capítulo, ¿de qué forma podemos rescatar la danza en la clase de educación física, en concreto en aquellas en las que hay chicos? Numerosos críticos, bailarines, escritores e investigadores de danza han respondido a esta pregunta al sugerir que necesitamos hacer que la danza sea «acogedora para los chicos» (Clarke y Crisp, 1984; Crawford, 1994; Dymoke, 1998; Villella, 1992). De forma directa, en esta posición se encuentra la idea de que los chicos tienen una naturaleza esencial que no casa con la estética general de la danza. La danza se debe presentar a los chicos de una forma en la que resalte sus cualidades y afinidades atléticas con los deportes competitivos. Fisher (2007) denomina esta estrategia como «adaptación para machos» y ella, Keefe (2006) y Adams (2005) ofrecen relatos históricos excelentes de esta estrategia tanto en círculos artísticos como educativos.

Frente a esta estrategia, Fisher y otros (Adams, 2005; Gard, 2001; Keefe, 2006; Risner, 2002, 2007) han rechazado la idea de complacer a los estereotipos masculinos en la danza. Si los unimos, estos autores defienden, que, como un medio educativo, uno de los atributos más importantes de la danza es su diferencia con respecto a las formas de masculinidad representada en los juegos y en los deportes competitivos. No debemos olvidar que el nacimiento de los deportes modernos en el siglo XIX en Europa occidental está relacionado con el deseo de crear chicos y hombres fuertes, atléticos y competitivos. Dicho de otra forma, los deportes se inventaron para criar a algunos tipos de varones (Mangan, 1981). Si lo miramos de esta forma, sería irónico y equivocado que asumiésemos que las ideas estereotipadas sobre la masculinidad son una esencia inalterable que los deportes competitivos reflejan de manera natural y sencilla. Los críticos de la estrategia de «adaptación para machos» señalan que el valor de la danza se encuentra, en parte, en la representación de masculinidades alternativas. Fisher profundiza aún más apuntando que debemos aceptar que la danza no es un deporte y que el ballet y otras formas de danza requieren un conjunto de capacidades y habilidades de movimiento. Probablemente, Fisher esté equivocando en su distinción tan cualitativa entre la danza y el deporte. Es probable que haya una interferencia entre las demandas físicas y psicológicas del deporte y la danza artística. No obstante, desde un punto de vista educativo, el derecho de cualquier ámbito de tener un lugar en el currículum parecería basarse en su carácter distintivo en lugar de en su similitud con otros campos de estudio.

Una alternativa a permanecer atrapados en el bloqueo ideológico sobre los tipos de movimiento que los chicos deberían hacer o no, es considerar los tipos de concepto que he tenido en cuenta en este capítulo. En concreto, pienso en centrarme en el poder de la danza para articular identidades y límites grupales y las personas implicadas, los docentes de educación física deben hacer que sus alumnos sean partícipes en el proceso de decodificación y grabación del movimiento. Por ejemplo, ¿qué significan los movimientos y por qué? Recuerdo el análisis de David Gere de la obra del coreógrafo Joe Goode *29 Effeminate Gestures*, en la que el coreógrafo trabaja para hacer explícito el trabajo corporal del afeminamiento masculino: ¿Qué movimientos suponen el afeminamiento en una persona occidental y cuáles no? ¿Cuáles son las reglas?

Todos los enfoques racionales hacia la formación en la danza tienen sus inconvenientes ya que todos tienden a ignorar que la práctica de la danza puede ser divertida e incluso muy cómica y esta es la mejor razón para enseñarla. No obstante, una ventaja de intentar explorar la identidad, la pertenencia a un grupo y la alteridad mediante la formación en danza es que ofrece una gran variedad de material. El estudio de la historia y la cultura de la danza nos revelan que cualquier identidad, ya sea de género, clase, étnica o cualquier otra, se puede representar. En realidad, las identidades suelen representarse mediante el reconocimiento del físico que tiene el poder de incluir o excluir. Es cierto que las identidades grupales se manifiestan en el sonido, en la palabra, en el tacto y en el gusto. Sin embargo, el movimiento es un vehículo sencillo e inmediato para articular la identidad y la alteridad.

Un enfoque centrado en la identidad para la formación en danza tiene numerosos riesgos. Puede que algunos niños lo tomen como una invitación para ridiculizar o criticar a algunos grupos. Esto supone que la formación en danza, como cualquier género de danza, debe tener sus propias reglas fundadas, sus reglas de estado. Algunos tipos de danza no se aceptarán por la cultura y el contexto. Se trata de un puzzle educativo muy interesante para que el alumnado piense: ¿de qué forma y en qué circunstancias puede ofender la danza a la gente?

También me gustaría resaltar que, aunque puede que no se describan del mismo modo en el que lo he hecho aquí, la danza sobre la identidad y la alteridad es algo que los docentes de educación física hacen constantemente. Al pedir a su alumnado que se mueva «como robots» o «como si estuviese en arenas movedizas» o «flotando en el aire», invitan a su alumnado a acostumbrarse a una nueva identidad, aunque solo sea durante algunos segundos. Las danzas populares, sociales y teatrales suponen una demanda similar en la imaginación aunque el profesorado destaca la mecánica de las danzas que enseña en lugar de explicar al grupo que esta o esa danza invita a que los bailarines se unan. Es una pena ya que no se capta el placer del juego de fantasía e identidad del que todos sabemos algo. Para muchos o la mayoría de los niños y jóvenes, la pertenencia a un grupo será algo que se establece, a lo que se oponen, o al menos se piensa, todos los días.

Un último aspecto: la creación de reglas pedagógicas es una forma que puede ser productiva, estimulante y, en ocasiones, cómica en el proceso de creación de una danza. En otras palabras, ¿qué tipo de danza se generaría si se aplicasen reglas concretas como «nunca se doblan las muñecas» o «no se puede repetir un movimiento»? Mi experiencia en el uso de este tipo de estímulos es que aparecen nuevos seres extraños con nuevas identidades extrañas. En otras palabras, el alumnado crea grupos nuevos de personas implicadas que se pueden diferenciar de las personas ajenas, y el poder del movimiento para incluir o excluir estará claramente presente. Esto no significa que debamos diseñar experiencias de formación en danza que supongan la creación de divisiones innecesarias entre alumnos o reforzar las divisiones sociales perjudiciales que existen en el mundo. Los docentes deben estar atentos ante estas posibilidades y dispuestos a afrontarlas si se producen. Sin embargo, ser alguien o algo, y no nadie ni nada más, es una parte inherente de la experiencia de la danza. Parte del potencial educativo de la danza es que concede al alumnado espacio para despersonalizar la inclusión y la exclusión –al menos hasta cierto punto– mediante la representación y hacer así que las prácticas de inclusión y exclusión sean más visibles y estén más abiertas a un posible examen y a la alteración.

Conclusión: uso de la danza en la educación física

Sussman (1990) es solo uno de los teóricos de la danza que nos recuerda que la educación física tuvo una tradición que la vinculaba con firmeza a la danza moderna de mente moderna. Esto era así en las academias de artes liberales de EE.UU. durante la primera mitad del siglo XX, en la que la educación física de las mujeres era virtualmente sinónima de la danza moderna. Mis 15 años como profesor de educación física me han enseñado que la educación física occidental no ha logrado erradicar esta tradición de su memoria. Este proceso de olvido ha empobrecido la educación física y el sentido de sus propias posibilidades creativas. La historia de la danza es un tesoro oculto de ideas que aguarda a ser descubierto por sus profesores. Es la herencia derrochada de la educación física. La historia y la antropología no solo nos enseñan la forma de ideas fluidas y flexibles sobre la membresía de grupos (incluida la masculinidad), también indican las formas en las que hemos derivado nuestras identidades grupales de otros grupos. Sobre todo, la historia y la antropología de la danza dejan claro que la identidad grupal es, entre otras cosas, una representación con reglas.

Desde un punto de vista más amplio, hay algunos signos alentadores de la vida para la formación en la danza. Los últimos años han traído más danza –tanto social como artística– a la televisión en la mayoría de los países occidentales. Este aparente pico de interés está abierto a varias interpretaciones, incluida la aceptación general creciente de la danza masculina. Quizás no por coincidencia, esto ha pasado al mismo tiempo que se está volviendo a valorar la importancia de las artes creativas en la educación, en gran parte gracias a la obra de críticos educativos de renombre como Ken Robinson, que se muestra particularmente optimista sobre el valor educativo de la danza. Por supuesto, estos dos desarrollos no son necesariamente simbióticos; gran parte de la danza televisiva parece más preocupada por los famosos y la belleza nacional como un esfuerzo colectivo, cultural o artístico. No obstante, quizás nos encontremos en un momento histórico en el que hay más interés, o menos resistencia, a la danza, en concreto entre niños y hombres. En los ámbitos educativos, este potencial solo se puede explotar si el profesorado tiene razones convincentes y métodos para la enseñanza de la danza. En este capítulo, he defendido que una posibilidad es vincular las experiencias de danza con las identidades representadas. Esto supone ver la danza no solo como una forma más en la que se queman calorías y se consigue una vida físicamente activa. En cambio, sugiero que la danza es un vehículo mediante el que podemos aprender sobre nosotros mismos y los grupos sociales a los que pertenecemos y a los que no.

Referencias

Adams, M. L. (2005). «Death to the prancing prince: effeminacy, sport discourses and the salvation of men's dancing». *Body and Society*, 11(4), 63-86.

Au, S. (1988). *Ballet and Modern Dance*. Londres: Thames and Hudson.

Banes, S. (1998). *Dancing Women: Female Bodies on Stage*. Londres: Routledge.

Batson, C. R. (1999). «Borlin, masculinity, and *L'Homme et son desir*». *Dance Chronicle*, 22(2), 239-249.

Brennan, D. (1996). «Dance in the Northern Ireland physical education curriculum: a farsighted policy or an unrealistic innovation». *Women's Studies International Forum*, 19(5), 493-503.

Burt, R. (1995). *The Male Dancer: Bodies, Spectacle, Sexualities*. Londres: Routledge.

Clarke, M. y Crisp, C. (1984). *Dancer: Men in Dance.* Londres: British Broadcasting Corporation.

Cowan, J. K. (1990). *Dance and the Body Politic in Northern Greece.* Nueva Jersey: Princeton University Press.

Crawford, J. R. (1994). «Encouraging male participation in dance». *Journal of Physical Education, Recreation and Dance*, 65(2), 40-43.

Dance Magazine (2001). «Speaking out: more male dancers tell it like it is». Noviembre. Recuperado 28 julio, 2008, en <http://findarticles.com/p/articles/mi_m1083/is_11_75/ai_80116504/pg_1?tag=artBody;col1>.

Dunne, B. (1998). «Power and sexuality in the Middle East». *Middle East Report*, No. 206, 8-11, 37.

Dymoke, K. (1998). Premiere League. *Animated*, Spring, 28-29.

Fisher, J. (2007). «Make it maverick: rethinking the "make it macho" strategy for men in ballet». *Dance Chronicle,* 30(1), 45-66.

Flintoff, A. (1991). «Dance, masculinity and teacher education». *The British Journal of Physical Education*, Winter, 31-35.

Gard, M. (2001). «Dancing around the 'problem' of boys and dance». *Discourse: Studies in the Cultural Politics of Education*, 22(2), 213-225.

Gard, M. (2003). «Moving and belonging: dance, sport and sexuality». *Sex Education*, 3(2), 105-118.

Gere, D. (2001). «29 Effeminate Gestures: choreographer John Goode and the heroism of effeminacy». En J. C. Desmond (ed.), *Dancing Desires: Choreographing Sexualities On and Off the Stage* (pp. 349-381). Madison: The University of Wisconsin Press.

Grau, A. (1993). «Gender interchangeability among the Tiwi». En H. Thomas (Ed.), *Dance, Gender and Culture* (pp. 94-111). Londres: MacMillan Press.

Grau, A. (1994). «Dancers' bodies as the repository of conceptualisations of the body, with special reference to the Tiwi of Northern Australia». Documento presentado en *Semiotics around the world: Synthesis in diversity.* Actas del quinto congreso de la International Association for Semiotic Studies. Nueva York: Mouton de Gruyter.

Haddon, C. (2004). *The First Ever English Olimpick Games.* Londres: Hodder & Stoughton.

Hanna, J. L. (1979). *To Dance Is Human: A Theory of Nonverbal Communication.* Austin: University of Texas Press.

Hanna, J. L. (1988). *Dance, Sex, and Gender: Signs of Identity, Dominance, Defiance and Desire.* Chicago: University of Chicago Press.

Hayashi, M. (1998). «Dance education and gender in Japan». *Choreography and Dance*, 5(1), 87-102.

Hobsbawm, E. J. (1990). *Nations and Nationalism since 1780: Programme, Myth, Reality.* Cambridge: Cambridge University Press.

Karayanni, S. S. (2006). «Moving identity: dance in the negotiation of sexuality and ethnicity in Cyprus». *Postcolonial Studies*, 9(3), 251-266.

Kavanagh, J. (2007). *Nureyev: The Life.* Londres: Penguin.

Keefe, M. (2006). «Men dancing athletically». *The Gay and Lesbian Review*, Noviembre/Diciembre, <http://www.glreview.com/issues/13.6/13.6-keefe.php>.

Koritz, A. (1994). «Dancing the Orient for England: Maud Allan's "The Vision of Salome"». *Theatre Journal*, 46(1), 63-78.

Kudsieh, S. (2006). Reseña de *Dancing Fear and Desire: Race, Sexuality, and Imperial Politics in Middle Eastern Dance. Postcolonial Text*, 2(3), 1-4.

Larsson, H.; Fagrell, B. y Redelius, K. (2009). «Queering physical education: between benevolence towards girls and a tribute to masculinity». *Physical Education and Sport Pedagogy*, 14(1), 1-17.

Lloyd, M. L. y West, B. H. (1988). «Where are the boys in dance?» *Journal of Physical Education, Recreation and Dance*, 59(5), 47-51.

Mangan, J. A. (1981). *Athleticism in the Victorian and Edwardian Public School: The Emergence and Consolidation of an Educational Ideology*. Cambridge: Cambridge University Press.

McCann, C. (2003). *Dancer*. Londres: Phoenix.

Meintjes, L. (2004). «Shoot the sergeant, shatter the mountain: the production of masculinity in Zulu Ngoma song and dance in post-apartheid South Africa». *Ethnomusicology Forum*, 13(2), 173-201.

Oyortey, Z. (1993). «Still dancing downwards and talking back». En H. Thomas (ed.), *Dance, Gender and Culture* (pp. 184-199). Londres: MacMillan Press.

Paechter, C. (2000). *Changing School Subjects: Power, Gender and Curriculum*. Buckingham: Open University Press.

Ravé, J. M. G.; Pérez, L. M. R. y Poyatos, M. C. (2007). «The social construction of gender in Spanish physical education students». *Sport, Education and Society*, 12(2), 141-158.

Risner, D. (2002). «Re-educating dance education to its homosexuality: an invitation for critical analysis and professional unification». *Research in Dance Education* 3(2), 181-187.

Risner, D. (2007). «Rehearsing masculinity: challenging the 'boy code' in dance education». *Research in Dance Education*, 8(2), 139-153.

Sánchez, M. I. C. (2004). «El Diablo en una botella norteña: music and the construction of Mexican masculinity». *Third Text*, 18(5), 483-495.

Savigliano, M. E. (1995). *Tango and the Political Economy of Passion*. Boulder: Westview Press.

Sussmann, L. (1990). «Recruitment patterns: their impact on ballet and modern dance». *Dance Research Journal*, 22(1), 21-28.

Talbot, M.; McFee, G. y Tomlinson, A. (1997). «Physical education and the national curriculum: some political issues». En G. McFee y A. Tomlinson (eds.), *Sport and Leisure: Connections and Controversies* (pp. 34-64). Aachen: Meyer & Meyer Verlag.

Taylor, J. (1998). *Paper Tangos*. Durham: Duke University Press.

Thomas, H. (1995). *Dance, Modernity and Culture: Explorations in the Sociology of Dance*. Londres: Routledge.

Van Zile, J. (1998). «For men or women? The case of *Chinju kommu*, a sword dance from Korea». *Choreography and Dance*, 5(1), 53-70.
Villella, E. (1992). *Prodigal Son*. Nueva York: Simon & Schuster.
Winter, T. (1999). «The Healthful Art of Dancing: Luther Halsey Gulick, gender, the body, and the performativity of national identity». *Journal of American Culture*, 22(2), 33-38.
Wright, J. (1996). «Mapping the discourses of physical education: articulating a female tradition». *Journal of Curriculum Studies*, 28(3), 331-351.
Wulff, H. (1998). *Ballet Across Borders: Career and Culture in the World of Dancers*. Oxford: Berg.
Wulff, H. (2003). «The Irish body in motion: moral politics, national identity and dance». En N. Dyck y E. P. Archetti (eds.), *Sport, Dance and Embodied Identities* (pp. 179-196). Oxford: Berg.

4 La visión masculina de la identidad corporal de la mujer atleta. Una explicación desde la perspectiva de género

Pilar Colás-Bravo y Carmen Rodríguez

Introducción

No cabe duda de que la trayectoria de la vida deportiva de muchas mujeres está marcada por los estereotipos de género, que han condicionado tanto sus presencias, como sus oportunidades en el deporte y en el atletismo. Los estereotipos, de forma subliminal e inconsciente, determinan actitudes, comportamientos y creencias, afectando al funcionamiento de cualquier actividad. De ahí que estos puedan ejercer influencia en comportamientos y conductas que tengan consecuencias limitantes en el desarrollo social y cultural del deporte en general y en el atletismo en particular.

El deporte, como cualquier otra actividad humana, se ve afectada por los estereotipos. En este sentido podemos decir que el deporte ha estado marcado por concepciones estereotipadas, desde sus inicios, sobre el cuerpo de la mujer respecto al del hombre; siendo este una insignia en el desarrollo del deporte en general y en el Olímpico en particular. De ahí que haya sido más fácil siempre para las mujeres tener acceso a aquellos eventos, que han sido defendidos como más deseables para la biología femenina, y menos amenazantes para la imagen dominante de feminidad. Repetidamente se han utilizado argumentos basados en las nociones tradicionales de habilidad femenina, para limitar el número de eventos olímpicos a los que las mujeres pueden acceder. Este ha sido el caso del atletismo. Contamos con ejemplos como la polémica prueba de los 800 metros de las Olimpiadas de 1928, donde algunas mujeres llegaron extenuadas, considerándose suficiente para eliminar la participación de las mujeres en esta disciplina retrasando así, tremendamente, el desarrollo de las carreras de distancia para mujeres. No fue instaurada como evento olímpico hasta 1960, implantándose así otros eventos de distancias más largas mucho más tarde. A pesar de las repetidas peticiones por conseguir que la prueba de 3000 metros fuera introducida en el programa, el Comité Olímpico Internacional (COI) rechazó incluirla en las Olimpiadas de Moscú 1980, porque consideró que era «un poco dura para las mujeres» y podría afectar adversamente su metabolismo. Con la creciente evidencia científica de que las mujeres pueden ser mejores que los hombres en pruebas de resistencia, y la constatación de resultados excepcionales que las mujeres habían logrado en carreras de larga distancia, fuera de las Olimpiadas, la posición del COI resultó visiblemente débil. Finalmente, la organización cedió e incluyó la prueba de los 3000 metros junto con el maratón por primera vez en las Olimpiadas de 1984 (Martín, 2006).

También a las mujeres se les ha impedido sistemáticamente la competición olímpica en eventos que enfatizan fuerza, o que requieren contacto físico y/o son potencialmente peligrosos. Es decir, se utilizan reiteradamente los mismos argumentos de índole biológica, basados en la diferencia corporal de la mujer respecto al hombre para fundamentar la decisión de los órganos deportivos competentes de limitar el acceso de las mujeres a un determinado número de eventos olímpicos.

Por tanto, la historia del deporte permite observar claramente la incidencia de los estereotipos de género en la toma de decisiones deportivas que repercuten, y tienen un gran impacto, en la cultura deportiva. De ahí que el efecto limitante del estereotipo de género en la mujer haga del deporte y el atletismo, actividades fundamentalmente masculinas, y se vean reflejadas, en estas expresiones deportivas, las imágenes sociales de la estereotipia de género. Las actividades deportivas, por tanto, son expresión de los valores y rasgos considerados masculinos. Estos efectos o consecuencias se deben, en parte, al papel predominante del hombre en la gestión y toma de decisiones deportivas, además de la invisibilidad social de la estereotipia de género en el atletismo, y deportes en general, que impide ser agentes activos del cambio. De ahí la necesidad de elaborar conciencia crítica en la ciudadanía, única herramienta cultural y pedagógica para propiciar el cambio a una sociedad auténticamente democrática e inclusiva. Este capítulo pretende ser una aportación en este sentido.

Los estereotipos de masculinidad y feminidad en el atletismo

Se entiende por *estereotipia de género* la generalización que hacemos sobre una persona por el hecho de ser hombre o mujer. Los estereotipos actúan a modo de mecanismos invisibles, automáticos e inconscientes que rigen, internamente, las actividades humanas en general y por tanto también las deportivas.

El concepto de *estereotipo* lo introdujo en 1922 el periodista Walter Lippman, haciendo referencia a ideas distorsionadas que interferían la percepción adecuada de los miembros de otros grupos. Cuando tales suposiciones aluden a grupos de varones y mujeres, o a las características de *Masculinidad* y *Feminidad* se suele hablar de *Estereotipos de Género*. La estereotipia de género favorece la tendencia a representarlos como grupos internamente homogéneos y totalmente diferenciados entre sí.

Williams y Best (1990) distinguen entre estereotipos de género de *rol* y de *rasgo*. De *rol* son aquellos que incluyen creencias sobre tareas, funciones y actividades asignadas a hombres y mujeres. Estereotipos de *rasgo* son aquellos referidos a características psicológicas o rasgos de conducta que se atribuyen a hombres o a mujeres. Estos autores identifican como estereotipos de rasgo asociados a lo masculino; atlético, agresivo, fuerte, dominante. Además de roles y rasgos, otros autores amplían a *caracteres físicos* y a *destrezas cognitivas*. En nuestro caso esta clasificación resulta útil para fundamentar los estereotipos de género con relación al cuerpo femenino en el atletismo. Es el dominio de esta estereotipia en el atletismo, y el deporte en general, la que provoca que a las mujeres se les limite su participación a eventos deportivos considerados más adecuados para la biología femenina y «menos amenazadores» para su feminidad.

La investigación sobre género ha tratado de responder a tres cuestiones: qué son los estereotipos de género, qué papel juegan en las actividades humanas y para qué sirven.

Desde un punto de vista de los rasgos, los caracteres físicos asociados al estereotipo masculino son: atlético, corpulento, fuerte, musculoso y vigoroso. Los rasgos femeninos en cambio se concretan en belleza, vistosidad, elegante y sexy. Concretamente los rasgos prototípicos asociados a las mujeres atletas son flexibilidad corporal y atractivo físico, mientras en el hombre son el control corporal y la fuerza física. Numerosas investigaciones sobre estereotipos de género muestran la existencia de una clara asimetría en la asignación de rasgos positivos a hombres y a mujeres. Hay una tendencia a asignar más características positivas a los hombres que a las mujeres y a distinguir a las personas en razón de su sexo (López y Morales, 1995).

En el tema que nos ocupa resulta importante hacer una breve referencia al papel que juegan los estereotipos en los sujetos y para qué sirven. Estos constituyen un sistema de creencias que los sujetos utilizan para describir lo observado, explicar lo que ocurre y prescribir, es decir, pensar lo que debe ser y lo que debe hacerse. Si llevamos este concepto al terreno del atletismo podremos comprender muchos fenómenos e incluso su historia, ya que estos estereotipos configuran todo un sistema de creencias sobre lo que la mujer puede o no hacer en el deporte y explicar la discriminación en función de sus «no cualidades biológicas» físico deportivas.

Por tanto, los estereotipos tienen un enorme impacto en la forma de pensar, interpretar y actuar en el mundo del atletismo, afectando a la esfera, no solo profesional y social, sino también a la personal. Un estereotipo esta sostenido por una estructura social y es, a su vez, la representación que los sujetos, atletas, deportistas, tienen de cómo los demás piensan que deben comportarse y lo que se espera de ellos. Por ejemplo, es posible que una mujer no desee formar una familia, ni tener hijos, sino que quiera dedicarse al deporte o al atletismo. Sin embargo, existe una presión social que contribuye a no salirse de lo normativamente establecido, y entre dicha normativa está el mandato social de que las mujeres se estabilicen con una pareja y tengan hijos. De ahí que la mujer atleta abandone en un determinado momento la actividad deportiva para cumplir con este mandato social. Por tanto los estereotipos tienen un enorme poder e influencia, ya que orientan y guían tanto las representaciones de la realidad como los pensamientos, acciones y comportamientos.

En el caso de mujeres deportistas los estereotipos físicos, tienen una triple consecuencia, afectan a su *imagen corporal* (cómo se ven ellas mismas y cómo las ven los demás), a la percepción de sus *competencias o habilidades deportivas* y a los *rasgos de género*, es decir, a las actitudes necesarias para el desarrollo del deporte, por ejemplo la competitividad, la disciplina, el esfuerzo, el control del estrés, etc.

Algunas investigaciones (Kiefer, 2006) indican que el estereotipo es una factor predictivo de la percepción de la habilidad, y esta, a su vez, determina la elección de determinadas actividades. Este modelo predictivo podría explicar, tal vez, y en parte, el menor porcentaje de mujeres que optan por el deporte como profesión o actividad regulada.

Por tanto, los estereotipos sobre el hombre y la mujer atleta, se configuran en torno a características físicas, rasgos de género, imaginario social (entendido como lo que los demás esperan de ellos y ellas, en función de las concepciones sociales de lo femenino o masculino), y competencias sobre habilidades y destrezas atléticas, así como cualidades físicas que deben manifestar unas u otros.

Tanto la revisión bibliografía especializada en esta temática, como nuestra dilatada experiencia en el mundo del atletismo, nos llevan a identificar una relación de aspectos que se asocian con el estereotipo de la mujer y el hombre atleta. En la tabla 1 se sintetizan todas estas características, tanto en el caso de la mujer como en el del hombre.

Tabla 1. Estereotipos de género en el atletismo.

	...sobre la mujer	...sobre el hombre
Sobre las carácterísticas físicas	• Las mujeres velocistas son muy musculosas. • Las mujeres lanzadoras son poco femeninas. • Las mujeres saltadoras tienen los cuerpos más femeninos. • Las corredoras de fondo son muy delgadas, poco musculadas. • Tienen glúteos prominentes. • Mujeres con poco pecho. • Se contempla primero su apariencia física y luego su rendimiento.	• Son más compensados muscularmente. • De piernas muy desarrolladas. • Atléticos y corpulentos. • Cintura escapular prominente. • Torso definido. • Se preocupa por su apariencia física, sobre todo velocistas y atletas de saltos.
Rasgos de género	• Pasiva • Poco metódica • Emotiva • Voluble • Poco arriesgada • Individualista • Imprevisible • Compleja • Compromiso • Trabajadora • Organizada	• Más participativo • Trabajador • Capacidad de adaptación • Más productivo • Más arriesgado • Trabajan en grupo • Más activo • Tenaz • Menos organizado • Más predisposición para entrenar
Imaginario social	• Preocupación por un excesivo desarrollo muscular. • Se maquillan para competir. • Preocupación por mostrar sus características femeninas fuera de la pista.	• Preocupación por tener un gran desarrollo muscular. • Fuerte personalidad. • Mostrarse muy masculino. • Vigoroso. • Alto nivel de confianza en sí mismo.
Habilidades y destrezas/ cualidades físicas	• Las mujeres atletas desarrollan menos niveles de fuerza. • Se les plantean entrenamientos más suaves. • Tardan más en aprender ciertas habilidades y destrezas atléticas. • Son menos competitivas, se plantean metas más pequeñas. • Mayor componente de elasticidad. • Poseen menor componente de resistencia aeróbica.	• Desarrollan grandes niveles de fuerza. • Se les plantean entrenamientos con altos niveles de intensidad. • Aprenden ciertas habilidades y destrezas atléticas rápido. • Son muy competitivos, se plantean grandes metas. • Se observa su rendimiento, técnica y eficacia ante todo.

Rompiendo estereotipos

Las diferencias físicas entre hombres y mujeres son obvias y de todos es sabido que aspectos puramente físicos tales como la talla y la masa muscular favorecen el rendimiento deportivo en general. En este sentido queremos romper algunos mitos, explicando que las diferencias no son tantas como creemos y que incluso, los factores físicos están interaccionando con factores psicosociales, con lo cual es muy difícil estudiar los distintos aspectos aisladamente.

Estereotipo 1: Las mujeres atletas desarrollan menos niveles de fuerza, por lo tanto los entrenamientos a realizar con ellas deben ser más controlados y «suaves».

Cuando las medidas de fuerza se expresan en puntuaciones absolutas, es decir, el peso máximo levantado, los hombres son considerablemente más fuertes que las mujeres en la parte superior del cuerpo. La fuerza absoluta corporal superior (extremidades superiores) en las mujeres es de un 40 a un 50% más baja que en los hombres, mientras que la fuerza absoluta corporal inferior (extremidades inferiores) es solo de un 20 a un 35% más baja que la de los hombres. En comparación al tamaño, los muslos femeninos son iguales de fuertes que los masculinos. Las mujeres atletas tienden a tener una composición corporal más parecida a la de los varones atletas que a la de la media de las mujeres no atletas (Christensen, 1993).

La diferencia en fuerza entre hombres y mujeres es mayor que la diferencia aeróbica y anaeróbica. La principal razón de esta diferencia está en la composición muscular. Los hombres tienen menos grasa corporal y más masa muscular debido a su mayor peso corporal y menor grasa relativa. Sin embargo, la calidad del músculo es idéntica en hombres y mujeres, es decir, la fuerza por unidad o área transversal del músculo es la misma (Macías, 1999). Esto significa que con músculos de igual tamaño, hombres y mujeres deberían tener la misma fuerza. La distribución del tipo de fibra muscular es la misma para hombres y mujeres. Hay dos tipos básicos de fibra muscular: fibra rápida, utilizada en movimientos rápidos y fuertes, y fibra lenta, utilizada en actividades lentas, más prolongadas y de resistencia. La distribución de estas fibras varía de un músculo a otro, un músculo puede contener de un 30-70% de fibras rápidas o un 70-30% de fibras lentas. Los atletas de resistencia (tanto hombres como mujeres) tienden a tener porcentajes más altos de fibras lentas, y los atletas de deportes que requieren fuerza y potencia tienden a tener porcentajes más altos de fibras rápidas. La diferencia en los tipos de fibras es mayor en atletas que participan en diferentes tipos de entrenamientos, que entre hombres y mujeres (Christensen, 1993).

Otra diferencia observada entre los sexos en el entrenamiento de peso o fuerza ha sido la respuesta inicial al entrenamiento. Para las mujeres los incrementos iniciales en fuerza son el resultado de cambios neutrales, es decir, la fuerza aumenta debido a la participación de un mayor porcentaje de fibras musculares, más que debido al incremento del tamaño de la fibra muscular. Para los hombres, los incrementos iniciales en fuerza son el resultado de la hipertrofia o incremento del tamaño de la fibra muscular. Las mujeres mostrarán también hipertrofia, pero esto ocurre después de algunas semanas de entrenamiento (Christensen, 1993). De ahí que se tendrían que contemplar diferentes entrenamientos de fuerza para optimizar el rendimiento deportivo de las mujeres, y no copiar o establecer planes de entrenamiento «minimizados» de los que se les propone a un hombre atleta.

Estereotipo 2: «Tardan más en aprender ciertas habilidades y destrezas atléticas».
Las habilidades de las mujeres y hombres de élite parecen ser semejantes. Si una mujer joven adulta tiene desactualizado su potencial, ¿a qué edad dejó de desarrollarlo? En un estudio de Hoffman *et al.* (1990) en el que se comparaban la forma física de niños y niñas de 6 a 14 años, las chicas de 6 años eran un 3,5% más lentas corriendo que los niños de 6 años. Cada año que pasa las chicas pierden un 2,7%. La mitad del deterioro en ejecución fue atribuido a la mejora de los chicos y la otra mitad al hecho de que las chicas no desarrollan sus capacidades físicas (Macías 1995).

La inactividad física durante los años de crecimiento está vinculada a una salud pobre a lo largo de la vida. Además, la inactividad física durante los años de crecimiento puede comprometer la calidad del crecimiento. Cuando las niñas llegan a ser mujeres hay todavía más restricción en el movimiento: ropa ceñida, zapatos de tacón, posturas, etc. (Hudson, 1994).

Estereotipo 3: «Las mujeres atletas poseen menor componente de resistencia aeróbica».
La diferencia en rendimiento en las actividades aeróbicas entre hombres y mujeres se ha estimado entre un 15% y un 20%. Sin embargo, muchos récords del mundo actuales en atletismo muestran una diferencia en rendimiento del 8-10%, este dato sugiere que muchas de esas desventajas desaparecen con el propio entrenamiento (Galiano, 2013).

Las diferencias pueden llegar a romperse cuando profundizamos en elementos como los presentados anteriormente. Así, Boutilier y Sangiovanni (1985) señalan, basándose en datos consistentes de la realidad, que el nivel de forma física es más importante que el sexo al determinar los efectos del ejercicio. Por tanto hay más diferencias dentro de cada sexo que entre ellos en las respuestas al ejercicio enérgico, es decir, las mujeres y los hombres atletas tienen más parecido, entre ellos, que con las personas no atletas de su propio sexo. Por último sugieren que las respuestas al ejercicio en ambos sexos son muy positivas tanto en el aspecto fisiológico como en el psicológico. En la misma línea, Christensen (1993) observa cómo hombres y mujeres muestran diferencias dentro de cada sexo en medidas tales como altura y peso, anchura de hombros y caderas y desarrollo muscular. Igualmente la autora opina que si se tomaran las medidas fisiológicas encontraríamos más diferencias en cada sexo que entre los sexos.

Los estereotipos de género en el atletismo marcan diferencias entre hombres y mujeres, asignándoles a los primeros características físicas, competencias y habilidades propias masculinas coincidentes con las que se identifica el deporte en cuestión, siendo además los rasgos de género estas claves del éxito para el mismo, mientras que en el caso de las mujeres, la estereotipia de género es contraria a las exigencias atléticas, actuando de elemento generador de conflictos internos. De ahí que los estereotipos tengan, en el caso de las mujeres, una doble influencia disuasoria en la actividad deportiva; de carácter físico y social. Por un lado, la mujer tiene que enfrentarse a la dualidad de lo deseable físicamente en el atletismo y lo que se espera de ella en cuanto a aspecto físico, y por otro, a la discordancia entre conductas opuestas de las que se esperan de la mujer; o bien ser delicada, sensible, femenina, o bien ser competitiva, aspecto valorado solo en los hombres pero rechazado en las mujeres.

La identidad corporal de la mujer atleta: entre dos aguas

El concepto de identidad corporal va asociado muy estrechamente a otras nociones tales como esquema corporal, imagen corporal y concepto corporal.

El concepto de *esquema corporal* responde al tipo de adaptación que se establece entre la estructura ósea y los grados de tensión muscular del organismo. Ello hace posible la percepción global y segmentaria del cuerpo. Por otra parte, la *imagen corporal* viene condicionada por las características físicas de la persona (esquema corporal) que configuran una concepción subjetiva del propio cuerpo, que siempre va paralela a la concepción objetiva que las demás personas tienen sobre la propia corporalidad. Y por último, el *concepto corporal* es la conciencia fáctica del cuerpo como resultado de la combinación del esquema y de la imagen corporal (Castañer y Camerino, 2006, p. 78).

Las ideas de esquema, imagen y concepto corporal conforman la *identidad corporal*, que implica y conlleva una conciencia corporal. La identidad corporal se construye a través de la conjunción y la gestión de numerosos estímulos que proceden de los contextos de referencia de los sujetos. En este sentido la teoría sociocultural de Vygostky y el enfoque ecológico de Brofenbrenner constituyen referentes interesantes en los que fundamentar la explicación del proceso de construcción de la identidad (véase, Colás, 2006a y 2006b). Por otra parte, la identidad corporal actúa, a su vez, como elemento de interacción con uno mismo, con el entorno físico y con el ecosistema social. De ahí que la identidad corporal sea clave en la faceta de reconocerse, interactuar con la realidad y de comunicarse o expresarse con los demás.

Asimismo, la identidad corporal se superpone a la de género, creando referencias socialmente diferenciadas entre el hombre y la mujer. Estas, a su vez, se utilizan para la valoración de los cuerpos atléticos de unos y otras.

Las mujeres atletas deben conjugar la *identidad corporal de género* con el *yo corporal deportivo*, que en algunos casos resultan contradictorios. Esto hace que gran parte de las atletas resuelvan dicho dilema incorporando una concepción funcional de la identidad corporal. Es decir, para ellas, el cuerpo es algo más que estética y un objeto de admiración para los otros, especialmente para el hombre. El cuerpo les sirve para competir, ganar, recrearse, participar, etc. Por tanto, su identidad corporal se asocia a un cuerpo funcional y de rendimiento.

Otra problemática se genera en torno al concepto de *imagen corporal*. Participar en un deporte o hacer atletismo de competición requiere de un determinado grado de musculatura funcional imprescindible para alcanzar el éxito deportivo (Ross y Shinew, 2008). En el caso de los hombres se da, una «natural» relación entre cuerpo masculino y exigencia deportiva. La musculatura constituye una característica propia de la «imagen corporal masculina», que actualmente se manifiesta en la musculatura en la parte superior del torso, en los brazos, pectorales, y hombros, combinado con una cintura, cadera y glúteos delgados (Morrison *et al.* 2003; McCreary y Sasse, 2000; Papa *et al.* 1999; Spitzer *et al.* 1999; Ridgeway y Tylka, 2005). Esta estructura muscular se ajusta a los ideales culturales y las concepciones sociales de «masculinidad». Sin embargo no ocurre lo mismo en el caso de la mujer en que los cánones sociales de imagen corporal femenina, socialmente reconocida, no casan con las exigencias deportivas (Boyle, 2005; Krane *et al.* 2001, 2004; Mosewich *et al.* 2009). Por tanto, las mujeres atletas se ven presionadas a la vez y en sentido opuesto, por una parte, por las normas sociales establecidas y por otra, por la necesidad de desarrollar la musculatura para conseguir éxitos en la competición deportiva. Mientras que hay una clara asociación entre imagen social de masculinidad y exigencias deportivas en el caso de los hombres, no ocurre lo mismo en el caso de las mujeres. De ahí que la mujer atleta se encuentre entre dos aguas, ya que hay una contradicción entre la imagen social y las exigencias de fortalecimiento de su cuerpo para alcanzar el éxito deportivo.

Esta temática ha ocupado la atención de investigaciones recientes. Así, Steinfeldty *et al.* (2011) realizan un estudio para evaluar empíricamente el grado en que las mujeres atletas querían estar musculosas y cuáles eran las razones que argumentaban para ello. Ellas indicaban que querían estar lo «suficientemente musculosas» para tener éxito en las pruebas atléticas pero a su vez, no tener un volumen de musculatura excesivo que rompiese su imagen de feminidad. Es decir, que su desarrollo corporal tenía un carácter eminentemente funcional.

Otros estudios anteriores (Wright y Clarke, 1999; Young, 1997) inciden en que las atletas exitosas deben ser poderosas y fuertes, sin embargo, esos signos se interpretan de forma negativa, es decir, como una contradicción con la idea de la feminidad hegemónica. El desarrollo muscular para las atletas, por lo tanto, crea una paradoja en la que un cuerpo tonificado se percibe como ideal, sin embargo, grandes músculos simbolizan la fuerza y la masculinidad (Bordo, 1993). De ahí que las atletas deseen ser fuertes para tener éxito, pero eviten el desarrollo de una «excesiva» musculatura.

Por tanto, la mujer atleta se enfrenta a la disyuntiva de mantener las normas sociales de la feminidad u optar por su desarrollo muscular. Ello hace que expresen su deseo de adquirir el tono muscular visible, pero no el tamaño o volumen (Choi, 2003; Grogan *et al.* 2004, Gruber, 2007), debido a que un cuerpo femenino musculoso se considera poco femenino y atractivo, por asociarse a las concepciones sociales de masculinidad. De ahí que para las mujeres atletas sea particularmente difícil la coexistencia de dos mundos (es decir, el deporte y los círculos sociales) que constantemente chocan.

Estas ideas se refrendan con investigaciones realizadas (Vannini y Fornssler, 2011), donde concluyen que a las mujeres atletas se les recuerda constantemente que su cuerpo contradice la idea cultural contemporánea de la feminidad, sobre todo en especialidades atléticas como los lanzamientos de peso, disco o martillo. Por tanto, la mujer atleta recibe constantemente mensajes incompatibles. Es necesario tener un gran desarrollo muscular para tener éxito en la competición deportiva, pero este mismo desarrollo puede ser un obstáculo en los entornos sociales. En este sentido, muchas son las mujeres atletas que, persiguiendo la consecución del éxito y el logro de la competición, desarrollan un cuerpo que le permite estar en igualdad de condiciones de adquirir la gloria deportiva, pero a su vez intentan mostrar signos sociales de feminidad Así por ejemplo, mujeres como la velocista Shelly-Ann Fraser-Pryce, jamaicana, campeona olímpica en 100 metros lisos de Londres 2013, representa un modelo de mujer musculada, pero que pretende mostrar a ultranza, y de manera inconsciente, una imagen social femenina (fig. 1).

En la historia del deporte contamos con casos que ilustran la relevancia de los rasgos sexuales femeninos en las competiciones atléticas. En este sentido podemos mencionar el caso de la deportista Caster Semenya (de Sudáfrica), que con 19 años de edad ganó los 800 metros femeninos en el 12º Campeonato del Mundo al aire libre, con un tiempo de 1'55"45, superando a su competidora más cercana por 2"45. Este «margen» de victoria pronto se convirtió en un acontecimiento mediático que quedó brutalmente interrumpida por el cuestionamiento de la identidad sexual de Semenya, junto con su carrera deportiva. Sobre ella se vertieron acusaciones de que parecía físicamente un hombre, porque tenía un aspecto muy musculado y sus características corporales no se identificaban con las femeninas, socialmente aceptadas. Semenya tuvo que someterse a la prueba de verificación de sexo de la IAAF (Asociación Internacional de Atletismo), ante la mirada hipnótica de los medios de comunicación. El «cuerpo ambiguo» de Semenya ha sido entendido como una amenaza para el orden deportivo tradicional (Vannini y Fornssler, 2011).

Figura 1. Descripción del continuum en el que trata de enmarcarse la mujer atleta

A todo ello se suma una concepción androgénica del deporte, en la que el hombre y sus valores y rasgos son la referencia hegemónica en este. Todo ello crea un contexto hostil que genera contradicciones y malestares para las mujeres atletas.

Según Irigaray (1985), el cuerpo de la mujer se ha construido bajo diversas condiciones como un cuerpo con carencias. Es decir, que el cuerpo femenino se genera en contraste con la «normativa» de cuerpo del hombre. Esta construcción de la «carencias» refuerza una definición negativa de lo femenino, ya que el cuerpo femenino solo se constituye como tal en yuxtaposición a los discursos positivos sobre el masculino (Inahara, 2009).

Contrariamente a lo que se podría pensar, no hay una evolución social importante en cuanto a estas concepciones estereotipadas. Además, estas parecen ser más persistentes en los hombres, según algunas investigaciones. De ahí que nos interesemos por ahondar en esta cuestión.

Creencias masculinas sobre la mujer atleta: deportista o *sex symbol*

¿Qué piensan los hombres de las mujeres atletas? Daniels y Wartena (2011) plantean que hay muy pocos estudios sobre la percepción que tienen los hombres de las mujeres deportistas. Estos investigadores se plantean conocer si los hombres evalúan a las mujeres deportistas por sus actuaciones deportivas o bajo criterios de sexualidad.

La *Teoría de la Cosificación/Objetivación* sostiene que en las sociedades occidentales es frecuente considerar el cuerpo femenino como objeto sexual (Daniels, 2012). Los cuerpos de las mujeres son escrutados como objetos para el placer y reciben constantemente la evaluación de los demás, especialmente de los varones.

Esta *cosificación/objetivación* se hace presente en las relaciones interpersonales, en los encuentros sociales, y en las experiencias de los individuos con los medios audiovisuales. Hay pruebas sustanciales que documentan el fenómeno de la *cosificación/objetivación* generalizada de la mujer deportista en los medios de comunicación occidentales, incluyendo la televisión, vídeos, música, películas, dibujos animados, revistas de deportes, internet, publicidad y productos comerciales (APA 2007). Concretamente en la prensa deportiva la referencia es el hombre, de ahí que el cuerpo de la mujer deportista se presente como un reclamo de atención por su atractivo sexual (Aubrey y Taylor, 2009; Krassas *et al.* 2003; Taylor, 2005). Por tanto, los medios de comunicación transmiten y refuerzan representaciones objetivadas de las mujeres, al enviar el mensaje a los espectadores de que las mujeres son objetos sexuales.

Daniels y Wartena, (2011), utilizando como marco de referencia la *teoría de la objetivación*, llevan a cabo una investigación sobre cómo los hombres ven a las mujeres deportistas. Este estudio encuentra correlaciones significativas entre el consumo de prensa deportiva, concepciones estereotipadas sobre el cuerpo femenino y la creencia de que las mujeres son objetos sexuales (Ward, 2002). Parece por tanto que los medios de comunicación refuerzan una concepción de «objetivización» de las mujeres, y en consecuencia también lo hacen los espectadores masculinos.

Las imágenes que nos transmiten los medios de comunicación sobre la mujer atleta sirven también como modelos de referencia para las demás mujeres, que reciben el mensaje de que el atletismo y sus habilidades no son suficientes, por lo que se deben complementar o reemplazar por la belleza y la sensualidad.

Pero a su vez, la manifestación de la sexualidad femenina produce en los espectadores hombres un menoscabo de sus competencias atléticas En el estudio de Harrison y Secarea (2010) se concluye que cuando una jugadora de baloncesto se presenta sexualmente, la juzgan los estudiantes universitarios como más femenina, más heterosexual, pero recibe una mayor desaprobación a nivel atlético y menos interés por ver y valorar su juego. La sexualización de las mujeres atletas también refuerza el heterosexismo e indirectamente sugiere que las atletas lesbianas son menos dignas de atención y de emulación (Weber y Carini, 2013).

La ruptura y/o cambios en estas concepciones son lentos y deben afrontarse desde diferentes flancos. En este sentido, Messner y Cooky (2010) proponen apoyar una mayor representación de las mujeres en las organizaciones deportivas y medios de comunicación. Así como la creación de una conciencia social de los espectadores que demanden y exijan un tratamiento mediático menos machista de las mujeres atletas. A estas propuestas nosotros añadimos *la educación y la formación.*

En este sentido, nos planteamos conocer hasta qué punto los universitarios especializados en actividad física y deportiva comparten estos estereotipos sobre el cuerpo de la mujer atleta. Partíamos de la hipótesis de que la formación universitaria especializada puede tener incidencia en un cambio en la objetivación sexual de las mujeres atletas. De ahí que nos planteáramos comprobar este supuesto a través de una investigación llevada a cabo en la comunidad autónoma andaluza.

Esta problemática resulta relevante dado que la mayoría de las investigaciones realizadas hasta la fecha concluyen que la objetivación sexual tiene un enorme impacto en las propias autopercepciones de las mujeres atletas (véase Moradi y Huang, 2008). La imagen normalizada de la «mujer femenina» es un factor de discriminación que sigue obstaculizando la consolidación de la mujer en el deporte en general y del atletismo en particular, porque a través de esta concepción se perpetúa la idea de que ciertos espacios deportivos no están hechos para esa configuración femenina.

La visión de los futuros profesionales en Ciencias de la actividad Física y Deporte sobre la identidad corporal/ género de la mujer atleta

En 2011 (Rodríguez), emprendimos una investigación con el objetivo de conocer las creencias y estereotipos sobre la identidad corporal de la mujer atleta que podrían tener los futuros profesionales del mundo del atletismo, es decir, los estudiantes, chicos y chicas, de la licenciatura Ciencias de la Actividad Física y Deporte (CAFD). Esta muestra nos permitía conocer, de primera mano, las concepciones y creencias de los futuros profesionales que dirigirán, entrenarán y formarán a los futuros atletas. A este interés se añadía otro, no menos importante, y era articular medidas de actuación formativas, exitosas, dirigidas a la superación de estereotipos en el deporte y el atletismo, contribuyendo así a la superando de la visión superficial de aparente igualdad.

Para recabar información sobre la visión del cuerpo de la mujer atleta elaboramos un cuestionario *ad hoc*. En él incorporamos cuestiones que abarcan un amplio rango de aspectos referidos al cuerpo de la mujer atleta: *forma física, (competencias deportivas), apariencia física, cuerpo femenino y pruebas atléticas, representación pública del cuerpo femenino, cuerpo femenino y rendimiento atlético*, y por último, *fragilidad física*.

Con todo ello, decidimos hacer visible aquello que se entiende superado, como son los estereotipos corporales/sexuales de la mujer deportista. Nos planteamos, por tanto, dos hipótesis, una encaminada a descubrir las concepciones estereotipadas de género con relación al cuerpo de la mujer en el atletismo por parte de los estudiantes de CAFD, y otra a descifrar las posibles diferencias entre las creencias de ellos y ellas. La muestra la componen los alumnos y alumnas de CAFD de las universidades andaluzas donde se imparte esta titulación y la asignatura optativa de «Atletismo», ascendiendo a un total de 285 sujetos encuestados. Del total, el 71,58% (n=204) eran hombres, y el 28,42% (n=81) mujeres, con un rango de edad entre los 20 y 25 años. La diferencia cuantitativa entre hombres y mujeres es muy característica en este tipo de estudios universitarios ya que, tradicionalmente, ha sido una carrera universitaria masculina.

Aquí mostraremos, únicamente, algunos resultados seleccionados que sirven para ilustrar la temática abordada en este capítulo. El lector interesado en más resultados derivados de este estudio puede consultar el trabajo de Colás-Bravo y Rodríguez, (2011).

Las respuestas que aquí presentamos, obtenidas a través de una escala tipo Likert, se refieren a tres aspectos únicamente: composición corporal, musculatura y fragilidad del cuerpo de la mujer.

Se aprecia, en términos generales, que un porcentaje elevado de respuestas no están de acuerdo con este concepto estereotipado (respuestas en los valores 1 y 2), sin embargo no podemos desestimar los porcentajes que se sitúan en las opciones 3, 4 y 5, que sumados tienen un valor cuantitativo no desestimable (entre el 26% y el 50%). Ello nos lleva a concluir que los estudiantes de CAFD, a pesar de su formación especializada, conservan y mantienen estereotipos sexistas sobre el cuerpo de la mujer atleta.

Concretamente, en cuanto a si la composición de la masa muscular y adiposa del cuerpo de la mujer la hace menos apta para el atletismo que el

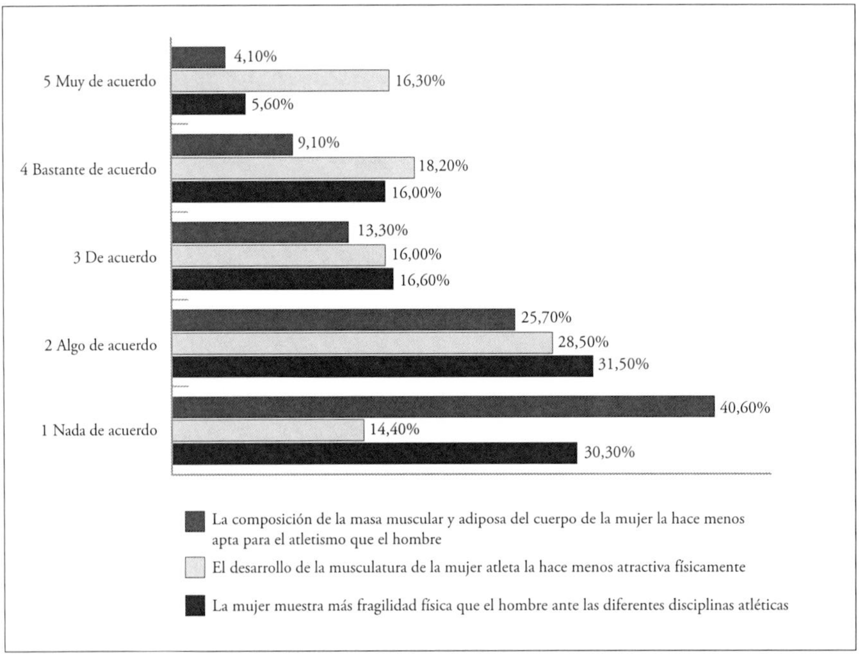

Figura 2. Porcentajes de frecuencias de los ítems: Composición corporal, musculatura y fragilidad del cuerpo de la mujer atleta.

hombre, los estudiantes muestran unos valores menos estereotipados que cuando se refiere a que la musculatura la hace menos atractiva. También es elevado su grado de acuerdo con el estereotipo de que la mujer muestra más fragilidad física que el hombre.

Si hacemos un análisis más detallado de estos ítems, encontramos que, el ítem «El desarrollo de la musculatura de la mujer atleta la hace menos atractiva físicamente», la mediana tiene un valor de 3, lo cual nos muestra que el 50% de los datos está situado por debajo de la media, y el 50% restante por encima. Esto indica que la muestra analizada mantiene una fuerte estereotipia respecto a la idea de que la musculatura «excesiva» de la mujer atleta la hace menos atractiva físicamente.

En cuanto al ítem que aborda las creencias y valores en torno a si la composición de la masa muscular y adiposa del cuerpo de la mujer la hace menos apta para el atletismo que el hombre, el resultado estadístico obtenido manifiesta que la mediana contiene un valor de 2,00, lo que nos indica que más el 50% (exactamente 71,43%) de los datos está por debajo de la respuesta «algo de acuerdo». Esto refleja de forma sustancial que los alumnos y alumnas que cursan los estudios de CAFD poseen unas creencias y valores de baja estereotipia hacia la composición corporal de la mujer atleta y su aptitud en el desempeño de las pruebas atléticas, tal vez, en parte, como resultado de la confrontación del conocimiento científico adquirido en sus estudios universitarios. Así también, los resultados que se extraen de la afirmación «la mujer muestra más fragilidad física que el hombre ante las diferentes disciplinas atléticas» indican un bajo perfil de estereotipo, pero sin embargo no se alejan del estereotipo dominante de las sociedades occidentales en el que se basa el esquema de hombre dominante-mujer sumisa (hombre activo-mujer pasiva; hombre inteligente-mujer sensible; hombre fuerte-mujer débil, etc.), todo ello aplicado al mundo del atletismo y sus especialidades.

Una segunda cuestión que abordamos es si existían diferencias significativas entre hombres y mujeres en cuanto a sus respuestas a estas cuestiones.

La aplicación de pruebas estadísticas de contraste nos reveló que existían diferencias significativas entre la percepción de hombres y mujeres en estas tres cuestiones: «la mujer muestra más *fragilidad* física que el hombre ante las diferentes disciplinas atléticas» ($p < 0.05$), «el desarrollo de la musculatura de la mujer atleta la hace *menos atractiva* físicamente» ($p < 0.05$)». Y por último «la composición de la masa muscular y adiposa del cuerpo de la mujer la hace *menos apta* para el atletismo que el hombre» ($p < 0.05$). La figura 3 nos presenta gráficamente las diferencias entre ambos sexos.

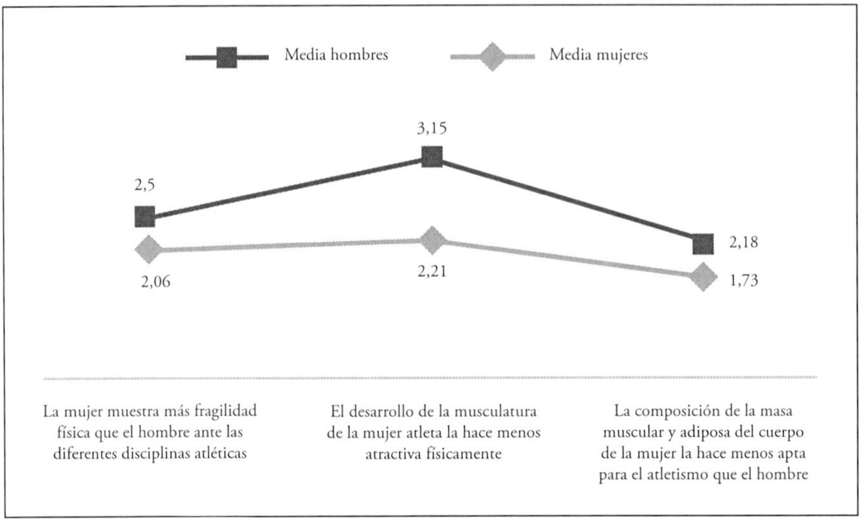

Figura 3. Diferencias significativas de sexo en las dimensiones «fragilidad» y «apariencia física del cuerpo de la mujer» en el atletismo. Medias

En todas las valoraciones anteriormente citadas, las chicas presentan una media inferior a la de los chicos, lo que indica que las chicas poseen una concepción menos estereotipada de la identidad de género de la mujer atleta que los chicos ante las mismas cuestiones presentadas. También se aprecian aspectos en los que el estereotipo es más débil y otros en que es más marcado o intenso. Así, en el ítem referido a «cuerpo y musculatura» las mujeres obtienen una media de 2,21 y los hombres 3,15. Los estereotipos más débiles los encontramos en los ítems «composición de la masa muscular y adiposa» (mujeres 1,73, y hombres 2,18). De los resultados extraídos se desprenden que los estereotipos en el atletismo se encuentran acentuados en la confusión sobre las diferencias anatómicas y biológicas.

Resulta revelador cómo estos estereotipos siguen vigentes en la actualidad, en poblaciones jóvenes y formadas. La visibilización de estas concepciones de forma empírica, a través de la investigación, es un camino deseable y fructífero para el conocimiento y evaluación del impacto de los estereotipos de género en las prácticas atléticas de las mujeres. Por otra parte, posibilitan orientar políticas de actuación, tanto macroestructurales como microestructurales, destinadas a apoyar una integración en equidad de la mujer en el mundo del atletismo. Y para terminar, no cabe duda de que los datos aquí obtenidos son una llamada de atención para los profesores, profesoras, formadoras y formadores en las actividades atléticas. Unas buenas prácticas formativas, realizadas desde una perspectiva de equidad de género, redundarán en una mejora del rendimiento deportivo, teniendo consecuencias positivas en el desarrollo de una cultura del deporte más equitativa e inclusiva, enriqueciendo a su vez los valores universales por los que se aboga en el mundo deportivo.

Referencias

American Psychological Association (2007). «Task Force on the Sexualization of Girls». Informe de la APA Task Force on the Sexualization of Girls. Washington: American Psychological Association. Recuperado de <http://www.apa.org/pi/wpo/sexualization.html>.

Aubrey, J. S. y Taylor, L. D. (2009). «The role of lad magazines in priming men's chronic and temporary appearance-related schemata: An investigation of longitudinal and experimental findings». *Human Communication Research*, 35, 28-58.

Bordo, S. (1993). *Unbearable weight: Feminism, Western culture, and the body.* Berkeley: University of California Press.

Boutilier, M. y Sangiovanni, L. (1985). «Women and sports: reflections on health and policy». En M. Boutilier, y L. Sangiovanni (ed.), *Women, Health and Healing: toward a new perspective.* Nueva York: Tavistock.

Boyle, L. (2005). «Flexing the tensions of female muscularity: How female bodybuilders negotiate normative femininity in competitive bodybuilding». *Women's Studies Quarterly*, 33, 134-149.

Castañer, M. y Camerino, L. (2006). «Juventud e iconos deportivos, el poder de la imagen corporal». *Jóvenes: Ídolos Mediáticos y Nuevos Valores,* 96, 143-163.

Christensen, C. L. (1993). «Basic exercise physiology. Miths and realities». *Women in Sport. Issues and Controversies.* Newbury Park (USA), Sage.

Choi, P. (2003). «Muscle matters: Maintaining visible differences between women and men». *Sexualities, Evolution & Gender*, 5,71-8.

Colás-Bravo, P. (2006a). «Género, interculturalidad e identidad: teoría y práctica educativa». En M.A. Rebollo Catalán (coord.), *Género e interculturalidad: educar para la igualdad* (pp. 27-56). Madrid: La Muralla.

Colás-Bravo, P. (2006b). Género y contextos sociales multiculturales: educación para el desarrollo comunitario. En E. Soriano (coord.), *La mujer en la perspectiva intercultural* (pp. 21-42). Madrid: La Muralla.

Colás-Bravo, P. y Rodríguez, C. (2011). «Estereotipos de género en torno al cuerpo de la mujer en atletismo». En actas XIII Congreso Andaluz de Psicología de la Actividad Física y el Deporte. Sevilla, Alto Rendimiento Servicios Editoriales y Formación Deportiva.

Daniels, E. A. (2012). «Sexy versus strong: What girls and women think of female athletes». *Journal of Applied Developmental Psychology,* 33(2), 79-90.

Daniels, E. A. y Wartena, H. (2011). «Athlete or Sex Symbol: What Boys Think of Media Representations of Female Athletes». *Sex Roles,* 65, 566-579.

EAGLY, A. H. y STEFFEN, V. J. (1984). «Gender stereotypes stem from the distribution of women and men into social roles». *Journal of Personality and Social Psychology*, 46(4), 735-754.

GALIANO, D. (2013). «Aspectos diferenciales del hombre y la mujer en el deporte». En B. Sañudo (coord.), *Tenis y mujer. Nuevos retos para la práctica* (pp. 217-234). Barcelona: INDE.

GROGAN, S.; EVANS, R.; WRIGHT, S. y HUNTER, G. (2004). «Femininity and muscularity: Accounts of seven women body builders». *Journal of Gender Studies*, 13, 49-61.

GRUBER, A. (2007). «A more muscular female body ideal». En J. K. Thompson, y G. Cafri (eds.), *The muscular ideal: Psychological, social, and medical perspectives* (pp. 217-234). Washington, DC: American Psychological Association.

HARRISON, L. y SECAREA, A. (2010). «College students' attitudes toward the sexualization of professional women athletes». *Journal of Sport Behavior* 33: 403-426.

HUDSON, J. L. (1994). «It's mostly a matter of metric». En D. M. Costa y S. R. Guthrie (ed.), *Women and Sport. Interdisciplinary Perspectives* (pp. 143-162). Champaign (USA): Human Kinetics.

INAHARA, M. (2009). «This body which is not one: The body, femininity and disability». *Body* & *Society,* 15(1), 47-62.

IRIGARAY, L. (1985). *This sex which is not one* (C. Porter y C. Burke, Trans.). Ithaca, NY: Cornell University Press.

KIEFER, A. y SHIH, M. (2006). «Gender differences in persistence and attributions in stereotype relevant contexts». *Sex Roles, 54* (11-12), 859-868.

KRANE, V.; WALDRON, J.; MICHALENOK, J. y STILES-SHIPLEY, J. (2001). «Body image concerns in female exercisers and athletes: A feminist cultural studies perspective». *Women in Sport* & *Physical Activity Journal,* 10, 17-34.

KRANE, V.; CHOI, P.; BAIRD, S.; AIMAR, C. y KAUER, K. (2004). «Living the paradox: Female athletes negotiate femininity and muscularity». *Sex Roles*, 50, 315-329.

KRASSAS, N. R.; BLAUWKAMP, J. M. y WESSELINK, P. (2003). «Master your Johnson»: Sexual rhetoric in Maxim and Stuff magazines. *Sexuality* & *Culture*, 7, 98-119.

LÓPEZ-SÁEZ, M. y MORALES, J. F. (1995). «Estereotipia de Género e Identidad de Género». En J. C. Sánchez y A. M. Ullán (eds.), *Procesos psicosociales básicos y grupales*. Salamanca: Eudema.

MARTÍN HORCAJO, M. (2006). «Contribución del feminismo de la diferencia sexual a los análisis de género en el deporte». *Revista Internacional De Sociología, 64*(44), 111-131.

MCCREARY, D. R. y SASSE, D. K. (2000). «An exploration of the drive for muscularity in adolescent boys and girls». *Journal of American College Health*, 48, 297-304.

MESSNER, M. y COOKY, C. (2010) *Gender in Televised Sports: News and Highlights Shows, 1989-2009*. Los Ángeles: Center for Feminist Research, University of Southern California.

Mosewich, A. D.; Vangool, A. B.; Kowalski, K. C. y McHugh, T. L. F. (2009). «Exploring women track and field athletes' meanings of muscularity». *Journal of Applied Sport Psychology*, 21, 99-115.

Moradi, B. y Huang, Y. (2008). «Objectification theory and psychology of women: A decade of advances and future directions». *Psychology of Women Quarterly*, 32, 377-398.

Morrison, T. G.; Morrison, M. A. y Hopkins, C. (2003). «Striving for bodily perfection? An exploration of the drive for muscularity in Canadian men». *Psychology of Men & Masculinity*, 4, 111-120.

Pope, H. G.; Olivardia, R.; Gruber, A. y Borowiecki, J. (1999). «Evolving ideals ofmale body image as seen through action toys». *International Journal of Eating Disorders*, 26, 65-72.

Ridgeway, R. T. y Tylka, T. L. (2005). «College men's perceptions of ideal body composition and shape». *Psychology of Men & Masculinity*, 6, 209-220.

Rodríguez, C. (2011). «El atletismo y los estereotipos de género en el alumnado de ciencias de la actividad física y el deporte». Tesis Doctoral. Universidad de Sevilla (en fase de elaboración).

Ross, S. R. y Shinew, K. J. (2008). «Perspectives of women college athletes on sport and gender». *Sex Roles,* 58, 40-57.

Spitzer, B. A.; Henderson, K. A. y Zivian, M. T. (1999). «Gender differences in population versus media body sizes: A comparison over four decades». *Sex Roles*, 40, 545-565.

Steinfeldt, J. *et al.* (2011). «Muscularity Beliefs of Female College Student-Athletes», *Sex Roles,* 64, 543-554.

Taylor, L. D. (2005). «All for him: Articles about sex in American lad magazines». *Sex Roles*, 52, 153-163.

Vannini, A. y Fornssler, B. (2011). «Girl, interrupted: Interpreting Semenya's body, gender verification testing, and public discourse. Cultural Studies». *Critical Methodologies*, 11(3), 243-257.

Ward, L. M. (2002). «Does television exposure affect emerging adults' attitudes and assumptions about sexual relationships? Correlational and experimental confirmation». *Journal of Youth and Adolescence*, 31, 1-15.

Weber, J. D. y Carini, R. M. (2013). «Where are the female athletes in sports illustrated? A content analysis of covers (2000-2011)». *International Review for the Sociology of Sport. DOI: 10.1177/1012690211434230*

Wright, J. y Clarke, G. (1999). «Sport, the media and the construction of compulsory heterosexuality». *International Review for the Sociology of Sport*, 34, 227-243.

Young, K. (1997). «Women, sport, and physicality». *International Review for the Sociology of Sport*, 32, 297-305.

5 Masculinidades lúdicas. La construcción de identidades masculinas desde la publicidad infantil

Cristina López-Villar

Crecer como niños

Desde que un niño nace, existe a su alrededor multitud de información orientada a hacerle entender qué significa ser hombre en la sociedad a la que pertenece. Desde el momento en que los padres saben el sexo del bebé, comienza su socialización y la creación de su identidad como ser sexuado (a veces incluso antes de que haya nacido) a través de los objetos que su familia compra y tiene preparados antes del parto.

Sin duda, el sexo biológico no determina *per se* el desarrollo ulterior de las personas en lo que se refiere a comportamientos, aficiones o estilos de vida, ni tampoco condiciona las características de la personalidad desde el punto de vista afectivo, intelectual y/o emocional. Todas estas instancias están sujetas a un proceso de culturización o socialización del que somos objeto desde nuestro nacimiento

En un contexto educativo no podemos separar los aspectos de la masculinidad de los de la feminidad, ya que ambos son parte de un mismo hecho, y aunque este trabajo se centra en la temática de la masculinidad, lógicamente aludiremos constantemente a lo que también ocurre con la feminidad. Crecer como niños o como niñas supone una dualidad altamente instaurada en la sociedad, contraria a cualquier actitud pedagógica de educación y respeto de la diversidad. Los agentes que contribuyen a la construcción de nuestra identidad como personas no superan, en la mayoría de los casos, la dualidad mujeres-hombres.

Partimos de un posicionamiento crítico que define las masculinidades como construcciones sociales y culturales, por lo que los contextos en los que se inscriben condicionarán lo que se entiende por tal. A pesar de la existencia de evidencias que muestran en la actualidad diferentes modelos de masculinidad, todas las sociedades fomentan un patrón de «masculinidad hegemónica», que es el más venerado (Connell, 1995; Connell y Messerschmidt, 2005).

La existencia de una masculinidad hegemónica es una de las razones, según el propio Connell (1995, 2000), para la creación de la ilusión de que solo hay un tipo de masculinidad. Si la gente solo ve la definición dominante de masculinidad, no podrá ver los patrones alternativos que existen. Esta visión única de una masculinidad hegemónica es tremendamente importante para los chicos que están creciendo, tal como muestra un estudio con adolescentes británicos (Frosh, Phoenix y Pattman, 2002), en el que queda patente que los chicos sufren la presión de un patrón dominante.

Tradicionalmente, los agentes que contribuían a la construcción de identidades se circunscribían a la realidad de la familia, la escuela o la comunidad (investigaciones pioneras en este ámbito han sido las de Greendorfer en 1977 y Greendorfer y Lewkor en 1978, que sugerían diferencias en las influencia recibidas por chicos y chicas), pero actualmente estos agentes se multiplican a través de la cultura de masas y de todas las herramientas de difusión de información de dicha cultura. Es por ello por lo que los medios juegan un papel fundamental como importantes creadores y mediadores del conocimiento social.

La imitación y los mensajes que se transmitían como modelos de identidad hace años no tienen nada que ver con el bombardeo constante de información e imágenes que hoy reciben nuestros niños y niñas. Pero este hecho no se corresponde con acciones contundentes del ámbito educativo. La escuela no ha incorporado una educación en los medios de forma principal, en la medida en que se han introducido las nuevas tecnologías en el aula, pero más desde una perspectiva utilitaria, siendo minoría los y las profesionales que se preocupan de que el alumnado reciba una educación crítica hacia las imágenes que reciben todos los días. No debemos olvidar que el efecto social de los mensajes de los textos de la cultura de masas es de naturaleza ideológica, constituyéndose en eficacísimas herramientas de consenso social y de transmisión de ideologías, estilos de vida y estereotipos (Lomas, 2007). Por eso, si no se toma una actitud concreta de educación en los medios, no será posible equilibrar su efecto, ya que no dudamos que existan aspectos positivos que nos llegan a través de los medios, pero son precisamente los negativos los que es necesario detectar.

El papel de los juguetes en la construcción de las identidades masculinas

La interacción con los juguetes es una puerta de entrada a muchos aspectos de la socialización y del desarrollo cognitivo y emocional de los niños y niñas en la infancia. Los juguetes constituyen un elemento esencial en la fase de crecimiento de los más pequeños, considerándose el juego un elemento de vital importancia para la evolución integral de la persona.

Dentro de las investigaciones que abordan la influencia de los juegos infantiles o juguetes con la práctica deportiva, destaca la de Giuliano, Popp y Knight (2000), con la que demostraron que se debería prestar una mayor atención a los juegos realizados en la infancia, ya que junto a otros agentes de socialización (por ejemplo, familia, compañeros, entrenadores) constituyen un factor importante para la predicción de la participación de las chicas en los deportes. Otro estudio pionero es el de Toyama (1977), a través del cual se pudo apreciar que las mujeres administradoras de mayor éxito habían jugado al fútbol en la infancia o habían participado en actividades de equipo.

Por lo tanto, los juguetes son un medio que contribuye a la construcción de la identidad. Desde los años setenta, la investigación social ha demostrado que persiste una cultura de consumo diferenciada por género (Steinberg y Kincheloe, 1997) y que las expectativas tradicionales sobre género llevan a los adultos a elegir juguetes para niñas y niños considerando los aspectos de género tradicionales (Blakemore y Centers, 2005; Cherney y London, 2006; Downs, 1983; Fisher-Thompson, 1990; Fisher-Thompson, Susa y Wright, 1995; Kahlenberg y Hein, 2010; Kline, 1993; Marcon y Freeman, 1996; Pomerlau, Bolduc, Malcuit y Cossette, 1990; Seiter, 1993). Más recientemente, Cugmas (2010), en el contexto esloveno, demostró que el primer juguete que reciben los niños y niñas está estereotipado según el género. Otro estudio, en este caso en el contexto español, evidencia que un 27,2% de los padres mantenía la creencia de que los niños deben jugar a cosas adecuadas a su sexo y, entre otros aspectos, concluye que el papel de la familia es fundamental en la transmisión y aprendizaje de los roles de género. De este modo, tanto adultos como niños y niñas tienen un papel activo en la selección de los juguetes, y, aunque Wood, Desmarais y Gugula (2002) encontraron en su estudio un pequeño avance en los estereotipos de los padres hacia los juguetes considerados de niños y niñas, en el caso de Tobin *et al.* (2010) concluyeron que dicha elección está marcada por las expectativas sociales asociadas a lo que es «ser un niño» o «ser una niña».

Hace casi 40 años, Rheingold y Cook (1975) analizaron los juguetes y otros objetos presentes en las habitaciones de niños y niñas de entre uno y seis años. Encontraron que unos y otras tenían el mismo número de libros, elementos de música, animales de peluche y muebles, pero se diferenciaban en que los niños tenían mayor variedad de juguetes y muchos más vehículos que las niñas. Los niños también tenían más juguetes que permitían desarrollar capacidades espaciotemporales o equipamientos deportivos, animales, máquinas, juegos bélicos, educativos o artísticos. Las habitaciones de las niñas tenían más muñecas, casas de muñecas, aparatos domésticos como lavadoras o lavaplatos. Las niñas tenían seis veces más muñecas que los niños y nueve veces más cuando hablamos de bebés. Los niños no tenían aparatos domésticos. En su lugar, los niños poseían soldados o vaqueros, que se pueden comparar con las figuras de acción actuales (Blakemore y Centers, 2005).

Otros estudios han demostrado que las niñas piden y reciben más ropa, joyas, muñecas, y juguetes relacionados con la música o las tareas del hogar, mientras que los chicos piden y reciben más equipamientos deportivos, vehículos, juegos militares y pistolas, y más juguetes relacionados con aspectos espaciales o temporales, como relojes (Almqvist, 1989; Bradbard, 1985; Bradbard y Parkman, 1984; Downs, 1983; Etaugh y Liss, 1992; Richardson y Simpson, 1982).

Es cierto que, poco a poco, van apareciendo algunos cambios. Marcon y Freeman (1996) analizaron en un estudio las peticiones de juguetes de los niños y niñas en las cartas de navidad y encontraron que las niñas, de igual forma que los niños, pedían vehículos reales, equipamiento deportivo o muñecos masculinos. Los niños pedían, como las niñas, ropa y juegos de arte y educativos. Sin embargo, las niñas continuaron pidiendo en mayor medida muñecas y aparatos domésticos, mientras que los niños pedían más vehículos, juegos militares y del espacio, figuras de acción y juegos de desarrollo de la capacidad espacial.

Respecto a las diferencias entre los juguetes de las niñas y los niños, Miller (1987) examinó diferentes características de los mismos, llegando a la conclusión de que los juguetes de los niños incitaban más a la fantasía y a la creación de nuevos espacios, mientras que los de las niñas las remitían a la vida doméstica. Y así, mientras los juguetes de los niños puntuaban alto en los aspectos de socialización, competición, agresividad o habilidades de construcción, los de las niñas puntuaban alto en aspectos de creatividad, manipulación, cuidados y estética.

Dentro de este tipo de investigaciones, Blakemore y Centers (2005) analizaron el razonamiento de niños y niñas de entre 2 y 5 años para clasificar juguetes. 47 niños vieron previamente dibujos de juguetes masculinos, femeninos, neutrales y ambiguos y se les pedía posteriormente que identificasen si el juguete era de niña o niño y el por qué de esta elección.

Los chicos identificaban en mayor medida juguetes neutrales y ambiguos como de niños. La razón más común para asociar un juguete como neutral y masculino con un sexo en particular fueron las asociaciones de género. Mientras que para los juguetes ambiguos los preescolares tomaban sus decisiones basándose en el color y en su interés por el juguete, no emergieron, sin embargo, patrones claros para los juguetes femeninos.

En esta misma línea las y los investigadores crearon una categorización de juguetes: fuertemente masculinos, moderadamente masculinos, neutrales, moderadamente femeninos y fuertemente femeninos. Analizando a graduados, evidenciaron que los juguetes de las chicas se asociaban con el atractivo físico, los cuidados, y habilidades domésticas, mientras que los juguetes de los chicos estuvieron valorados como violentos, competitivos, emocionantes y más peligrosos. Los juguetes valorados como educativos y mejores para desarrollar en la infancia aspectos físicos, cognitivos, artísticos y otras habilidades fueron tipificados como neutros o moderadamente masculinos. La investigación concluyó que los juguetes estereotipados por género son menos óptimos para el desarrollo infantil que los neutros o moderadamente estereotipados.

Si nos centramos en el caso concreto de los muñecos y muñecas, Klugman (1999) estudió las características de las muñecas estilo *Barbie* frente a los muñecos de acción tipo *G.I. Joe* y *WWR*, encontrando que las muñecas tenían accesorios para las niñas, como secadores u otros relacionados, dirigidos a la niña y no a la propia muñeca. También constataron que los muñecos permiten mayor movilidad y manipulación que las muñecas, que solo se pueden mover en los hombros y cadera. Esta investigación mostró también que los muñecos, a través de las imágenes de sus cajas y prospectos, resaltan la violencia y la agresión, mientras que las muñecas lo hacen en cuestiones de apariencia, moda y estética.

También se han realizado estudios sobre compañías concretas de juguetes. Auster y Mansbach (2012) examinaron diferentes aspectos sobre los juguetes de la compañía *Disney* en Estados Unidos. Descubrieron una diferenciación clara de colores y tipología de juguetes, entre los que la tienda clasifica para niños y para niñas, percibiendo menos apertura en los que se configuran solo para niños que en el caso de las niñas. En el caso de los chicos, los colores con mayor presencia eran el rojo, el negro, el marrón y el gris, y en el caso de los juguetes tipificados para niñas, los colores eran principalmente el rosa y el malva.

Nelson (2005) analizó, en un país que se preocupa por la equidad de género (Suiza), las diferencias en las colecciones de juguetes de niños y niñas, para ver si existían diferencias con otros países en los que no existe dicha preocupación. Al final del estudio se constató que los juguetes eran estereotipados por género de la misma forma que ocurría en otros países analizados en investigaciones previas. Pero este hecho cambió ante la denuncia, en 2008, de un grupo de estudiantes ante el Observatorio Sueco de la Publicidad (*Reklamombudsmannen*), sobre la publicidad de la empresa de juguetes *Toys'R'us*. Dicha queja llevó al organismo a amonestar públicamente a la juguetera por publicidad sexista, sin mayor repercusión legal, pero generando un gran debate. Este hecho obligó a *Toys'R'us* a cambiar el catálogo de juguetes para mostrar a niños y niñas jugando a la vez con diferentes productos que antes eran vistos para uno u otro sexo. Precisamente, utilizaremos al final del capítulo imágenes del catálogo sueco en el apartado de propuesta para el aula.

Las imágenes de la publicidad como agentes de transmisión de la masculinidad

La publicidad y los medios de comunicación, a través de sus estrategias de marketing, indican a los niños y a las niñas los juguetes que son o no apropiados para ellos. El lenguaje de la publicidad es el de la persuasión y la seducción, por lo que «el poder seductor/manipulador de la publicidad es directamente proporcional a la falta de criterio del que la recibe» (Arconada, 1994, p. 69).

Diferentes autores, desde hace años, sugieren la necesidad e importancia de entender los fines de la publicidad para poder educar a las personas desde la infancia con capacidad de «leer» y distinguir la ficción de la realidad.

Nuestra sociedad está inmersa en complejos fenómenos de comunicación icónica. En la actualidad, la imagen (ya sea fija o móvil) está presente de forma permanente en nuestra cultura y en las diferentes acciones que realizamos a lo largo del día. A diario se recibe una gran cantidad de imágenes y palabras, pero la imagen tiene un poder superior, dado que en muchos casos solo accedemos a la imagen y no al texto que explica o contextualiza el mensaje que se quiere transmitir, por lo que la interpretación de dicha imagen será algo personal.

Cohen y Fougeyrollas (1980) señalan que las imágenes llegan a nuestra sensibilidad sin obedecer necesariamente a las órdenes del raciocinio. Santos Guerra (1984) iba más allá en la década de los ochenta, indicando que nuestra civilización potencia la capacidad receptiva, lo que, junto a la invasión de imágenes que nos asaltan diariamente, da lugar a un individuo con una configuración psicológica peculiar. Así como la palabra es una forma abstracta y conceptual, la imagen es, además de abstracta, directa. En 1980, en su tesis doctoral, Phyllis Myers confirmó que las aptitudes para el lenguaje visual comienzan a desarrollarse antes que las aptitudes para el lenguaje verbal. Este hallazgo justificaría la importancia de educar, desde pequeños en las escuelas, con imágenes y sobre las imágenes.

Ferrés i Prats (1988) considera que la lectura de un texto escrito requiere que nos situemos por encima de él. Es una operación analítica y doblemente abstracta, porque primero se lleva a cabo un análisis gramatical para posteriormente realizar un análisis lógico. Sin embargo, para contemplar una imagen hay que sumergirse en ella, al ser una operación sintética. Este autor llega a afirmar que se está planteando un nuevo tipo de inteligencia: el adulto influido por la cultura tradicional sólo comprende abstrayendo, sin embargo, el joven comprende más sintiendo.

Además, siguiendo a Alonso y Matilla (1990), aunque en la recepción de esos mensajes el público está influido por un contexto social y personal determinado que puede provocar la aparición de diferentes sentidos para una misma imagen, el código de reconocimiento actúa de manera muy homogénea en grandes sectores con bases culturales comunes. La percepción de la imagen no difiere entre unos y otros observadores, siempre que la lectura se haga en similares condiciones espaciales y temporales de recepción, por lo que, en general, no existen desacuerdos en lo que una imagen dice, refleja o representa.

La necesidad de una educación visual

Hace años que diferentes expertos en medios de comunicación y educación, como Masterman (1993) o Aguaded (1999), alertan de la importancia de alfabetizar en los medios, dado que la «realidad medial» ha de ser aprehendida con unos decodificadores que no se adquieren por el simple uso y abuso de los medios, sino que necesitan de una reflexión crítica y un aprendizaje sistemático.

La misión de la escuela es colaborar en el desarrollo integral de las personas, alentando el pensamiento crítico y creativo, sin transmitir estereotipos, miedos, moldes rígidos o tabúes; pero existe igualmente una «escuela paralela» (Porcher, 1979), que es la formada por los medios de comunicación, de modo que será fundamental aprender a leer imágenes. Incluso, Lomas (1994, 1996) alude a la gravedad de las formas discursivas de los mensajes televisivos o publicitarios que, mediante estrategias textuales de enorme potencial retórico, son claramente contrarios a las actitudes y valores que figuran en los objetivos didácticos del sistema educativo.

Ante esta situación resulta necesaria una educación dirigida a que las personas sean capaces de hacer ejercicio de sus responsabilidades y derechos, que vendrá dada únicamente si existe una educación audiovisual. En línea con este argumento y los postulados de la Unesco, Durán (1982) propuso en los años ochenta potenciar una educación que formara a los más jóvenes con una conciencia crítica y una mayor competencia en el uso y consumo responsable de los medios. Además, Sanvicens (1985), en la misma época, advirtió que el elevado consumo televisivo, unido a bajos niveles culturales y educativos, generaba personas pasivas, irreflexivas, sin criterios propios, con escaso sentido crítico y con tendencia a la uniformidad de conductas.

Eco (1968) recuerda que la educación a través de la imagen ha sido típica de las sociedades absolutistas y paternalistas. Desde Egipto y Mesopotamia hasta la Edad Media, la palabra escrita fue reservada exclusivamente a las elites dominantes, mientras que la imagen era utilizada para el control social de las masas.

En este mismo sentido, Bandura y Walters (1963) entienden que la función social de los valores legitimados por los medios de comunicación de masas y por la publicidad es doble. Por una parte, de naturaleza cognitiva, al facilitar la adquisición del conocimiento social de las personas; y, por otra, de naturaleza ideológica, al constituirse en eficaz herramienta de integración social. Desde niños, la conversación simbólica que tiene lugar entre los infantes y las industrias comunicativas como la televisión o la publicidad se orienta, más allá de su aparente finalidad informativa o comercial, a erigir a tales medios de comunicación en intermediarios entre la mirada de la infancia y el mundo que les aguarda.

Se hace necesario por tanto insistir desde la educación en el conocimiento de los usos y formas de la comunicación publicitaria, impulsando tareas de aprendizaje que hagan posible el conocimiento de la persuasión que contienen los anuncios publicitarios y la cantidad de patrones estereotipados que muestran. Se induce a niños y jóvenes a la compra de múltiples productos y, además, son a su vez inductores de consumo de los adultos.

La Asociación de Usuarios de la Comunicación, en su «Informe sobre Publicidad de Juguetes» de 2000-2001, se hacía eco de la influencia de este sector: «Los niños, a partir del primer año de vida, intentan imitar; es decir, reproducen acciones y respuestas emocionales exhibidas por las personas representativas de su entorno. Parece claro que los niños necesitan unas pautas orientativas de acción y unos modelos que poder imitar, como medio de reducir su inseguridad frente al mundo exterior. Estas pautas pueden provenir de los roles familiares en primer lugar, y de los roles extrafamiliares en segundo lugar, pudiendo estar integrados en estos últimos los modelos establecidos por la publicidad». Como ya sabemos, la publicidad afecta en campos no deseados, y su mensaje no repercute únicamente en la venta de productos, sino que influye también en el aprendizaje de comportamientos, actitudes y pautas de interacción social, y más concretamente en los roles sexuales, tan criticados en los anuncios dirigidos a adultos y tan olvidados en el sector donde más inciden (la infancia). Estos aspectos se denuncian informe tras informe e incluso deberían modificarse si se prestase atención al Código Deontológico para la Publicidad Infantil. Este documento reconoce la naturaleza imitativa de los niños y niñas pequeños, y del papel que juega en la educación infantil, por lo que aconseja a los anunciantes extremar sus cuidados y realizar anuncios de buen gusto y, siempre que sea posible, que contengan referencias a conductas positivas, beneficiosas y prosociales.

La publicidad es un mecanismo de estímulo del consumo, pero también una herramienta de transmisión ideológica. Frente a ello, el aprendizaje escolar debe enseñar a interpretar de forma crítica las estrategias seductoras de este código, con el fin de detectar los mensajes que, de forma obvia u oculta, denotan discriminación y estereotipación.

Identidades masculinas en la publicidad de catálogos de juguetes

Para concretar todo lo revisado anteriormente, nos hemos propuesto el análisis de contenido de las imágenes de catálogos distribuidos en España en las navidades de 2012-13, siempre con el fin de detectar el tipo de masculinidades presentes en dicha publicidad. Dicho análisis se centró en observar las imágenes en las que aparecían niños o niñas, o estos acompañados de adultos. Se analizaron, en total, 11 catálogos de diferente naturaleza: 4 catálogos de multinacionales que no se dedican solo a la venta de juguetes, sino que venden todo tipo de productos; 7 catálogos de empresas especializadas en juguetes y, dentro de estos, 3 se corresponden con empresas que se anuncian como tiendas de juguetes educativos y 4 que tienen todo tipo de juguetes.

El criterio de inclusión de los catálogos fue que dispusiesen de un catálogo en papel, excluyendo las marcas de juguetes que solo tiene un catálogo en página web. Aunque las páginas web también son una fuente interesante de información (ya que muchas presentan los juguetes clasificados en categorías en las que se incluyen las opciones «niño» y «niña», para las que siempre aparecían un mayor porcentaje de juguetes para niños que para niñas)[1], descartamos este análisis, ya que nos interesaba analizar la información tal como podría llegar a los más pequeños.

1. En el caso de la tienda Hamleys de Londres, la categoría niño recogía 133 juguetes, frente a la de niña que registraba 95.

Tabla 1. Relación de catálogos analizados

Nombre del catálogo	Número de páginas analizadas
Carrefour	145
Dideco: libros y juguetes educativos	148
El Corte Inglés	376
Eroski	72
Eurekakids	135
Hipercor	203
Imaginarium	203
Juguettos	184
Juguetilandia	52
Superjuguete	148
Toys'R'us	147

El análisis parte de dos ideas. La primera es que la motricidad es un elemento fundamental en la vida de los niños y niñas y que, por tanto, los juguetes, aunque permitan por sus características desarrollar diferentes aspectos de la motricidad, en todos los casos están incidiendo en ella, ya sea desde aspectos de la motricidad fina como de la gruesa. La segunda es que el juego constituye la primera forma de socialización de los niños y niñas y un medio principal para desarrollarse, contribuyendo a la constitución de su identidad.

En el estudio no se analizaron las imágenes de bebés (ya que a veces resulta imposible descifrar si la foto que se ve corresponde a una niña o a un niño) prendas de vestir, libros, muebles o dibujos que representen a niñas o niños o embalajes de juguetes que incluyesen fotos.

Para el análisis de contenido se establecieron unas categorías de juguetes: aire libre, bélicos, científicos, construcción, deportes, disfraces, estética, figuras de acción, juegos de interior activos, juegos de mesa, manualidades y arte, medios de locomoción, muñecas, peluches y accesorios, musicales, tecnológicos, objetos cotidianos, oficios, tareas domésticas y transporte.

Lo primero que se observa, tras el análisis, es que tan solo son mixtas el 11,6% de las imágenes (es decir, aparecen tanto niños como niñas para un mismo producto), mientras que el resto se corresponde con imágenes estereotipadas por género, siendo el 45,5% imágenes de niños y el 42,7% de niñas. Este primer dato de tipo porcentual ya nos indica una clara estereotipación por sexo en las imágenes de los catálogos. Pasamos a analizar los resultados respecto a las masculinidades.

Ni rasto del metrosexual. La estética, el paraíso femenino

Es curioso destacar cómo en la única categoría en la que aparecen exclusivamente imágenes de niñas es la de estética, en la que incluimos todos los juguetes relacionados con aspectos de belleza. La ausencia de niños condicionará un ideal de masculinidad para el que los aspectos del cuidado personal o la belleza no son importantes. Aunque este aspecto sí estará presente en la publicidad dirigida a hombres adultos y cada vez cobra más fuerza, según las últimas investigaciones, de momento la identidad masculina infantil no se asocia con los productos o accesorios de estética como tocadores, espejos y demás, y tampoco con profesiones que podrían asociarse con estos elementos como la de peluquero.

El arquetipo del guerrero. Los juguetes bélicos, el paraíso masculino

Salvo en un caso, en el que aparece en un catálogo de una empresa de juguetes educativos un lanza-bolas de nieve, en que la fotografía recoge la imagen de una niña y un niño, el resto de catálogos muestra siempre la imagen de niños asociada a pistolas, lanzamisiles, lanzacohetes, arcos, espadas y todo tipo de objetos que hemos categorizado como bélicos. También se observa que no todos los catálogos contienen juguetes de este tipo.

Fuente: El Corte Inglés

Otro paraíso masculino: los juguetes de motor o locomoción

Las dos categorías con mayor número de juguetes fueron las de «medios de locomoción» y «transporte». Dentro de la primera, se incluyeron todo tipo de reproducciones de motos, coches, así como patinetes o patines que permiten el desplazamiento, registrando un total de 234 juguetes. Dentro de la segunda, se incluían todos los juguetes que representaban medios de transporte como coches, aviones, trenes o semejantes y que son objetos para manipular, contabilizándose un total de 126 juguetes. Si analizamos el porcentaje de imágenes de chicos que aparecen en ambas categorías, encontramos que, para el caso de «medios de locomoción», en el 70% de las imágenes de esta categoría aparecen niños. Además, cuando aparecen mixtos, las niñas ocupan un rol de acompañantes; siempre en el caso de la categoría juguetes de «transporte», el porcentaje se incrementa hasta el 97,6%.

Fuente: Hipercor

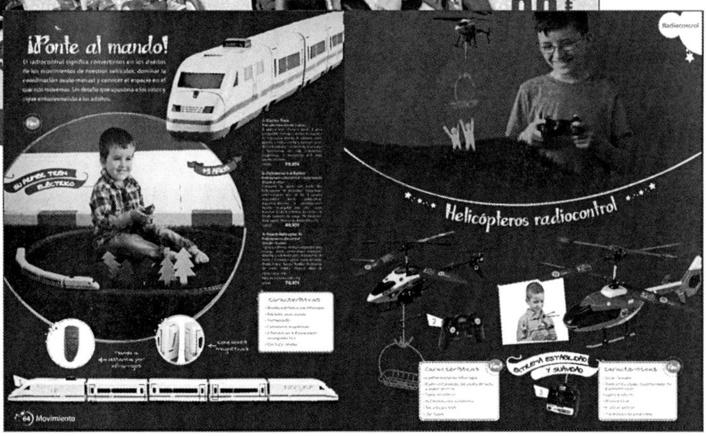

Fuente: Imaginarium

La ciencia y la construcción, cosa de hombres

Fuente: Toys'R'us

Tanto los juguetes relacionados con actividades científicas o conocimientos científicos, como los juguetes de construcción, están claramente asociados a la masculinidad, ya que en la mayoría de los casos las imágenes que aparecen con los juguetes son de niños. Aunque aparecen imágenes de niñas y algunas también mixtas, el porcentaje para los chicos siempre supera el 50% del total.

Masculinidades minoritarias

Solo hemos encontrado dos niños realizando tareas domésticas y tres jugando con muñecas, frente a 60 niñas en tareas domésticas o 115 jugando con muñecas. En el caso de las figuras de acción o muñecos que representan superhéroes, la proporción se invierte y son mayoritariamente los niños los que aparecen en las imágenes. Los únicos muñecos de acción para los que aparecen imágenes de niñas fueron las marionetas. Ellas nunca aparecen jugando con superhéroes. En el caso de los juguetes relacionados con hacer la compra o cocinar, sí que aparecen ambos.

Otros casos, en los que no existen diferencias tan grandes pero donde igualmente los niños tienen menor presencia, serían los juguetes de «manualidades y arte». Aunque existen imágenes de niños y niñas jugando juntos en un 19%, los niños solo suponen un 27,8%. Además, ellos no aparecen realizando manualidades que tengan algo que ver con aspectos estéticos o de moda, lo que volvería a introducir la idea de masculinidad alejada de estos aspectos si aparecen jugando con plastilina, pintando o realizando actividades de este tipo.

Fuente: Eroski

Fuente: Toys'R'us

Profesiones y disfraces

El análisis de los disfraces muestra una visión totalmente estereotipada de roles para niños y niñas. Ellos aparecen disfrazados de personajes de acción: vengadores, superhéroes o ninjas. Mientras que ellas se visten de princesas de todo tipo, *monster high* o personajes femeninos de Disney. Curiosamente, en los catálogos de empresas de juguetes educativos, estos estereotipos se siguen manteniendo (en algunos de la misma forma que el resto de catálogos) tal como acabamos de comentar, la diferencia residiría en que las princesas no representan personajes de los cuentos de Disney, pero siguen siendo vestidos en su mayoría de color rosa. En otros catálogos, para ciertos disfraces como piratas, astronautas o indios, aparecen niños y niñas. En el caso de Fórmula 1 o bomberos aparecen solo niños. Ellas son las que se visten de brujas, princesas o elfas. Ellas vestirán la capa de caperucita y ellos la capa de ninja o de mago.

Por tanto, la masculinidad que se representa en los disfraces está asociada a modelos de poder, incluso de superpoderes, o al estereotipo de hombre fuerte, al «salvador».

Fuente: Eurekakids

Fuente: Imaginarium

Si analizamos los juguetes asociándolos a profesiones, donde a veces el niño o la niña aparece disfrazado o con algún elemento como un sobrero o prenda que le identifica con una profesión, encontramos que ellas ejercen de veterinarias, médicas, peluqueras, camareras, tenderas, maquilladoras, costureras o diseñadoras de moda, mientras que ellos de carpinteros, jefes de obra, chefs, pilotos de carreras de coches o motos. Aunque los dos aparecen como profesionales veterinarios o profesionales sanitarios, se constata nuevamente una estereotipación en la que ellas realizan profesiones vinculadas a aspectos estéticos o relacionados con los cuidados o sector servicios, mientras ellos ejercen en actividades de tipo deportivo, relacionados con la construcción o la cocina profesional. Curiosamente, cuando las niñas aparecen en las fotos de anuncios de cocinas no aparecen con un traje de chef, sino con un delantal que las ubica en un contexto de «ama de casa», mientras ellos sí aparecen uniformados.

El deporte, aire libre y juegos de interior

La motricidad deportiva de los catálogos de juguetes se centra sobre todo en medios de locomoción como bicicletas, motos o coches. En cuanto a los deportes en sí, excluyendo los medios de locomoción, el porcentaje es muy pequeño y bastante equilibrado entre las imágenes mixtas (de chicas y de chicos) porque aparecen 5 chicas, 9 chicos y 7 imágenes de chicas y chicos juntos. Dentro de los deportes que se muestran en los catálogos, el único que se asocia únicamente con chicos es el fútbol y además se asocia con el deporte profesional, por el eslogan que le acompaña «Iníciate en el deporte profesional». También cabe resaltar que son los catálogos de juguetes educativos los que incluyen este tipo de propuestas de juguetes en mayor medida.

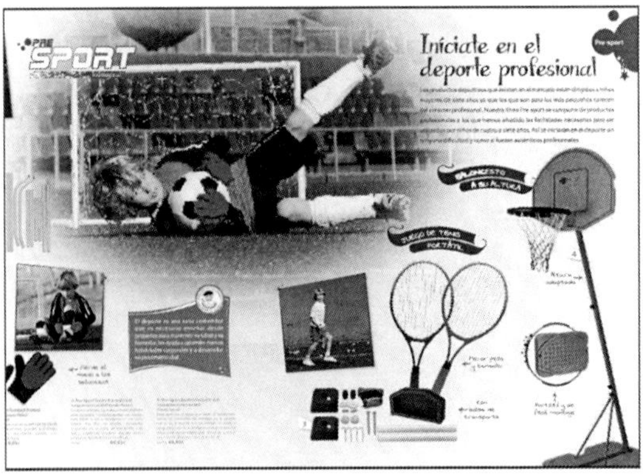

Fuente: Imaginarium

Respecto a los juguetes clasificados como de «aire libre», ubicamos aquí los columpios, los toboganes, las casitas de jardín y similares. Curiosamente, en la categoría «aire libre» es en la que las imágenes mixtas superan a las individuales por género.

Otra categoría en la que los juguetes permiten realizar una actividad física importante fue la de «juegos de interior», en este caso los porcentajes entre niños y niñas son muy equitativos.

Así pues, si agrupamos todas las categorías en las que se realiza actividad física de cierta intensidad (como «deporte», «aire libre», «juegos de interior», «medios de locomoción»), claramente se asocia a la masculinidad, pero si desgranamos estas categorías, tal como hemos hecho en el trabajo, vemos que los deportes en su sentido más tradicional no suponen un número importante de imágenes, ni de juguetes en los catálogos analizados.

Otras señas de identidad masculina

Para aquellos juguetes en los que existe un modelo para niños y otro para niñas aparecen ciertas señales de identidad que los diferencian por género; dicha diferenciación puede venir marcada por los colores o por personajes de ficción.

Como ya se comentó al aludir a investigaciones previas, los colores marcan rasgos relacionados con la masculinidad o feminidad. El color rosa es un color exclusivo para niñas; en muchas ocasiones encontramos el mismo juguete y en el caso del color rosa es una niña la que aparecerá al lado

Fuente: Imaginarium Fuente: Toys'R'us

del mismo. En este primer caso, incluso, son ellas las que aparecen en una imagen secundaria, lo que también denotaría una jerarquía de la imagen o presencia de los niños sobre las niñas, en este tipo de juguetes.

Los catálogos de juguetes educativos tampoco se salvan de los estereotipos de los colores, tal como se observa en esta imagen o en las propias páginas del catálogo, ya que utilizan el rosa o los colores pastel para juguetes asociados tradicionalmente a niñas. Hemos encontrado alguna excepción, como el caso de la imagen de la izquierda o la que se presentó en la categoría de muñecas. En ambos casos, excepcionalmente, un niño aparece en un contexto donde predomina el color rosa.

Fuente: Imaginarium

En el caso de los personajes de ficción, claramente los héroes o superhéroes son para niños y los gatitos, las princesas o los personajes femeninos de series de televisión para niñas. Los niños se identificarán con *Spiderman* y las niñas con *Hello Kitty*, por poner un ejemplo de cómo estereotipan las imágenes propuestas por los catálogos. También en el caso de los personajes de *Disney*, los niños pequeños se identificarían con *Mickey* y las niñas con *Minnie* o ellas con las princesas y ellos con personajes masculinos, que dependen del momento y de las películas que estén de moda.

Si analizamos los valores que unos y otros personajes transmiten, vemos una clara reproducción de los roles y estereotipos asignados por género de forma hegemónica y tradicional. La masculinidad de estos juguetes transmite una idea más próxima al arquetipo de guerrero u hombre protector y superhéroe. Esto se refleja también en el caso de los medios de locomoción de dos plazas, porque ellas siempre aparecen de acompañantes, siendo ellos los que conducen.

El rol de la familia

Los padres y madres aparecen en las imágenes principalmente en dos situaciones: bien acompañados de niños y niñas, aportando una imagen de familia tradicional equilibrada por géneros (normalmente aparecen un niño y una niña con un padre y una madre y sobre todo para la categoría «juegos de mesa») y utilizando la imagen de familias heterosexuales; o, en

Fuente: Imaginarium

los casos en que aparecen un adulto solo, los roles son diferentes y estereotipados: las madres aparecen principalmente con bebés y, en los casos que aparecen padres, curiosamente, en la mayoría de las imágenes lo hacen con juguetes considerados tradicionalmente como masculinos.

Para terminar este apartado, debemos comentar que las categorías en las que se observa mayor equidad entre géneros son el caso de los «juegos de mesa» y los juguetes musicales, aunque, como ya se comentó para otros casos, no se libran de transmitir estereotipos de género.

Una masculinidad hegemónica en los catálogos de juguetes

El análisis de los catálogos transmite claramente una imagen estereotipada de la masculinidad. Se representa principalmente a los niños jugando con coches, aviones, trenes y todo tipo de juguetes similares, con juguetes bélicos, de construcción, vestidos de superhéroes, conduciendo coches o con figuras de acción. Todos los catálogos, sean de juguetes educativos o no, utilizan imágenes sexistas y emplean una estereotipación que afecta también a los colores. Es cierto que en algunos momentos o en ciertos catálogos se apuesta por imágenes mixtas en las que ambos géneros aparecen compartiendo un mismo juguete, pero como hemos dicho, lamentablemente, no hemos encontrado ningún catálogo que no transmita estereotipos relacionados con la masculinidad y feminidad.

Observamos una clara ausencia de diversidad de masculinidades y, por el contrario, se ofrece un modelo de masculinidad tradicional que no se relaciona con elementos estéticos y en pocos casos con aspectos de cuidados o tareas del hogar. Por otro lado, a este tipo de masculinidad podríamos calificarla de estática, si comparamos nuestros resultados con investigaciones de hace más de 30 años. Y es que, mientras las sociedades avanzan y la investigación considera que existen diferentes tipos de masculinidades, los resultados muestran que la publicidad infantil no ha evolucionado en el mismo sentido.

Las imágenes nos transmiten una idea de masculinidad estereotipada que no difiere del modelo de masculinidad hegemónica imperante en nuestra sociedad. Como profesionales del ámbito educativo, entendemos que dicha masculinidad limita y restringe las posibilidades de desarrollo motriz, dado que los anuncios proyectan una imagen de lo que deben hacer niños y niñas.

No se debe olvidar que la relación de los niños y niñas con la motricidad se construye desde bien pequeños, a través del juego y los juguetes. Si observamos a los niños de edad infantil, uno de los aspectos más importantes que les define es el movimiento. A la mayoría les gusta correr, subirse a objetos, bailar... pero poco a poco somos los adultos, a través de diferentes canales, los que potenciamos o no ese interés motriz.

Las imágenes de los catálogos reproducen un tipo de masculinidad hegemónica asociada a unos estereotipos que van más allá de las imágenes aisladas de los juguetes. Los estereotipos asociados a la masculinidad tradicionalmente como dinamismo, agresividad, tendencia al dominio, aspecto afectivo poco definido, aptitud para las ciencias, valentía o amor al riesgo, se constatan claramente en los catálogos analizados.

Algunos catálogos incluyen, aunque no sean tiendas específicas de juguetes educativos, información que pretende mostrar una preocupación educativa. Es el caso de un catálogo[2] hemos encontrado el siguiente texto: «Como cada año hemos contado con el asesoramiento de expertos pedagogos del Instituto Tecnológico del Juguete (AJU) que nos han ayudado a definir las características de los diversos tipos de juguetes». Además, indican la importancia de que los niños aprendan jugando y cómo los juguetes les ayudan en su desarrollo, añadiendo «cada juguete está pensado para transmitir unos valores que contribuyen al desarrollo y formación del niño mientras se divierte jugando». También, se incorpora a los juguetes una clasificación sobre el tipo de habilidad que se potencia con cada uno. Por consiguiente, parece que el hecho de añadir una clasificación realizada por un centro que entre sus finalidades (tal como hemos comprobado en su página web) no tiene ninguna que haga referencia a aspectos educativos, le otorgue mayor credibilidad pedagógica.

Aunque en nuestra investigación no analizamos el lenguaje (nos queríamos centrar en lo que transmitían las imágenes), sería otro aspecto interesante a valorar en cuanto a la masculinidad, ya que sin pararnos en su estudio hemos detectado un uso sexista del mismo, que refuerza el mensaje de las imágenes. El lenguaje es otro elemento importante que se debería analizar en el caso de los niños y niñas que saben leer.

Teniendo en cuenta todo lo anterior y centrándonos en la etapa de educación infantil, realizamos a continuación una propuesta educativa, en línea con todos los argumentos expuestos a lo largo de este capítulo.

2. Catálogo El Corte Inglés.

Propuesta sobre masculinidades lúdicas y publicidad

Las imágenes que nos proporcionan los catálogos analizados demuestran un claro sesgo sobre la masculinidad, imponiendo una visión cerrada y tradicional de lo que significa ser hombre.

Para poder trabajar en el aula desde una visión crítica y respetuosa con la diversidad de masculinidades, realizamos una propuesta orientada a la educación infantil, ya que consideramos que es uno de los momentos de vital importancia en la socialización de los niños y niñas como seres sexuados. La escuela contribuye a generar ideas sobre lo que significa ser un niño o una niña.

Esta propuesta no se incluye en una metodología determinada, ya que, en la actualidad, el profesorado de infantil trabaja con diferentes metodologías. La proponemos como un conjunto de tareas aisladas que el profesorado podrá integrar en sus propuestas de aula. Existiría la posibilidad de dedicar un proyecto completo al tema de los juguetes para conseguir que el alumnado entendiese la importancia de jugar con múltiples objetos, eliminando el estereotipo social de juguetes para niños y juguetes para niñas. Otra posibilidad sería introducir el tema de los medios de comunicación de forma transversal, para a lo largo de todo el año trabajar con el análisis de imágenes. Este tipo de propuestas permite trabajar desde principio de curso con las familias y realizar un trabajo conjunto de análisis de la publicidad. Además, estas mismas propuestas que se hacen sobre imágenes fijas pueden trasladarse a la publicidad televisiva, que también juega un papel muy importante en la vida de los más pequeños, por las horas que pasan delante de la televisión.

Antes de empezar con una actividad de estas características, sería bueno que el profesorado realizase un análisis de sus propios comportamientos respecto a la masculinidad y feminidad:

- ¿En mis clases uso un lenguaje inclusivo o exclusivamente me oriento a un género?
- ¿Tengo interiorizados estereotipos de forma inconsciente como «los niños son unos brutos», «a los niños se les dan mejor los deportes» o similares?
- ¿Me preocupo de que las imágenes del aula y de la escuela no transmitan estereotipos de género? ¿Analizo el tipo de imágenes que selecciono para trabajar en el aula?
- ¿Soy capaz de detectar en mí o en compañeros/as o familias actitudes de refuerzo de estereotipos? ¿Soy capaz de detectar en el alumnado este tipo de estereotipos?

- ¿Qué tipo de juguetes tengo en el aula? ¿Existe un equilibrio respecto al género? ¿Animo a que el alumnado experimente con todo tipo de juguetes o refuerzo estereotipos?

Proponemos todas estas preguntas para intentar que exista una coherencia entre la actuación de la escuela y el contenido que se pretende trabajar. No tendría mucho sentido analizar estereotipos en imágenes de publicidad y no realizar un esfuerzo por eliminarlos de nuestra práctica docente cotidiana.

Objetivos de la propuesta:

1. Desarrollar la capacidad crítica del alumnado sobre la publicidad de juguetes.
2. Analizar los estereotipos publicitarios sobre masculinidad y feminidad.
3. Ser conscientes de la capacidad propia para decidir sobre la elección de juguetes.
4. Desarrollar emociones positivas hacia los propios gustos e intereses, aunque no se adapten a los modelos publicitarios hegemónicos.

ACTIVIDAD 1. Juegos y juguetes

Proponer varios juegos en los que se utilicen juguetes claramente estereotipados y con los que el alumnado pueda divertirse de la misma forma con todos ellos. Es importante que esta actividad se haga el mismo día en que se analizan las imágenes o el día anterior, para permitir la relación de lo vivido y sentido, con lo que se verá y hablará.

ACTIVIDAD 2. Reflexionar sobre nuestros propios juegos

Podemos partir de las ideas, emociones o sentimientos que manifiestan los niños y niñas sobre sus juegos y juguetes. Se aconseja plantear preguntas como las siguientes:

> ¿Con qué tipo de juguetes os gusta jugar? ¿A qué os gusta jugar más? ¿Por qué? ¿A qué jugáis con vuestras familias? ¿A qué jugáis en el colegio? ¿A qué jugáis en el parque? ¿Os gusta jugar con muñecos y muñecas? ¿Os gusta jugar con coches, trenes y barcos? ¿Os gusta jugar con pelotas? ¿Solo podéis jugar con juguetes o podéis jugar de otras formas? ¿Cómo? ¿Qué preferís: jugar con amigas, amigos y adultos o con juguetes? ¿Se puede jugar cantando? ¿Y moviéndose con música?

Observaciones: Puede que en estas primeras preguntas ya tengamos mucha información para relacionarla con la publicidad y los estereotipos. Las preguntas y las respuestas deberían servir para reflexionar sobre lo importante que resulta tener muchas posibilidades de juego, cómo unos juguetes nos permiten vivenciar unas cosas y otros, otras, por lo que es importante tener diversidad de experiencias. Estas reflexiones se podrían relacionar con la vivencia previa de la actividad anterior.

También es importante pensar sobre las alternativas a los juguetes comerciales, aspecto que se podría relacionar con temas de medio ambiente o educación de consumidores/as o el desarrollo de la creatividad y la educación artística.

ACTIVIDAD 3. Analizar imágenes con diversidad de masculinidades y feminidades[3]

Introducir algunas preguntas como las siguientes:

> ¿Qué es la publicidad? ¿Dónde podéis ver publicidad? ¿Cuál es su objetivo? ¿La publicidad miente o dice la verdad siempre? ¿Creéis que existen juguetes de niños y juguetes de niñas? ¿Por qué?

Observaciones: La época de navidades es ideal para trabajar este tema, ya que ofrece gran cantidad de imágenes de juguetes, incluso se podría utilizar la información sobre qué juguetes han pedido y cuáles les han regalado, de cómo han hecho la elección de esos juguetes.

Desde lo que ellos y ellas han exteriorizado pasaríamos a mostrar imágenes con diferentes modelos de masculinidad y feminidad, que podrían dar paso a una actividad conjunta con imágenes con modelos hegemónicos y sexistas o realizarse por separado. Puede tomarse la decisión en función de las respuestas del alumnado y de las características del mismo.

3. Las imágenes de este apartado proceden del catálogo sueco de la empresa Toys'R'us y de catálogos de juguetes distribuidos en España, éstos últimos se pueden visualizar en la página web Milyuncatálogos. Extraído de: <http://milyuncatalogos.com/>.

Ejemplo 1. Masculinidad y feminidad de los cuidados

Propuestas de preguntas:
¿A cuántos y cuántas de vosotros y vosotras os gusta jugar con muñecas? ¿Cómo se llaman vuestros muñecos preferidos? ¿Por qué os gustan vuestros muñecos y muñecas? ¿A qué jugáis? ¿Qué hacéis con las muñecas y los muñecos? ¿A dónde los lleváis? ¿Les contáis cosas? ¿Y qué cosas les contáis?

Fuente: Toys'R'us

Indicación para el profesorado:
Es conveniente analizar las respuestas introduciendo la idea de que tenemos gustos diferentes; que a muchos niños y niñas les gusta jugar con muñecas y muñecos porque nos gusta hacer cosas con ellos que los mayores hacen con nosotros; porque les podemos dar cariño; porque nos recuerdan a cuando nosotros éramos pequeños; porque nos hacen compañía…

Ejemplo. Seguro que en el parque veis a muchos niños que quieren jugar con las sillas de las muñecas y a niños y niñas que juegan juntos con coches o animales.

Ejemplo 2. Masculinidad y feminidad asociada a juguetes de motor

Propuestas de preguntas:
En esta imagen, una niña y un niño están jugando. ¿Qué hacen? ¿A cuántos y cuántas de vosotros os gusta jugar así? ¿Qué es lo que más os gusta de jugar con coches? ¿A qué se puede jugar con coches? ¿En vuestra casa quién conduce? ¿Vemos solo chicos conduciendo por la calle o también las chicas conducen?

Fuente: Toys'R'us

Indicación para el profesorado:
Es importante que el alumnado tome conciencia de que las niñas pueden jugar con coches igual que los niños. Incluso podríamos utilizar la imagen de alguna piloto para que viesen a mujeres en contextos deportivos relacionados con el motor.

Ejemplo 3. Masculinidad y feminidad de los cuidados personales

Propuesta de preguntas:
En esta imagen vemos a un chico que es peluquero: ¿Qué hace un peluquero? ¿Es divertido jugar a las peluquerías? ¿Conocéis a algún peluquero? ¿A cuántos de vosotros os gusta jugar a las peluquerías? ¿Qué os gustaría ser de mayores?

Fuente: Toys'R'us

Indicación para el profesorado:
Si es posible (e incluso puede que se dé el caso entre los familiares de los niños y niñas del colegio), sería muy interesante traer a una mujer y a un hombre que trabajen en oficios que tradicionalmente se atribuyen a un género en concreto. Por ejemplo, una madre bombera o un padre amo de casa, para que hablen a los niños de sus actividades como tales.

Ejemplo 4. Masculinidades y feminidades deportivas

Propuesta de preguntas:
¿A cuántos de vosotros y vosotras os gusta jugar con pelotas, raquetas o a deportes? ¿Qué es lo que más os gusta de estos juegos? ¿Qué deportes os gustan más? ¿Por qué? ¿Qué deportes veis en la televisión? ¿Qué deportes practican vuestras familias? ¿Habéis asistidos alguna vez a ver deportes en directo? ¿Cuántas chicas y cuántos chicos deportistas conocéis?

Fuente: Dideco

Fuente: Dideco

Indicación para el profesorado:
El deporte es, en nuestra sociedad, un ámbito de claro dominio patriarcal donde existe una masculinidad hegemónica dominante y potenciada por los medios de

comunicación. Es un espacio ideal para trabajar el respeto a las masculinidades y feminidades. Desde estrategias visuales se puede potenciar tanto la presencia de imágenes de chicas en deportes considerados tradicionalmente masculinos, como la de chicos en los considerados tradicionalmente femeninos. Se pueden plantear numerosas estrategias que ayuden a tomar conciencia de la subrepresentación en la publicidad de algunas masculinidades y feminidades y, al mismo tiempo, generar experiencias positivas desde la clase de psicomotricidad o educación física que permitan a los niños y niñas construir una identidad rica en experiencias y sana.

Otros ejemplos de imágenes no sexistas que se pueden usar, procedentes del catálogo sueco:

Fuente: Toys'R'us

ACTIVIDAD 4. Análisis de imágenes con masculinidades o feminidades hegemónicas

Como ya se ha comentado, las imágenes propuestas pueden utilizarse de forma simultánea con las de la actividad anterior o separada. El objetivo es que se den cuenta de que la publicidad que en mayor medida reciben poco tiene que ver con las imágenes anteriores, que son respetuosas con los gustos de diferentes niños y niñas, y por lo tanto, con las masculinidades y feminidades diversas.

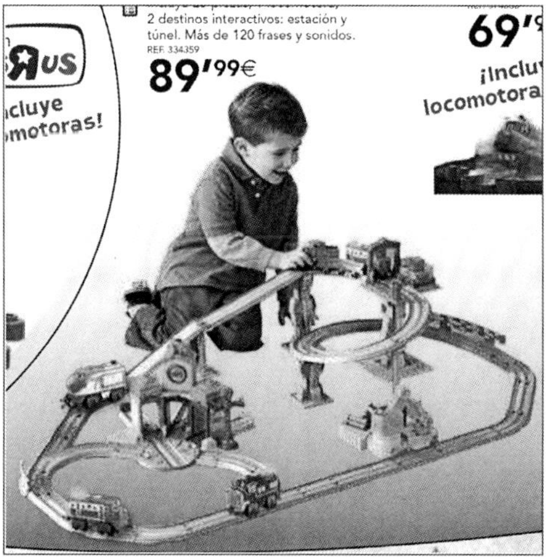

Fuente: Toys'R'us

Fuente: El Corte Inglés

Propuesta de preguntas:
Después de ver las imágenes en las que siempre aparecían niños y niñas jugando con los mismos juguetes: ¿Qué os parecen estas imágenes? ¿Qué os transmiten estos anuncios? ¿Por qué ponen a las niñas jugando con muñecas y a los niños con coches? ¿A cuántas niñas de esta clase les gusta jugar con coches y a cuántos niños les gusta jugar con muñecas? ¿Qué imágenes os gustan más, las que separan a niños y niñas o las que aparecen juntos?

Observaciones:
Aunque la publicidad nos lo presenta así, no hay juguetes de niños ni de niñas, hay juguetes y cada uno y cada una puede elegir lo que más le gusta y con lo que quiere jugar. Para ser felices necesitamos hacer cosas que nos gustan y que nos ponen alegres, no importa si la publicidad las pone con imágenes de niños o niñas, todos y todas podemos jugar juntos.

A continuación presentamos otros ejemplos de imágenes estereotipadas que permiten contrastar imágenes respetuosas y sexistas.

Fuente: Toys'R'us

Fuente: Imaginarium

ACTIVIDAD 5. Juego libre

Realizar una propuesta de juego libre o juego dramático con juguetes de diferente naturaleza y observar lo que ocurre tras este tipo de propuesta.

A modo de conclusión

Para que los niños y niñas crezcan felices y con respeto a su identidad, es necesario que desde pequeños experimenten múltiples posibilidades de juego. Además, desde muy pequeños y pequeñas comienzan a clasificar en función del sexo lo que es apropiado para uno y otro género, tal como la sociedad les enseña. Para educar personas felices y que puedan realizarse probando y experimentando sin límites marcados por cuestiones de género, es necesario que las aulas rompan esos clichés que encasillan a las niñas en un tipo concreto de feminidad asociada al rosa, jugando con muñecas y pasivas, y a los niños a un modelo también estereotipado de masculinidad asociado a los juegos de acción y violencia. Un niño tendrá que experimentar diferentes juegos y manipular distintos juguetes para crear su propia identidad, hecho que se complica en una sociedad que premia un tipo de masculinidad hegemónico y discrimina otras formas. En consecuencia, será necesario un trabajo importante de la escuela en complicidad con las familias, que también tendrán que tomar conciencia de los problemas que supone tanto para niños como para niñas limitar las experiencias lúdicas desde pequeños, y más si nos preocupamos por sus futuros hábitos motrices.

Referencias

Aguaded, J. I. (1999). *Convivir con la televisión. Familia, educación y recepción televisiva*. Barcelona: Paidós.

Alonso, M. y Matilla, L. (1990). *Imágenes en acción. Análisis y práctica de la expresión audiovisual en la escuela activa*. Madrid: Akal.

Almqvist, B. (1989). «Age and gender differences in children's Christmas requests». *Play and Culture, 2,* 2-19.

Arconada, M. A. (1994). «A los consumidores de anuncios». *Escola Crítica* nº 5, p. 65-80.

Auster, C. J. y Mansbach, Cl. S. (2012). «The Gender Marketing of Toys: An Analysis of Color and Type of Toy on the Disney Store Website». *Sex Roles,* 67, 375-388.

Asociación de Usuarios de la Comunicación (2000-01). *Informe sobre la Publicidad de Juguetes.* Extraído de: <http://www.ucm.es/info/multidoc/prof/fvalle/juguete.doc>.

Asociación Española de Fabricantes de Juguetes (AEFJ) y Unión de Consumidores de España (UCE) (1993). *Código Deontológico para la Publicidad Infantil.* Extraído de: <http://www.anunciantes.com/descargas/Convenio_juguetes.pdf>.

Bandura, A. y Walters, R. H. (1963). *Aprendizaje social y desarrollo personal.* Madrid: Alianza.

Blakemore, J. E. O. y Centers, R. E. (2005). «Characteristics of boys' toys and girls' toys». *Sex Roles, 53,* 619-633.

Bradbard, M. R. (1985). «Sex differences in adults' gifts and children's toy requests at Christmas». *Pscychological Reports,* 56, 969-970.

Bradbard, M. R. y Parkman, S. A. (1984). «Gender differences in preschool children's toy requests». *Journal of Genetic Psychology, 145,* 283-284.

Caballero, A. M. y García-Manso, A. (2011). «Construyendo la masculinidad: fútbol, violencia e identidad». *Revista de Investigaciones Políticas y Sociológicas, 10* (2), 73-95.

Cherney, I. D. y London, K. (2006). «Gender-linked differences in the toys, television shows, computer games, and outdoor activities of 5-to 13-years old children». *Sex Roles,* 54, 717-726.

Coakley, J. J. y White, A. (1992). «Making decisions: Gender and sport participation among British adolescents». *Sociology of Sport Journal, 9,* 20-35.

Cohen, G. y Fougeyrollas, P. (1980). *La influencia del cine y la televisión.* México: Fondo de Cultura Económica.

Connell, R. W. (1995). *Masculinities.* Berkeley: University of California Press.

Connell, R. W. (2000). *The men and the boys.* Berkeley: University of California Press.

Connell, R. W. y Messerschmidt, J. W. (2005). «Hegemonic Masculinity. Rethinking the Concept». *Gender and Society 19*(6), 829-859.

Connell, R. W. (2008). «Masculinity construction and sports in boys' education: a framework or thinking about the issue». *Sport, Education and Society, 13*(2), 131-145.

Cugmas, Z. (2010). «Igra s spolno stereotipnimi igračami [Playing with gender-Stereotyped toys]». *Didactica Slovenica-Pedagoska Obzorja* 25 (3-4), 130-146.

Downs, A. C. (1983). «Letters to Santa Claus: Elementary school-age children's sex-typed toy preferences in a natural setting«. *Sex Roles, 9,* 159-163.

Durán, A. (1982). *Psicología de la publicidad y de la venta.* Barcelona: CEAC.

Eco, U. (1968). *Apocalípticos e integrados.* Barcelona: Lumen.

Etaugh, C. y Liss, M. B. (1992). «Home, school, and playroom: Training grounds for adult gender roles». *Sex Roles, 26,* 129-147.

Ferrés i Prats, J. (1988). «Pedagogía de los medios audiovisuales y pedagogía con los medios audiovisuales». En J. M. Sancho Gil (coord.) *Para una tecnología educativa* (pp. 115-142). Madrid: Horsori.

Fisher-Thompson, D. (1990). «Adult sex typing of children's toys». *Sex Roles,* 23, 291-303.

Fisher-Thompson, D.; Susa, A. D. y Wright, T. E. (1995). «Toy selection for children: Personality and toy request influences». *Sex Roles,* 33, 239-255.

Frosh, S.; Phoenix, A. y Pattman, R. (2002). *Young Masculinities: Understanding Boys in Contemporary Society.* Londres: Palgrave.

GIULIANO, T. A.; POPP, K. E. y KNIGHT, J. K. (2000). «Footballs Versus Barbies: Childhood Play Activities as Predictors of Sport Participation by Women». *Sex Roles, 42*(3-4), 159-181.

GREENDORFER, S. L. (1977). «Role of socializing agents in female sport involvement». *Research Quarterly, 48,* 304-310.

GREENDORFER, S. L. y LEWKOR, S. L. (1987). «Gender bias in theoretical perpectives: The case of female socialization into sport». *Psychology of Women Quarterly, 11,* 327-340.

GREENDORFER, S. L. (1993). Gender role stereotypes and stereotypes and early childhood socialization. *Psychology of Women Quarterly, 18,* 85-104.

KAHLENBERG, S. G. y HEIN, M. M. (2010). «Progression on Nickelodeon? Gender-role stereotypes in toy commercials». *Sex Roles,* 62, 830-847.

KLINE, S. (1993). *Out of the garden: Toys, TV, and children's culture in the age of marketing.* Toronto: Garamond.

KLUGMAN, K. (1999). «A bad hair day for G. I. Joe». En B. L. Clark y M. R. Higonnet (eds.). *Girls, boys, books, toys* (pp. 169-182). Baltimore: Johns Hopkins University Press.

LOMAS, C. (1996). *El espectáculo del deseo. Usos y formas de la persuasión publicitaria.* Barcelona: Octaedro.

LOMAS, C. (2007). «El aprendizaje de las identidades femeninas y masculinas en la cultura de masas». En A. González y C. Lomas (coords.), *Mujer y educación* (pp. 95-112). Barcelona: Graó.

LOMAS, C. (1994). «La comunicación Publicitaria». En: Lomas, C., (ed.) *La enseñanza de la lengua y el aprendizaje de la comunicación,* (pp. 219-276). Gijón: Trea.

MARCON, R. A. y FREEMAN, G. (1996). «Linking gender-related toy preferences to social structure: Changes in children's letters to Santa since 1978». *Journal of Psychological Practice, 2,* 1-10.

MASTERMAN, L. (1993). *La Enseñanza de los medios de comunicación.* Madrid: Ediciones de la Torre.

MILLER, D. L. (1987). «Adult sex typing of children's toys». *Sex Roles, 16,* 473-487.

MEYER, P. R. (1980). *Developmental aspects offour, ten and sixteenyears old's recognition and reconstruction ofsequentially presented words and pictures.* Tesis doctoral, Universidad de Toledo, Ohio, USA.

NELSON, A. (2005). «Children's Toy Collections in Sweden-A Less Gender-Typed Country?». *Sex Roles, 52* (1-2), 93-102.

POMERLAU, A.; BOLDUC, D.; MALCUIT, G. y COSSETTE, L. (1990). «Pink or blue: Environmental gender stereotypes in the first two years of life». *Sex Roles,* 22, 359-367.

PORCHER, L. (1976). *La escuela paralela.* Buenos Aires: Kapelusz.

REINGOLD, H. L. y COOK, K. V. (1975). «The contents of boys' and girls' romos as an index of parents' behavior». *Child Development, 46,* 459-463.

RICHARDSON, J. G. y SIMPSON, C. H. (1982). «Children, gender and social structure: An analysis of the contents of letters to Santa Claus». *Child Development, 53,* 429-436.

Ruiz, E.; Ballester, R.; Gil, M. D. y Giménez, C. (2011). «¿Cuáles son los primeros mensajes sobre sexo que enviamos a nuestros hijos?». *International Journal of Developmental Educational Psychology INFAD Revista de Psicología 1* (2), 463-471.

Santos Guerra, M. A. (1984). *Imagen y Educación*. Madrid: Anaya.

Sanvicens, A. (1985). «Educación y medios de comunicación». En Castillejo, J. L. y otros (ed.). *Condicionamientos sociopolíticos de la educación* (75-110). Barcelona: Ceac.

Seiter, E. (1993). *Sold separately: Chidren and parents in consumer culture.* New Brunswick: Rutgers University Press.

Steinberg, S. R. y Kincheloe, J. L. (1997). *Kinderculture: The corporate construction of childhood.* Boulder: Westview Press.

Tobin, D. D.; Menon, M.; Menon, M.; Spatta, B. C.; Hodges, E. V. E. y Perry, D. G. (2010). «The intrapsychics of gender: A model of self-socialization». *Psychological Review, 117,* 601-622.

Toyama, J. S. (1977). «Selected socio-psychological factors as related to the childhood games of successful women». En M. L. Krotee (eds.), *The dimensions of sport sociology* (pp. 52-59). West Point, N. Y.: Leisure Press.

Wood, E.; Desmarais, S. y Gugula, S. (2002). «The impact of parenting experience on gender stereotyped toy play of children». *Sex Roles, 47* (1-2), 39-49.

BLOQUE II

Educación física y masculinidad: estudios en contextos nacionales

6 Construyendo el puzle de la masculinidad en la educación física portuguesa

Paula Silva

Introducción

El estudio de la masculinidad en la educación física (EF) y el deporte no es una nueva asignatura. Pero cuando nos referimos a la masculinidad, la asociación con lo masculino parece inevitable. Este aspecto ha dirigido este estudio. El concepto de género, para eliminar la dualidad impuesta por las categorías sexuales –masculina o femenina– no puede, como categoría analítica, llevar a su reproducción. No obstante, la mayoría de los enfoques a este concepto que pretenden superar la dualidad biológica y los análisis de las formas de construir género no se apartan de la hipótesis de que las interpretaciones de la masculinidad pertenecen a lo masculino, a los machos, a los chicos y los hombres y las interpretaciones de la feminidad pertenecen a lo femenino, a las hembras, a las chicas y a las mujeres. El deporte no es una excepción y se ha representado como un ámbito de formación para los chicos en los que aprenden valores sociales como el trabajo constante y la tenacidad, que son claves para el proceso de aprendizaje de *ser* un hombre y un elemento productivo de la sociedad (Coakley, 2009). Se supone que un chico disfruta y puede practicar deportes que incluyen las características importantes para su proceso de madurez –fuerza, agresividad y resistencia– y para certificar su lugar como hombre y macho en cada conducta e interacción. Parece que las prácticas institucionales, en la sociedad y en la escuela, se encargan del mantenimiento de la masculinidad hegemónica y la EF es uno de los ámbitos fundamentales en la reproducción del orden de género y en la celebración de una masculinidad concreta (Connell, 1996). Y tal y como resalta Demetriu (2001), la forma de la masculinidad que puede reproducir el patriarcado está en un proceso constante de negociación, traducción, hibridización y reconfiguración.

De esta forma, en la sección empírica de este estudio, pretendemos utilizar las herramientas conceptuales evitando la perspectiva esencialista. El objeto de nuestro análisis es la masculinidad en las clases portuguesas de educación física, sin tener en cuenta el vínculo con lo masculino y/o el contrapeso con lo femenino. No obstante, debemos apuntar que el análisis empírico no resultó ser una tarea fácil... La finalidad de nuestro análisis es centrarse en «deconstruir el género» y, además, decidimos utilizar los conceptos de monoglosia y heteroglosia introducidos por Becky Francis a fin de mejorar la comprensión de los procesos empleados para construir y reproducir la masculinidad en el contexto de la educación física en las escuelas portuguesas. Es como si hiciéramos un puzle juntos, en todo momento inacabado y en desarrollo constante, formado por piezas únicas y que refuerza o desafía la idea de masculinidad dominante.

Este capítulo comienza con una revisión del concepto de masculinidad hegemónica y las distintas teorías y estudios que han desafiado y complementado la teoría de la masculinidad de Raewyn Connell (1995). Centrándonos en todo momento en la importancia de la corporeidad, buscamos una teoría debiologizante y un marco conceptual que evite la dualidad masculino-femenino. Tras una breve descripción de la masculinidad en la sociedad portuguesa y la educación física en Portugal, el análisis empírico pretende presentar las distintas singularidades de género, analizadas como únicas en su tiempo y espacio.

De la multiplicidad a las múltiples singularidades

La teoría de la masculinidad de Raewyn Connell (Connell, 1995), que tiene en cuenta las distintas masculinidades organizadas en una estructura jerárquica, ha dado a conocer el estudio de la masculinidad. El concepto de la masculinidad hegemónica se corresponde con las desigualdades de género. Más allá de la subordinación de las mujeres a los hombres, el modelo de Connell remarca la subordinación de los hombres ante otros hombres cuando identifica la existencia de distintas masculinidades. «Hay pruebas suficientes que indican que los chicos son muy distintos, las masculinidades son diversas, las masculinidades cambian en la historia y que las mujeres desempeñan un papel importante a la hora de crearlas, junto a los chicos y los hombres [...]» (Connell, 2010).

La masculinidad hegemónica surge como un derecho de aquellos hombres que ejercen poder de forma notable ante otras personas; pero, lo que es más importante, mantiene este poder que la mayoría de los hombres y las mujeres admiten y reproducen. Así pues, Connell (1995) considera la existencia de la masculinidad *hegemónica* que domina otras masculinidades –la *subordinada*, la *cómplice* y la *marginal*. La masculinidad *subordinada* se encuentra controlada por otras personas, como cuando la homosexualidad masculina se convierte en ideología, la masculinidad *cómplice* es la de aquellos que, a pesar de no conformarse con el orden de género establecido, no lo desafían y observan con desprecio la perpetuación del sistema dominante. La masculinidad *marginal* es la consecuencia de la mezcla con otros grupos étnicos y o sociales. Las masculinidades tienen en cuenta la posición que ocupan los hombres en el orden de género y se pueden definir como los modelos de práctica por el que las personas (tanto hombres como mujeres, aunque principalmente los hombres) ocupan dicha posición (Connell, 2010).

Se ha concedido un papel dominante a la teoría de la masculinidad hegemónica en la comprensión de la estratificación social de la masculinidad. Comenzando desde una perspectiva social constructivista, esta teoría estructura el proceso social que genera y legitimiza una jerarquía masculina. Los chicos y los hombres que muestran modelos más integrados de masculinidad hegemónica reciben más capital social, mientras que aquellos que se identifican o actúan de forma distinta a dichos modelos son separados.

En relación a la feminidad, este modelo no considera ninguna forma de feminidad hegemónica. Las feminidades se construyen en un contexto en el que las mujeres están sujetas al poder masculino, «todas las formas de la feminidad en la sociedad se construyen en el contexto de la subordinación total de las mujeres ante los hombres» (Connell, 1987, p. 186). Por lo tanto, cuando las mujeres representan una función masculina, cuando muestran la denominada masculinidad femenina, lo que nos lleva a una asociación implícita con una forma de capacitación, no nos enfrentamos a una forma hegemónica de feminidad (Grindstaff y West, 2011).

Este concepto de masculinidad hegemónica de Connell se ha debatido de forma extensa (Demetriou, 2001; Miller, 1998; Moller, 2007; Pringle, 2005; Whitehead, 1999). Por un lado, la naturaleza global y flexible del modelo lo refuerza como una herramienta de análisis en los estudios de género pero, por otro lado, su aplicación ha provocado confusión y ambigüedad (Grindstaff y West, 2011).

Se ha criticado la teoría de la masculinidad hegemónica por su dualidad entre las formas hegemónicas y no hegemónicas de la masculinidad (Demetriou, 2001), el valor concedido a su relación con la heterosexualidad (MacCormack, 2011), y por estar limitada en tiempo al contexto de la denominada cultura de la homohisteria (Anderson, 2011).

Al adoptar las formas de masculinidad hegemónica, cómplice y subordinada, Jon Swain (2006) sintió la necesidad de presentar otra forma de masculinidad que denominó «personalizada». Según este autor, y basándonos en su razonamiento de que la hegemonía y el dominio son dos conceptos distintos, la forma hegemónica de la masculinidad se puede considerar la más relevante en cada ámbito cultural, pero no la más frecuente. La masculinidad hegemónica, muy probablemente vulnerable inherentemente, tiende a asociarse a las formas implícitas y explícitas de violencia, sometida a la resistencia y se caracteriza por la aceptación, no por el dominio. Además, el autor destaca que, en muchos aspectos, una hegemonía más eficiente surge a partir de una menor resistencia.

El concepto de masculinidad hegemónica se desarrolló para afrontar los problemas conceptuales que se producen por el fundamento de la teoría de los roles de género, en concreto los problemas del poder partriarcal y los cambios sociales.

Demetrakis Demetriou (2001) sugiere una forma alternativa de conceptualizar este concepto, reforzando su enfoque con el término de Gramsci *bloque histórico* y la noción de Bhabha de *hibridismo*. «Considero que la masculinidad hegemónica no es una configuración de la práctica puramente blanca o heterosexual sino un bloque híbrido que unifica las prácticas de distintas masculinidades a fin de garantizar la reproducción del patriarcado» (Demetriou, 2001, p. 337). Al negar la visión dual de Connell de las formas hegemónicas y no hegemónicas de la masculinidad, Demetriou presenta la noción de *bloque masculino*, derivado de lo denominado por Gramsci hegemonía interna e indica que la forma de masculinidad que puede reproducir el patriarcado está en un proceso constante de negociación, traducción, hibridización y reconfiguración. Por lo tanto, sugiere que la forma incipiente de masculinidad contemporánea es un bloque híbrido que incorpora deliberadamente elementos diversos e incluso opuestos pero que siempre reproduce el dominio patriarcal.

A pesar de la tendencia aún predominante que concibe lo masculino como el poder único, inalterable e indiscutible, Demetriou apunta que la masculinidad contemporánea legitimizada culturalmente no se construye totalmente frente a la homosexualidad masculina; parece adoptarla dentro de un bloque híbrido y heterogéneo que amplía el dividendo patriarcal a los hombres homosexuales, pero que también hace que la masculinidad hegemónica sea más aceptable para las mujeres. Los fundamentos conceptuales de este análisis suponen una clasificación distinta de las masculinidades. No obstante, destaca una visión confirmada de la masculinidad como un elemento reproductivo firme de patriarcado. La presunta alianza entre distintas categorías de hombres que se identifican con distintas masculinidades según su orientación sexual refuerza la sumisión de las mujeres pero mantiene rasgos de las hipótesis esencialistas cuando no logra erradicar la categorización dicotómica de hombres y mujeres.

En el amplio debate sobre la teoría de la masculinidad hegemónica, Connell y Messerchmidt reconsideraron el concepto (Connell y Messerschmidt, 2005) sugiriendo varias mejoras. Además, consideran que la hegemonía no se puede interpretar como un sencillo modelo; al combinar la pluralidad de las masculinidades y su jerarquía, sugiriendo un modelo más complejo de jerarquía de género. En esta revisión del concepto, destacan el papel de la mujer y la dinámica de la masculinidad hegemónica, admitiendo las contradicciones internas pero también su contribución a la democracia de género. Connell y Messerchmidt defienden que la masculinidad se puede definir como una configuración de la práctica organizada según las relaciones de género.

El interés de Connell, tal y como ella admite, siempre ha sido la estructura social de género en constante cambio que de ninguna forma se puede interpretar desde un punto de vista simplificado y dicotómico. «El género trata la forma en la que los cuerpos entran en la historia. El género es una estructura social, no un reflejo biológico, es una estructura que hace referencia y organiza la reproducción humana», y ella tenía especial interés en el estudio de las estructuras patriarcales y de poder destacando que «cualquier persona interesada en las estructuras de poder puede ver que el reto del patriarcado de la liberación de la mujer debe suponer cambios en las vidas de los hombres» (Connell, 2010).

Las visiones constructivistas, como las teorías de socialización, tienen numerosos dilemas y paradojas en relación con las relaciones de género, ya que el análisis de la inevitable clasificación dicotómica de hombres y mujeres está influido por algunos síntomas esencialistas persistentes. Esta suposición impide una visión dinámica y de distintos niveles de la masculinidad y la feminidad. Incluso impide el uso de estos términos como operadores metafóricos del poder y la diferenciación relacionada con el sexo y el género, pero no de forma exclusiva (Vale de Almeida, 2004). José Gil, el filósofo y ensayista portugués indica de forma precisa la línea de fuga que se encuentra entre los géneros y la diferencia sexual dual, creando multiplicidad, es decir, singularidades sexuales múltiples (Gil, 2004).

Distintos estudios asociaron la masculinidad hegemónica con un atributo que, de algún modo, se puede confundir culturalmente con este tipo de masculinidad, heterosexualidad.

El ensayo de Grindstaff y West (Grindstaff y West, 2011) emplea su investigación sobre los animadores para explorar el concepto de masculinidad hegemónica como un constructo analítico. Teniendo en cuenta su relación con la heterosexualidad, los autores destacan que el estudio de las masculinidades y las feminidades requiere un análisis relacional de género y también un vínculo entre los datos a nivel individual con las estructuras de poder y la desigualdad de género. Acerca de la relación entre la masculinidad hegemónica y la heterosexualidad, estos dos autores defienden en su ensayo que un tercio de los chicos entrevistados definen la masculinidad hegemónica en contraposición con el afeminamiento masculino, en lugar de con la homosexualidad *per se*. Por lo tanto, el principal objetivo de los hombres animadores, el que entrena y al que siguen sus compañeros de equipo, es la representación de la masculinidad. De hecho, están en juego los distintos estilos de representación de los chicos animadores, que niegan cualquier rasgo de representación femenina cuando animan a chicos/hombres, incluso si no se establece una relación directa entre esta representación de género y la orientación sexual. En un estudio que no es global, los autores mencionan la dificultad de identificar un modelo de masculinidad hegemónica que, según los ámbitos, parece exigir o la heterosexualidad o la conformidad de género o ambos. En realidad, los animadores heterosexuales afirman que lo más importante es la representación del género, en lugar de la orientación sexual, ya que lo que se hace pública es dicha representación y no la vida privada de cada persona. Este caso demuestra que la interpretación de la orientación sexual es lo que más importa, siendo en cierta manera objeto de censura.

El debate de los resultados de este estudio arroja dudas sobre el presunto descenso de la atmósfera homofóbica que Eric Anderson (2009, 2011), entre otros autores, indica que tiene lugar en la sociedad actual. Para entender por completo la masculinidad hegemónica, este autor destaca que se debe contextualizar en su origen histórico en una cultura que denomina *homohisteria*. En esta cultura, en la que el rasgo homofóbico parece regular la masculinidad, el miedo a ser homosexualizado prevalence (Anderson, 2009).

Una cultura con un nivel alto de homohisteria provoca que los chicos eviten cualquier asociación con la homosexualidad que les relegaría a la parte inferior de la jerarquía de las masculinidades. La heterosexualidad nunca se desafía en una atmósfera homofóbica. Por lo tanto, una sospecha mínima de homosexualidad supone que estos jóvenes quedan desclasificados en la jerarquía masculina (Anderson, 2008).

Teniendo en cuenta los periodos de altos niveles de homohisteria, la teoría de la masculinidad hegemónica parece ser una buena herramienta para comprender la dinámica social de las distintas jerarquías de la masculinidad y que la masculinidad hegemónica pierde su influencia cultural cuando los niveles de homohisteria bajan, Eric Anderson presenta la teoría de la masculinidad inclusiva (Anderson, 2009). Esta teoría indica que ninguna masculinidad tiene una posición hegemónica, destacando que una cultura que ya no se caracteriza por la homohisteria fomenta un aumento significativo de las conductas que se permiten a chicos y a hombres. En estos contextos, los mecanismos reguladores de la masculinidad hegemónica pierden su significado, ya que los chicos ya no tienen miedo a que se les homosexualice, no están amenazados por un ambiente homofóbico; y, por tanto, pueden mostar conductas que antes se consideraban transgresoras. Un estudio cualitativo que se llevó a cabo en tres institutos del sur de Inglaterra mostró que la importancia de la homohisteria había disminuido en todos los ámbitos escolares, hecho que podía probarse por la ausencia casi total del discurso homofóbico (MacCormack, 2011). El autor defiende que los hallazgos del estudio apuntan a la necesidad de admitir que los niveles de homofobia en los colegios se identifican debidamente en el espacio y el tiempo y que no todos los alumnos muestran el mismo nivel de homofobia.

Anderson es más efectivo cuando critica la teoría de la masculinidad hegemónica, a pesar de que admite su gran importancia en un marco temporal en el que la cultura occidental se caracterizaba por la homohisteria. Advierte la actitud social cambiante hacia las personas homosexuales, señalando que los hombres tienen cada vez menos miedo de que sus conductas se asocien con hechos que se denominaban gay. Además, el autor defiende que la teoría de Connell no logra explicar lo que sucede a nivel global o en un ámbito cultural concreto, en el que existen niveles decrecientes de homofobia cultural. Además, esta teoría considera una única masculinidad en la cima de la jerarquía, que no respalda los estudios empíricos que muestran el mismo valor cultural para las distintas masculinidades (Anderson, 2011). La teoría de la masculinidad inclusiva de Anderson también es objeto de crítica ya que no muestra de forma clara y completa el proceso social vinculado a la construcción de la masculinidad, considerando que no es completamente coherente y que tiene puntos débiles estructurales. Su principio fundamental es clave cuando considera que las masculinidades las construyen las actitudes dominantes hacia la homosexualidad, cuando no logra proporcionar un modelo para la comprensión de la función de la homosexualidad en las relaciones de género, las identidades y la vida de los hombres. «El eje circunscrito ignora la importancia social del género como un concepto relacional (ej. masculinidades y feminidades) y otras variables sociales importantes (ej. globalización, capitalismo, gobernabilidad) que determinan la forma en la que los hombres se entienden a ellos mismos e interactúan socialmente» (Pringle, 2010, p. 322).

Los estudios de la masculinidad en el deporte y la educación física confirman la necesidad de explorar el género como un espectro fluido; que integra las masculinidades y las feminidades, que considera a las formas de ser un hombre o una mujer, un chico o una chica; «Los chicos y los hombres pueden ser y actuar de forma femenina sin tener que contemplar la feminidad como parte fundamental de su ser» (Paechter, 2006, p. 261). Por consiguiente, el objeto de este estudio es desarrollar un análisis de género que evita los aspectos fundamentales esencialistas y hacen referencia a los biológicos.

Búsqueda de una teoría debiologizante pero corpórea

Inicialmente, el punto clave fue la perspectiva dicotómica del ser humano, consecuencia de la categorización sexual dual –masculino y femenino–, pero los estudios feministas apuntaron la necesidad de superar dicha perspectiva simplista y esencialista, presentando el concepto de género. Las diferencias conductivas basadas en la categorización sexual, en lo masculino y en lo femenino, se interpretan de forma social en lugar que de forma biológica, teniendo en cuenta la producción de la masculinidad y la feminidad. En consecuencia, se hizo hincapié en la importancia de considerar los distintos modelos de construcción y representación de la masculinidad y la femininidad, exigiendo el uso de palabras en plural, masculinidades y feminidades.

Pero la evasión hacia la categorización dual que estructuraba las ideas, los atributos y conductas de las personas, mediante el concepto de género, y que resaltaba la importancia de la cultura en la definición de ser mujer u hombre parece haber concluido en una polaridad disimulada. Eso se debe a que la mayoría de los enfoques hacia este concepto, ese intento de superar la dualidad biológica (sexo), y los análisis de las formas de construir el género, no se desvían de la suposición de que las representaciones de las masculinidades pertenecen a lo masculino, a los hombres, a los chicos y los hombres y las representaciones de las feminidades pertenecen a lo femenino, a las hembras, a las chicas y las mujeres. Como consecuencia de esta confluencia entre sexo y género, aún continuamos en el punto muerto impuesto por una visión esencialista, basado exclusivamente en lo biológico, del que las feministas y el constructivismo social intentaron desmarcarse. «Además, la conducta femenina no tradicional tiende a no concebirse como 'construcción de la masculinidad', y la expresión masculina no tradicional tiende a no verse como 'construcción de la feminidad', sino que es una conducta de género *tradicional* de hombres y mujeres, identificada y analizada por los investigadores de género. Puede que esto sobrerrepresente y cosifique la diferencia de género, en lugar de deconstruirla: por tanto dicho trabajo puede servir para respaldar, en lugar de desarmar los discursos de género populares basados en las nociones de diferencia 'natural'» (Francis, 2008, p. 213).

La interpretación de este mestizaje entre los conceptos de género y sexo no nos desviarán de la importancia de la corporeidad de la construcción de género o de desafiar la relevancia del concepto de género. Reforzará la necesidad de una perspectiva y un razonamiento que contribuyen a oponerse a esta confluencia entre el género, relativo a la expresión, y el sexo, relativo al cuerpo.

El cuerpo es importante y su materialidad no se puede negar a pesar de que, según Judith Butler (1993), solo lo aprendemos mediante el discurso. Butler considera, por ejemplo, que la asignación de género en el nacimiento se hace mediante la interpelación: la interpelación médica mediante la que el niño sin sexo pasa a ser «él» o «ella» provocando un proceso basado en las diferencias percibidas e impuestas entre los hombres y las mujeres. Esa denominación de chica, y el consecuente proceso de *chicafijación* suponen entrar en el campo del lenguaje y de las relaciones familiares mediante la interpelación de género. Así pues, Butler defiende que el cuerpo solo puede conocerse mediante el lenguaje y el discurso, y el cuerpo aparentemente natural es en último término una consecuencia natural del discurso (Vale de Almeida, 2008).

El cuerpo de cada persona es como un texto y, así, escapa de la comunicación y la importancia. Mientras que, por un lado, el cuerpo cobra sentido cuando conoce a otros cuerpos, por otro lado, se abre a un espacio de (de)construcción de los cuerpos y sus producciones. Como en el texto, podemos considerar que las partes útiles del cuerpo se organizan en habilidades y discursos, dejando lo indispensable a lo individual, el cuerpo de cada persona. Lo fundamental no es el cuerpo como parte material. El cuerpo permanece tras la estandarización discursiva de las habilidades organizadas y se escapa de las taxonomías existentes. El cuerpo de cada persona es único e individual, es una zona de subjetividad que no puede describirse ya que los sistemas existentes reconocen lo frecuente, lo general, en lugar de lo único, lo individual. Es dentro de esta subjetividad en la que cada uno concede un significado a lo percibido (Leal, 1990).

Becky Francis (2006) defiende que las chicas y los chicos pueden y se comportan según las formas «masculinas» y «femeninas», respectivamente. Este conflicto entre las visiones normativas basada en un marco heterosexual, fomenta otras perspectivas de cómo expresar distintos físicos contradictorios en un *continuum* de feminidades y masculinidades.

En su estudio sobre la teoría de género que incluye las representaciones no tradicionales de los cuerpos (representación de la feminidad de los hombres y de la masculinidad de las mujeres), Francis identifica dos ámbitos fundamentales (Francis, 2008): (1) el aspecto ontológico de la representación y el poder y (2) el aspecto analítico de la interpretación y la categorización de género. Parece que el poder funciona gracias a la presencia de discursos y prácticas materiales. Por lo tanto, debemos considerar el cuerpo material como si se produjera de forma discursiva y, por otro lado, el impacto de esta producción en los recursos discursivos movilizados por la integración en su relación con el poder. En las relaciones de poder debemos considerar las sanciones y presiones dirigidas hacia las personas que violan los umbrales de este género binario. La sombra de lo patológico es visible cuando evitamos las conductas clasificadoras de las mujeres como «no femeninas» o «masculinas», y conductas de hombre como «no masculinas» o «femeninas». El autor destaca que «el desafío consiste en rechazar radicalmente dicha patologización y admitir y articular las complicadas tramas del discurso de género, los cuerpos y el poder» (Francis, 2008, p. 219).

El análisis de género nos lleva a una búsqueda de las herramientas conceptuales que nos permitan admitir y analizar tensiones y dualidades relativas al género más globales y tradicionales. Pero dichas herramientas también nos permiten identificar y revisar las diversidades y contradicciones en las producciones de género. Becky Francis (2008, 2012) presenta los conceptos de monoglosia y heteroglosia en relación con el género. La monoglosia representaría un sistema de características distinguido por la hegemonía en nuestro momento social e histórico contemporáneo y que se conciben como verdades irrefutables. Teniendo en cuenta los aspectos de género, podemos pensar en la monoglosia para comprender la dualidad de la masculinidad y la feminidad. La masculinidad en relación con lo racional, la fuerza y la acción y la feminidad en relación con la emoción, lo frágil y lo pasivo. Pero cuando analizamos cada una de estas polaridades más a fondo, encontramos cambios y contradicciones, generando un espectro fluido, una interpretación concreta que depende de las circunstancias concretas y de los discursos relacionados. El concepto de heteroglosia es especialmente importante en este momento.

El marco conceptual que hemos presentado hasta este momento, que sustentará la sección empírica de este estudio, merece un breve análisis del lugar en el que se recogieron los datos, las escuelas públicas portuguesas.

Los hombres portugueses y la masculinidad

Las transformaciones de la sociedad portuguesa en las últimas décadas han permitido una visión renovada del contrato de género y, en concreto, la emergencia de los nuevos modelos de la masculinidad. No obstante, los hombres aún tienen las posiciones más poderosas y dominan en varios ámbitos fundamentales de la vida social.

No podemos ignorar el impacto y el trauma de las décadas de dictadura que aún están bien presentes en muchos ámbitos de la sociedad portuguesa. La Revolución de los Claveles fue un golpe de estado militar que comenzó en Lisboa el 25 de abril de 1974 que cambió de forma efectiva el régimen portugués de una dictadura autoritaria a una democracia. Pero hay muchos signos de una profunda y aún extendida sociedad patriarcal, tras casi cinco décadas de régimen totalitario.

Las diferencias por género en los salarios son una realidad estructural que apoyan las distintas ocupaciones profesionales de hombres y mujeres: los niveles superiores del mercado laboral los ocupan principalmente hombres, mientras que los niveles intermedios son de mujeres. De media, a las mujeres se les paga menos que a los hombres (las mujeres ganaban aproximadamente un 81% del salario medio de los hombres en la última década) (Aboim y Vasconcelos, 2012).

Solo en 2004, con la revisión de la constitución portuguesa, se prohibieron todas las formas de discriminación por la orientación sexual. En 2007, el Código Penal eliminó todas las referencias criminales hacia la homosexualidad y, por el contrario, aumentó las sanciones penales contra todos los delitos motivados por la homofobia (todas las formas de incitación a la discriminación por la orientación sexual).

No obstante, independientemente de estos cambios legales, parece que las relaciones sexuales entre personas del mismo sexo aún se consideran moralmente erróneas (Ferreira y Cabral, 2010), sugiriendo que la homosexualidad, y en concreto la homosexualidad masculina, está socialmente discriminada.

Los ancianos portugueses tendían a describir un modelo único ideal de hombría (heteronormativo y homofóbico) al mencionar los tiempos en los que se encontraban. Sin embargo, las tendencias ideológicas que guían a los adultos en sus vidas y relaciones familiares son diversas y normalmente híbridas, indicando que los códigos hegemónicos de las generaciones pasadas ya no son los mismos (Aboim, 2010).

«Los principios de la igualdad de género y de la igualdad global entre todas las personas no suelen cuestionarse en la esfera pública portuguesa, [...] No obstante, incluso si la dinámica de la igualdad de género la ha apoyado la normativa pública en las últimas cuatro décadas, aún se analizan las consecuencias de la crisis financiera actual en las disposiciones sociales que respaldan la igualdad de género» (Aboim y Vasconcelos, 2012, p. 3). En lo relativo a la educación portuguesa, hasta la década de 1970, el concepto dominante en la política portuguesa era el elitista, expresado por una política discriminatoria basada en una perspectiva liberal de la igualdad. Esto provocó una sólida selección en el acceso a la escuela (Lima, 1987). Durante el denominado Nuevo Estado (1926-1974) –un régimen político que nunca asumió ser fascista pero con características y orientaciones bastante parecidas al fascismo italiano de Mussolini– la escuela era una institución creada para transmitir conocimientos teóricos y prácticos. Pero también era una agencia que transmitía e imponía los valores necesarios para mantener el orden social que era adecuado para el régimen político gobernante (Mónica, 1980).

El modelo de educación física que puso en práctica el Nuevo Estado pretendía imponer una práctica que provocó la creación de lo que Nuno Domingos llamó un habitus motor oficial. «Tal y como lo concibieron los teóricos de la educación física del *Estado Novo*, los gestos y movimientos que no se podían predeterminar, ya fuera mediante el orden natural del mundo (expresión de una idealización pastoral) o mediante la educación física (aplicada a una utopía política y social), no eran útiles» (Domingos, 2010, p. 35).

La educación física en Portugal

En el sistema educativo portugués, la única disciplina curricular que incluye el deporte entre sus contenidos es la educación física. Se encuentra en el currículum desde el primer hasta el duodécimo curso y se imparte en clases mixtas. Con el cambio político que comenzó el 25 de abril de 1974, la escuela portuguesa cambió de un modelo segregado de escuela a una escuela mixta, siendo aún el modelo en vigor. La escuela portuguesa acoge en sus nuevos espacios y actividades a chicos y chicas sin segregación. No obstante, no podemos clasificarlo como coeducativo ya que no podría superar los prejuicios tradicionales y culturales sobre chicas y mujeres, ni representar los valores femeninos que dañan así a los chicos también (Botelho-Gomes, Silva, y Queirós, 2000).

En Portugal, la Ley del Sistema Educativo (publicada en 1986, modificada en 2005 y 2009) establece que la educación obligatoria es universal. Además, se estableció recientemente (Decreto-Ley 176/2012) que la educación obligatoria es para todos los niños y jóvenes de 6 a 18 años y que se puede impartir en escuelas públicas, privadas o concertadas.

La educación en Portugal es gratuita y obligatoria hasta los 18 años, cuando el alumnado finaliza el duodécimo curso. La educación obligatoria se divide en educación básica (tres ciclos consecutivos de educación básica) y educación secundaria. El primer ciclo dura cuatro años e incluye la escuela elemental para niños (entre 6 y 10 años, de primer a cuatro curso); el segundo ciclo dura dos años e incluye la escuela media para niños (quinto y sexto curso); y el tercer ciclo dura tres años (de séptimo a noveno curso). La educación secundaria, en la que toman parte adolescentes (de entre 15 y 18 años en su mayoría) que asisten de décimo a duodécimo curso, ofrece distintos programas: uno orientado a la educación superior (cursos/programas secundarios generales) y otro más orientado a lo laboral (cursos/programas tecnológicos). Tanto los cursos generales como los tecnológicos tienen educación física como formación general (asignatura obligatoria) con una o dos clases semanales de 90 minutos (lo decide cada escuela en función de los recursos humanos y materiales).

Sin embargo, el currículum portugués de educación física mantiene su orientación hacia los programas dominados por el deporte, competitivos y relacionados con las actuaciones. El marco deportivo en la escuela portuguesa parece ser una tarea inevitable, aunque permanentemente inacabada, de varios perfiles que deberían, ante todo, ser guiados por una visión del deporte como un fenómeno cambiante hacia la diversidad y la pluralidad (Bento, 1995).

El deporte y las actividades físicas se organizan en actividades obligatorias y optativas. Las actividades obligatorias deben estar en el currículum de cada escuela mientras que las optativas pueden variar en función de los criterios de cada escuela. Se observa predisposición hacia un discurso de deporte competitivo dominado por juegos (como el fútbol, balonmano, baloncesto y voleibol), atletismo y gimnasia, que representan el 79% del contenido curricular de la educación física en las escuelas secundarias.

La práctica deportiva que supone competición y mostrar agresividad se considera la mejor práctica de iniciación para la virilidad. Se trata del espacio en el que un joven muestra públicamente su «estatuto masculino», desprecia el dolor, controla su cuerpo, muestra su fuerza y vencerá. En resumen, demuestra que no es ni un niño, ni una chica, ni un homosexual, sino un «auténtico hombre» (Badinter, 1993).

Este artículo presenta varias ideas sobre el proceso que denominamos construcción de los puzles de la masculinidad. Este proceso exige la necesidad de emplear herramientas útiles que consideren la compleja variedad cuando hablamos de masculinidades y rechacen una visión dual de los asuntos de género. El género, como construcción social, varía con el tiempo y la cultura, y la cultura portuguesa muestra particularidades que debemos tener muy en cuenta en términos educativos.

El marco de este estudio es una investigación continua que tiene como objetivo analizar las relaciones de género en las clases mixtas de educación física en el sistema educativo público escolar de Portugal. Los datos se recogieron en escuelas públicas que se encuentran en Oporto, en zonas geográficas en las que la población y el desarrollo social y económico han aumentado de forma significativa en las últimas décadas. Realizamos 10 entrevistas personales a docentes de educación física (5 hombres y 5 mujeres), profesionales con 6 o más años de experiencia, estudios de post-grado y que otros compañeros ven como grandes profesionales. Se grabaron seis clases de cada docente para su análisis. Durante toda la clase, el docente empleaba un micrófono, permitiendo así la grabación del sonido de todas sus intervenciones. Se realizaron algunos registros escritos basados en la observación directa sobre la información complementaria.

También hemos realizado entrevistas personales a 57 alumnos y alumnas que fueron voluntarios para participar en las mismas. El alumnado, de edades comprendidas entre 15 y 17 años, se encontraba en décimo, undécimo y duodécimo curso. Cada escuela concedió permiso y firmó la autorización, y todos los participantes, tanto docentes como alumnado, dieron su consentimiento para participar y entregaron su autorización debidamente cumplimentada.

La visión de género polar en la educación física y el deporte

El análisis de los datos pone de manifiesto diferencias biológicas según el sexo basándonos en las diferentes expectativas que el profesorado y los alumnos tienen sobre las actuaciones de los chicos y las chicas en la educación física y en el deporte. Algunos de los docentes y alumnos entrevistados mostraron creencias relativas a un cuerpo biológico que sienta las bases y mantiene un cuerpo social representativo, con repercusiones notables en las formas y movimientos que los cuerpos masculinos muestran y desarrollan en el deporte.

> Puede que sea debido a que los hombres tienen más capacidad en términos de fuerza y capacidades motrices. (Profesor ALC)

En la educación física, las capacidades y competencias asociadas a la potencia, velocidad, fuerza y agresividad tienden a ser dominantes, concediendo privilegios a las referencias frente a las actuaciones y los resultados, que son atributos que representan los modelos masculinos en el deporte. Se fomenta una versión especial de la masculinidad, en la que muchos docentes, alumnos y escuelas han invertido pero han evitado que los chicos tengan un espectro más amplio de conductas y relaciones.

> La gimnasia rítmica es un tipo muy femenino de gimnasia, [...] es muy bonita [...] No sé, nunca me habría imaginado a un hombre hacienda gimnasia rítmica. (Profesor SIL)

Los gestos delicados, suaves, flexibles y elegantes que se asocian a la gimnasia rítmica no están en una armonía completa con un cuerpo al que no se le atribuyen dichas características culturalmente. Parece que la práctica de la gimnasia rítmica es incompatible con los hombres. Una forma importante de los chicos que crean género está presente, al controlar conductas, actitudes e interacciones. Se supone que el chico disfruta y puede practicar deportes en los que se necesitan características básicas en su proceso de madurez –fuerza, agresividad y competitividad–, y rechaza y no puede hacer deportes con movimientos suaves y elegantes.

Resulta clave entender el poder de la homofobia cultural a la hora de controlar las identidades, y detectamos muchos signos de un ambiente homofóbico en el desarrollo de actividades deportivas en las clases de educación física.

> Un chico haciendo aerobic o danza es muy extraño; ni siquiera parecen hombres. (3LSz)

Las ideologías dominantes en una sociedad patriarcal como la portuguesa aún exigen que los niños se comporten dentro del concepto de masculino y heterosexual. También se les castiga más cuando cruzan los límites de género aceptados socialmente.

Todas estas visiones duales de género en el deporte, la necesidad permanente de fundamentar la parte «incuestionable» de las conductas naturales, las habilidades y la vocación por practicar algunos deportes por ser chico o chica. Se trata de visiones dominantes, distinguidas principalmente por la hegemonía y que se encuentran muy aceptadas como auténticas en los ámbitos que se han analizado. Se trata de una adaptación a lo dominante que, no obstante, contiene signos de desafío y competición que no son explícitos claramente.

Podemos ver esto dentro del concepto de monoglosia que presentamos anteriormente. Esto nos permite entender las creencias ideológicas sobre las cuestiones de género de los grupos socialmente dominantes. Un análisis que se basa en eso, en su intento de estabilidad, aminora los problemas y diversidades que conlleva la monoglosia. En este artículo, pretendemos emplear herramientas de análisis que permitan revelar las singularidades en la monoglosia dialógicamente relacionadas, identificando las divergencias de la heteroglosia y considerándolas como distintas singularidades. Es importante comprender las consecuencias de estas singularidades, y la forma en la que se hablan, cuando crean al dominante; si se dirigen a él y se enfrentan, o en cambio, si se diluyen y cambian. Esta herramienta de análisis pretende revelar «la frenética lucha de la heteroglosia que late continuamente bajo la fachada de la monoglosia» (Francis, 2012, p. 5).

Singularidades de género en educación física

Consideramos que los aspectos de género se entenderán mejor si intentamos incluir dentro de su análisis las distintas reglas sobre «construir el género» y «deconstruir el género». El análisis de género englobará tres reglas distintas y las formas en las que interactúan, permitiendo que se contemplen las reglas marginales, ya sea por la subversión de la regla dominante o mediante la negociación que permite la coexistencia de reglas contradictorias. En este punto, intentamos desvelar precisamente esta búsqueda de reglas únicas, significativas, que complementen o contradigan la visión dominante, en un balance permanente de tensiones.

Al analizar el caso del profesor Lis, la visión de género de las actividades deportivas, representandas claramente al comienzo de un curso concreto, empieza a estar en entredicho.

> Lo que al inicio parece ser un deporte más masculino o femenino, al final es justo lo contrario. (Lis, 6, 54)

Los deportes como el aerobic y el judo surgen de las expectativas negativas del profesor acerca de la adhesión de alumnos y alumnas. Se trataba de una visión conservadora que preveía reacciones negativas de chicos y chicas hacia el aerobic y el judo respectivamente.

Tanto los chicos como las chicas hicieron que el profesor Lis reconstruyera una idea conservadora sobre la generización de las modalidades deportivas.

> Me doy cuenta de que tienen facilidades (los chicos) para participar en este tipo de actividades (aerobic, baile) y lo hacen muy bien en muchas clases y demostraciones, son muy buenos.
> ... las chicas estaban muy motivadas con el judo y no fue fácil vencerlas. Pusieron mucho esfuerzo y dedicación, algunas chicas hasta más que los chicos y algunos chicos tenían miedo de luchar contra algunas chicas. (Lis, 6, 72)

Podemos considerar situaciones que nos gustaría decir que «deconstruyen el género». La sorpresa expresada por el profesor Lis es justamente esta actitud, que contradice sus expectativas. Pero este nuevo hallazgo que no podía justificar, provoca tensión y está relacionado con la visión dominante, desafiándola y eliminándola.

> No lo sé. Esto es lo que he visto. (Lis, 6, 54)

Los informes del profesor Silv también son interesantes porque son un ejemplo de las resistencias a la que deben enfrentarse los docentes cuando intentan participar en actividades deportivas en las que se considera que los chicos se divierten menos. Cuando habla de una clase de secundaria formada principalmente por chicos, indica claramente los argumentos que utilizaron para evitar que Silv enseñe deportes como gimnasia.

> Y luego comencé a impartir gimnasia. Deberías verlo. Para ellos, fue una pesadilla «ahora es por esto, luego es por eso» –siempre discutían, estaban muy enfadados. (Silv, 18, 220)

Además de las presiones ejercidas hacia Silv por sus decisiones curriculares, sus opciones sobre la organización de grupos en las clases con el mismo número de chicos y chicas las juzgaron los alumnos mediante las conductas y las actitudes. Obligaron a Silv a reafirmar las estrategias segregadoras, de conformidad con la masculinidad dominante esperada.

> Uno de mis alumnos se sentía muy ofendido por mí durante casi todo el año. Estaba muy ofendido porque le hice trabajar con las chicas durante una clase al principio de curso. [...] ¿Sabes por qué? ¿Qué tipo de asociación hizo? Que era más débil que sus compañeros, ves. [...] No era mi idea, ni mucho menos. Pero al final, ves, hice que el chico se avergonzara sin querer. (Silv, 8, 108-112)

La superioridad en las actividades deportivas es un elemento importante dentro de este proceso de ser un chico y la masculinidad dominante parece estar relacionada estrechamente con las habilidades deportivas, pero no en todos los deportes.

Siendo un profesional de la gimnasia, es uno de sus alumnos quien provoca en Silv sorpresa y admiración, llevándole a buscar explicaciones que nunca había pensado antes, sobre la práctica de los chicos de deportes como la gimnasia rítmica.

> Uno de mis alumnos (en una sesión de gimnasia) me pide constantemente hacer gimnasia rítimica con las chicas. [...] Pero tenemos la parte artística, la coherencia en el cuerpo, en los movimientos armónicos, ves. Creo que la gimnasia rítmica tiene de alguna forma un componente más femenino, pero si pensamos en el ballet... Además, todos los bailarines son más elegantes, su cuerpo es espec-

> tacular, sus gestos. Todo esto es muy bonito. ¿Por qué no hay gimnasia rítmica para chicos? No sé, creo que sería posible. (Silv, 6, 85-88)

Este discurso nos permite ver la forma en la que Silv cambió el discurso dominante, que no relaciona el proceso de aprendizaje de la niñez en nuestra sociedad con la realización de movimientos de gimnasia rítmica, por una perspectiva que armoniza lo masculino con los movimientos corporales en la gimnasia rítmica. Esta alternancia de posiciones se ha expresado continuamente en las declaraciones de Silv, en las que el entrevistador ni pregunta ni interrumpe. Queda claro durante toda su entrevista el proceso de desafío de una visión sólida culturalmente que excluye a los chicos de deportes como la gimnasia rítmica, junto con una reformulación que no es una identificación positiva con la práctica masculina de la gimnasia rítmica. Solo pregunta «¿por qué no?» como si no tuviese argumentos para rebatir dicha hipótesis. Debemos resaltar que uno de los alumnos que insistió en hacer gimnasia rítmica desafió a Silv en este proceso analítico.

El análisis de los datos exige un énfasis en las formas en las que el alumnado desafía la matriz de género con opiniones distintas. Una chica se aleja del comportamiento esperado en una chica, mostrando interés y compromiso con actividades más relacionadas con lo masculino, estableciéndose como una feminista, una gran feminista.

> Si hay algo que soy es feminista, soy feminista. Me estreso mucho, no acepto este tipo de cosas (deportes orientados por sexo). No pienso así, para nada. (3CLg)

> Siempre he sido muy marimacho, desde que era pequeña. No solía jugar con muñecas, jugaba con los niños, al fútbol. (3CLg)

Incluso si se asume una posición que, en cierto modo, puede suponer una desconexión del grupo de chicas al elegir no compartir los gustos dominantes (o al menos haciendo que se correspondieran con lo que piensa y fomenta la sociedad, *todos* los gustos de las chicas), 3Clg asume su lugar en dicho grupo pero muestra intereses y gustos concretos.

> Creo que todo el mundo comenzó a ir a clases (acrobacia con música), creo que es más atractivo porque somos jóvenes, nos gusta la música y para eso las chicas tienen más capacidad que los chicos. (3CLg)

Se ha criticado la sociedad dominada por hombres que estandariza los gustos de las chicas, imponiéndoles deportes que no suelen practicar, apuntando que esta es una de las razones por las que las chicas participan menos en las actividades fisicodeportivas. La opinión de 3Clg surge de las afirmaciones frecuentes de los chicos en clase de educación física cuando intenta jugar con ellos.

«Ah, ¿también juegan las chicas?». Mascullan su desacuerdo y no me gusta. Al menos hablo por mí, me gustaría jugar con ellos y dicen: «chicos, llevamos a una chica» [...] Solo porque una chica normal juega mal al fútbol, piensan que todas las mujeres son iguales..., creo que tienen una visión dominada por los chicos. También creo que hacen que las chicas odien el fútbol, también motivado por ellos. (3CLg)

Su pasión por la práctica deportiva hizo que esta chica desafiara las críticas, la negativa a cooperar por parte de las personas que, según ella, crean más obstáculos durante la práctica de sus deportes favoritos, como el fútbol, los chicos. Esto se debe a que las chicas de clase no parecen ser capaces, a nivel de motivación y capacidad motriz, de contar con algún incentivo para su mejora. Subraya que el ambiente actual en las clases de educación física es menos dañino para las chicas y que el comportamiento de los chicos no es tan inhibidor como lo ha sido en los últimos tiempos.

Parece que es necesaria una actitud totalmente distinta, una voluntad mantenida por hacer lo que es mejor, algo que su profesor de educación física identifica y le lleva a distinguir a 3Clg de las otras chicas de la clase. Toda esta concreción está encaminada a una práctica deportiva que tenga en cuenta sus gustos e intereses, en un ambiente que puede ser fuente de tensiones entre lo que *se espera* en la matriz de género y lo que *se debe hacer*.

Un docente indicó en la entrevista un caso en su juventud que nos llamó la atención. La profesora Fa siempre asumió ser un «marimacho» y cuando otras personas utilizaban esta expresión para llamarla lo consideraba un cumplido. Esta profesora asume una actitud vital sin intereses ni conductas que se caracterizan socialmente como inherentes a las chicas.

Mira lo que he sido, toda mi vida fui uno de los chicos. No hay casi nada en mí que pueda relacionarse con cosas o comportamientos de chicas, porque no era así [...] No estaba marginada (el grupo de «marimachos») porque, probablemente, éramos..., éramos las otras. Nos automarginábamos, nuestros juegos no eran los suyos. (Profesora Fa)

El grupo al que esta profesora pertenecía en su juventud, que otras personas y sus propios miembros llamaban «marimachos», no solo estaba marginado por las chicas, sino también por el entorno social típicamente femenino. La ausencia de intereses comunes entre el grupo de chicas y el denominado grupo de «marimachos» provocó una separación previsible. Por esta razón, el término marginalización no es adecuado para el contexto de las relaciones que parecían existir entre las chicas y los «marimachos». La forma en la que esta profesora hablaba a sus alumnos parece reflejar la capacidad de identificar pensamientos, intenciones y conductas del grupo y de generar reacciones según lo que estaba buscando. Algunos de los casos indican que esta profesora parece poder identificar y utilizar de forma adecuada los *códigos y el vocabulario de su* alumnado, que refuerza la necesidad de afirmar la masculinidad.

[En clase, algunos chicos se mueven frente al lugar en el que deben esperar su turno para utilizar la cama elástica]:

[profesora] «¡Oye! Chicos, atrás. Lo único que queréis es ver cómo se mueven las tetas. No es divertido». (Faaul1: 1)

[Durante uno de los saltos en la cama elástica, la profesora insiste en que salten hacia arriba y no hacia delante]:

José, ¿no te da vergüenza ser tan grande y tan miedica? (Profesora Fa)

¿Crees que tengo miedo? (José)

No. No pienso nada. (Profesora Fa)

Algunas interacciones con las chicas durante las clases indican la falta de entendimiento de Fa por lo que les importa durante las actividades en clase, aunque identifica perfectamente las actitudes de los chicos.

[Poco antes del final de la clase, una de las chicas que no estaba jugando pide al profesor que les deje salir antes porque tienen un examen después. La profesora retira a las chicas del partido; se marchan protestando].

Qué poco agradecidas sois. Llamé a vuestros compañeros para que pudiéseis estudiar. Ingratas [con tono jocoso]. (Profesora Fa)

Oh, profesora, eso no importa. En ese equipo solo tocamos el balón cuando sacamos. (María)

Lo sé. Lo sé... (Profesora Fa)

Jorge no nos deja, siempre coge el balón... (María)

Están obsesionados, cogen el balón siempre. Creen que las chicas no pueden jugar, quieren ser protectores, quieren estar en todos sitios y así nos va... (Profesora Fa)

Una vez más, las chicas se quejan por la actitud de los chicos porque invaden su zona y les apartan durante el partido, algo que generó la misma Fa cuando las retiró del partido pensando que era lo que querían. Es importante que Fa ni siquiera preguntara a los chicos si querían parte de su clase para estudiar para el examen que tenían luego.

El posicionamiento sin precedentes durante la adolescencia que muestra Fa le aleja del proceso de *chicafijación*, sugiriendo una forma de desafiar la matriz de género. Curiosamente, estas experiencias no parecen tener formas inducidas de desafiar el proceso de madurez, estructurado en torno a una visión de la masculinidad dominante, como profesora.

Debate

Como ya he indicado en otros artículos (Silva, Botelho-Gomes, y Goellner, 2012), en una sociedad que se encuentra aún calificada por una estructura patriarcal y en una escuela que aún no está enmarcada en el modelo coeducativo, los currículum de educación física en Portugal no conceden el valor debido a actividades como la danza, aunque permiten a las escuelas adaptar los programas según el contexto y los recursos. Parece que el profesorado no presta atención a las actividades rítmicas o la danza y conceden privilegios a los deportes, como balonmano, fútbol o baloncesto, que parecen ser espacios idóneos para la formación y afirmación de las características fundamentales de la masculinidad singular. La danza es un campo en el que se pueden rebatir los modelos tradicionales de género, ya que muestra el potencial para desafiar las dualidades de género existentes (Wellard, 2009). En su estudio, Larsson (Larsson, Fagrell, y Redelius, 2009) intenta trazar un enfoque teórico para interpretar lo que sucede en la educación física y lo que puede desafiar la reproducción del género, concluyendo que el profesorado es consciente del dominio de (algunos) los chicos en el gimnasio. Este dominio parece verse como algo normal en un marco esencialista y como algo que se debe tratar en lugar de desafiar en un marco funcionalista. Como Larsson en su estudio, los datos analizados en nuestro lugar indican que «el problema no es la conciencia entre el profesorado, sino la forma en la que los docentes se decantan por interpretar el dominio y las estrategias que utilizan (y no utilizan) para tratarlo» (Larsson *et al.*, 2009, p. 14).

En el sistema escolar portugués, la educación física es una asignatura obligatoria para chicos y chicas, siendo un lugar importante para crear y consolidar masculinidades y feminidades, dominantes y subordinadas (Paechter, 2003; Silva, Botelho-Gomes, y Goellner, 2008; Silva *et al.*, 2012).

Las suposiciones sobre una versión «real» o auténtica de masculinidad suele identificarse pero, como indica Wellard, «no siempre estaba claro lo que esto suponía y en muchos casos parece ser un problema en el uso del término» (Wellard, 2009, p. 138). El análisis de los datos muestra conductas y actitudes que indican un posicionamiento distinto hacia las relaciones de género. Se deben reforzar y posibilitar porque lo que parece ser contrahegemónico y progresivo puede, mediante otra dinámica, transformarse en una herramienta reproductora de lo dominante. Como Demetriou indica, defender su comprensión de la masculinidad hegemónica como híbrido es «evitar caer en la trampa de creer que el patriarcado ha desaparecido solo porque los hombres heterosexuales llevan pendientes o porque Sylvester Stallone lleva una nueva máscara» (Demetriou, 2001, p. 355).

Los métodos de investigación deben permitir que emerjan la dinámica y la complejidad de las relaciones de género; un estudio no debería, por sus propios procedimientos, producir representaciones dicotómicas o estáticas de género (Connell, 2012). En la sección empírica de este estudio nuestro objetivo ha sido utilizar herramientas conceptuales que evitan la perspectiva esencialista y contribuir a la comprensión de la dinámica que las singularidades del diálogo de género crean entre ellos tras la fachada de los géneros dominantes de las prácticas deportivas. El objeto de nuestro análisis eran las masculinidades, idenpendientemente del vínculo con lo masculino y/o el contrapeso con lo femenino, que en muchos estudios parece inevitable. Adoptamos la propuesta de Becky Francis de aplicar al género las ideas de Bakhtin de heteroglosia. El concepto de heteroglosia lo propuso originalmente Bakhtin (Bakhtin, 1986) a comienzos de siglo XX para describir la polifonía de la novela, así como la pluralidad de voces en la democracia griega o en el carnaval. Mientras que el diálogo es la forma en la que distintos idiomas se organizan en un texto, la producción del significado dependerá de la interacción entre registros, es decir, de la heteroglosia, de los distintos discursos que hay en un texto. La aplicación de las teorías de Bakhtin sobre el género ofrece un relato fino que puede tratar las binarias teóricas actuales a la vez que identifica y revela alteraciones en la heteroglosia (Francis, 2012).

Ruffolo (2012) también empleó la lente bakhtiniana para volver a pensar en el cuerpo mediante los géneros discursivos y declaraciones en lugar de la representatividad. Como este autor indica, «Se puede utilizar a Mikhail Bakhtin para volver a trabajar en los conceptos de homosexual, masculinidad y educación. Al hacerlo, el cuerpo *como* masculinidad y *como* educación pasa a ser una materialidad abierta que está produciéndose cuando los cuerpos se negocian de forma dialógica en momentos muy contextualizados. Por consiguiente, la educación pasa a ser algo inferior de lo que se hace al cuerpo y algo más que se negocia *como* el cuerpo: el cuerpo educado se transforma en un cuerpo educador» (Ruffolo, 2012, p. 295).

Intentamos analizar la forma en la que se construyen los puzles de la masculinidad en la educación física portuguesa, conociendo las limitaciones del enfoque. Nuestro objetivo no es ampliar nuestro análisis, algo que negaría la importancia y sutileza de la diferencia contextual. Nuestra idea es ofrecer resultados e interpretaciones que puedan contribuir a la identificación y el debate de las sutilezas y marcos que integran la variabilidad contextual. Debemos tener en cuenta que estimamos que se debe considerar la ausencia de aspectos que son transversales en un análisis de género. Aunque la diversidad racial y étnica en las escuelas de nuestra observación es escasa, es importante que los estudios futuros de género en el contexto portugués incluyan las dimensiones de clase social y étnica en las relaciones de género y la revisión de las masculinidades.

En un puzle, cada pieza es única, tiene su propia forma pero tiene su forma y tamaño adecuado para ajustarse a las otras para hacer la fotografía final esperada. El puzle de la masculinidad en el marco de la educación física en las escuelas portuguesas nos ofrece piezas únicas que desafían y rebaten la fotografía que deben crear; en el diálogo que mantienen entre ellos, vuelven a dar forma a la fotografía esperada, distinguiéndola de la misma, cambiando o alterando los significados de la dominante. Estas piezas únicas se relacionan entre sí por su singularidad, pero no se someten ni suprimen por la fotografía final de las múltiples piezas. Estas piezas son únicas y no desaparecen en el puzle de la masculinidad dominante.

Las singularidades surgen principalmente por los desafíos de los alumnos, conductas, afirmaciones e interpelaciones de los chicos y chicas que difuminan la imagen esperada de masculinidad dominante. Estas diversas singularidades, teniendo en cuenta los diálogos mutuos y los lugares en los que se producen, ilustran la heteroglosia de género, que se manifiesta al menos hasta cierto punto en las actuaciones de género.

Podemos considerar que las propias contradicciones ilustran la heteroglosia, pero cada singularidad debe verse e interpretarse según su posición en la fachada de la monoglosia. ¿Es un agente de armonía y fuerza dentro de él o es una causa de desestibilización y desafía? A pesar de que algunos de los acontecimientos comunicados sugieren diversas singularidades de género, analizadas como únicas en su espacio y tiempo, algunas las elimina la monoglosia de género. Destacamos el caso de la profesora Fa. A pesar de que las experiencias de Fa como adolescente provocan signos de clara oposición a la matriz de género, desde las interacciones con los chicos en clase surge la mejora de la «masculinidad deportiva esperada». Wellard (Wellard, 2009) introdujo este concepto para describir una forma de masculinidad basada en la representación corporal que se aplica a las actuaciones deportivas. En realidad, las acciones y pensamientos de Fa siguen anclados en una visión esencialista de la masculinidad y la feminidad. Aquí, el género de la monoglosia parece entremezclarse y sumarse a la explosión de la heteroglosia en un momento concreto.

Los otros casos que se muestran en el marco que denominamos singularidades de género son consecuencia de las interpelaciones de los alumnos a acciones o actitudes del profesorado. Son las palabras de un chico que insiste en asistir a los entrenamientos de gimnasia rítmica, los chicos que afirman estar disponibles para las clases de danza y aerobic, y las chicas que se divierten y no quieren dejar de luchar contra los chicos de la clase en judo.

No obstante, las singularidades coherentes, no las esporádicas, sugieren más la *deconstrucción del* género que la *construcción del* género. La construcción del género (*doing gender*) es un concepto que introdujeron West y Zimmerman (West y Zimmerman, 1987) para defender que el género se crea continuamente en las interacciones sociales constantes omnipresentes. La construcción de género incluía tanto la conformidad como la resistencia, pero estaba más relacionada con la consecución de las diferencias de género en lugar de eliminar la diferencia. En un intento por deshacer esta confusión lingüística y porque en ocasiones los investigadores utilizan la expresión «construcción de género» para querer decir conformidad con las normas de género, preferimos la expresión «deconstrucción de género». Como el uso del «él» genérico que hacía que las mujeres fueran invisibles, la expresión «construir género» hace que la resistencia sea invisible. Como apunta Francine Deutsch, «Claro, se va a tardar más que en cambiar los términos para entender la forma en la que se puede eliminar el sistema de género. Pero al menos si prestamos atención a la forma en la que deconstruye género, estaremos centrados en la pregunta clave: ¿Cómo podemos eliminar el sistema de género para crear igualdad real entre hombres y mujeres?» (Deutsch, 2007, p. 123).

La revisión de este asunto de masculinidades y los datos analizados sugieren que la perspectiva de las multiplicidades (controladas por una estructura jerárquica) en el sentido común de construir género, debe originar un análisis de las singularidades múltiples y en la comprensión de la deconstrucción del género, en concreto en el contexto de la práctica deportiva. Coincidimos con Grindstaff cuando este autor defiende que «técnicamente, puede haber tantas masculinidades distintas como personas que pueden representarlas» (Grindstaff y West, 2011, p. 874). Las singularidades que componen la heteroglosia de género se encuentran en y más allá de las estructuras binarias. Vale de Almeida en sus estudios de género, las masculinidades y el poder en el contexto portugués mencionó que «La masculinidad y la feminidad no se yuxtaponen a hombres y mujeres respectivamente: son metáforas del poder y la capacidad de actuar, por tanto son accesible tanto para hombres como para mujeres. Si no fuese así, no se podría hablar de distintas masculinidades o transformaciones en las relaciones de género» (Vale De Almeida, 1997, p. 141). Todo esto es justamente lo que deseamos lograr, transformar las relaciones de género, en concreto en el contexto de la práctica deportiva. Por lo tanto, investigaremos aún más sobre las singularidades de género cuyo fin es deconstruir el *género.*

Referencias

Aboim, S. (2010). *Plural Masculinities: The Remaking of the Self in Private Life*: Ashgate Publishing Limited.

Aboim, S. y Vasconcelos, P. (2012). *Study on the Role of Men in Gender Equality in Portugal*. European Union Programme for Employment and Social Solidarity.

Anderson, E. (2008). «Being Masculine is not About who you Sleep with…: Heterosexual Athletes Contesting Masculinity and the One-time Rule of Homosexuality». *Sex Roles, 58*(1-2), 104-115.

Anderson, E. (2009). *Inclusive masculinity: the changing nature of masculinities*. Londres: Routledge.

Anderson, E. (2011). «Masculinities and Sexualities in Sport and Physical Cultures: Three Decades of Evolving Research». *Journal of Homosexuality, 58*(5), 565-578.

Badinter, E. (1993). *XY – sobre a identidade masculina*. Rio de Janeiro: Nova Fronteira.

Bakhtin, M. M. (1986). *Speech genres and other late essays*. Austin, TX: University of Texas Press.

Bento, J. (1995). *O outro lado do Desporto*. Oporto: Campo de Letras.

Botelho-Gomes, P.; Silva, P. y Queirós, P. (2000). *Equity on education. Physical Education and Sport at School*. Lisboa: APMD.

Butler, J. (1993). *Bodies that matter: On the discursive limits of sex*. Nueva York: Routledge.

Coakley, J. 2009. *Sport in society: Issues and controversies*. 10th edition Baltimore: Mosby.

Connell, R. (1987). *Gender and Power: Society, the Person and Sexual Politics*. Stanford: Stanford University Press.

Connell, R. (1995). *Masculinities*. Cambridge: Polity.

Connell, R. 1996. «Teaching the boys: New research on masculinity, and gender strategies for schools». *Teachers College Record* 98: 206-235.

Connell, R. (2010). «Masculinities». 2013, from <http://www.raewynconnell.net/p/masculinities_20.html>.

Connell, R. (2012). «Supremacy and subversion-gender struggles in sport». *Asia-Pacific Journal of Health, Sport & Physical Education, 3*(3), 177-179.

Connell, R. y Messerschmidt, J. (2005). «Hegemonic Masculinity: Rethinking the Concept». *Gender & Society, 19*(6), 829-859.

Demetriou, D. (2001). «Connell's concept of hegemonic masculinity: A critique». *Theory and Society, 30*(3), 337-361.

Deutsch, F. (2007). «Undoing Gender». *Gender and Society, 21*(1), 106-127.

Domingos, N. (2010). «Building a motor habitus: Physical education in the Portuguese Estado Novo». *International Review for the Sociology of Sport, 45*(1), 23-37.

FERREIRA, P. y CABRAL, M. V. (2010). *Sexualidades em Portugal: Comportamentos e Riscos*. Lisboa: Bizâncio.

FRANCIS, B. (2006). «The nature of gender». En C. Skelton, B. Francis y L. Smulyan (eds.), *The Handbook of Gender and education* (pp. 7-17). Londres: Sage Publications.

FRANCIS, B. (2008). «Engendering debate: how to formulate a political account of the divide between genetic bodies and discursive gender?» *Journal of gender studies, 17*(3), 211-223.

FRANCIS, B. (2012). «Gender monoglossia, gender heteroglossia: the potential of Bakhtin's work for re-conceptualising gender». *Journal of gender studies, 21*(1), 1-15.

GIL, J. (2004). «Sexualidade e singularidade». *Masculinidades/Feminilidades, Encontros da Arrábida. Arrábida, Lisboa.*

GRINDSTAFF, L. y WEST, E. (2011). «Hegemonic Masculinity on the Sidelines of Sport». *Sociology Compass, 5*(10), 859-881.

LARSSON, H.; FAGRELL, B. y REDELIUS, K. (2009). «Queering physical education. Between benevolence towards girls and a tribute to masculinity». *Physical Education and Sport Pedagogy, 14*(1), 1-17.

LEAL, I. (1990). «O Corpo como Texto e como Discurso». *Análise Psicológica, 3*(VIII), 307-310.

LIMA, L. (1987). «Igualdade de Oportunidades de Sucesso». *O Insucesso Escolar em Questão* (pp. 65-69). Braga: Universidade do Minho.

MACCORMACK, M. (2011). «The declining significance of homohysteria for male students in three sixth forms in the south of England». [Artículo]. *British Educational Research Journal, 37*(2), 337-353.

MILLER, T. (1998). «Commodifying the Male Body, Problematizing «Hegemonic Masculinity?». *Journal of Sport & Social Issues, 22*(4), 431-446.

MOLLER, M. (2007). «Exploiting Patterns: A Critique of Hegemonic Masculinity». *Journal of gender studies, 16*(3), 263-276.

MÓNICA, M. F. (1980). «Ler e Poder: debate sobre a educação popular nas primeiras décadas do século XX». *Análise Social, XVI*(63), 499-518.

PAECHTER, C. (2003). «Masculinities and Feminities as Communities of Practice». *Women's Studies International Forum, 26*(1), 69-77.

PAECHTER, C. (2006). «Masculine femininities/feminine masculinities: power, identities and gender». *Gender & Education*, 18(3), 253-263.

PRINGLE, R. (2005). «Masculinities, Sport, and Power: A Critical Comparison of Gramscian and Foucauldian Inspired Theoretical Tools». *Journal of Sport & Social Issues*, 29(3), 256-278.

PRINGLE, R. (2010). «Review: Inclusive masculinity: The Changing Nature of Masculinities». *Sociology of Sport Journal* (27), 319-322.

RUFFOLO, D. (2012). «Educating-Bodies: Dialogism, Speech Genres, and Utterances as the Body». En J. C. Landreau y N. M. Rodríguez (eds.), *Queer Masculinities. A Critical Reader in Education* (pp. 289-306). Londres, Nueva York: Springer.

SILVA, P.; BOTELHO-GOMES, P. y GOELLNER, S. V. (2008). «As relações de género no espaço da Educação Física - a percepção de alunos e alunas». *Revista Portuguesa Ciências do Desporto*, 8(3), 396-405.

SILVA, P.; BOTELHO-GOMES, P. y GOELLNER, S. V. (2012). «Masculinities and sport: the emphasis on hegemonic masculinity in Portuguese physical education classes». *International Journal of Qualitative Studies in Education*, 25(3), 269-291.

SWAIN, J. (2006). «The role of sport in the construction of masculinities in an English independent junior school». *Sport, Education and society*, 11(4), 317-335.

VALE DE ALMEIDA, M. (1997). «Gender, masculinity and power in southern Portugal». *Social Anthropology*, 5(2), 141-158.

VALE DE ALMEIDA, M. (2004). «O manifesto do corpo». *Manifesto*, (5), 18-35.

VALE DE ALMEIDA, M. (2008). Do Feminismo a Judith Butler. Paper presented at the Ciclo «Pensamento Crítico Contemporâneo», *Le Monde Diplomatique*.

WELLARD, I. (2009). *Sport, Masculinities and the Body*. Nueva York: Routledge.

WEST, C. y ZIMMERMAN, D. (1987). «Doing Gender». *Gender & Society*, 1(2), 125-151.

WHITEHEAD, S. (1999). «Hegemonic Masculinity Revisited». *Gender, Work & Organization*, 6(1), 58-62.

7 Masculinidades en movimiento en las clases de educación física argentinas, o acerca de cómo no quedar en *off side*

Pablo Ariel Scharagrodsky

Introducción

Los estudios sobre las masculinidades surgieron hace cuatro décadas, a partir de las problematizaciones construidas por el feminismo y los estudios de género. Las investigaciones sobre las masculinidades, introdujeron uno de los supuestos planteados con mayor agudeza por Simone de Beauvoir y lo hicieron suyo. Así como «no se nace mujer sino que se llega serlo», tampoco se nace varón sino que se llega a serlo. Dicho en otros términos, el varón es tanto un producto social como lo es la mujer.

Diversas investigaciones consideran que la condición masculina es una construcción cultural que se produce y reproduce socialmente y que no puede ser definida fuera de las condiciones históricas, culturales, económicas y políticas en que ese sujeto masculino se constituye (Connell, 1998, 2001; Gilmore, 1994; Kimmel, 1997; Morgan 1999; Lomas, 2004).

Al igual que los estudios de género con relación a las identidades femeninas, los *Men's Studies* consideran que las identidades masculinas no son innatas o naturales, ni tampoco son esencias que derivan de alguna hormona (testosterona) o de cierto órgano sexual (pene o testículos) sino que son consecuencia de la cultura, del lenguaje, de ciertas prácticas, de determinados discursos y de relaciones de poder. En otros términos, la masculinidad (como la feminidad) no es una esencia universal e inmodificable, sino el producto –nunca acabado– de la historia y la cultura; de algunas instituciones y de determinados dispositivos.

Pero no existe una única forma de ser, comportarse y sentirse como varón (y como mujer). Hay una diversidad y una multiplicidad enorme de modelos masculinos. Las masculinidades varían según la cultura, la época, la clase social, la etnia, la edad, la orientación sexual, la religión, la identidad profesional, el estatus socioeconómico, entre otras variables que se entrecruzan y nos constituyen como subjetividades con un género de un tipo determinado (Badinter, 1993; Kaufman 1997).

En un clásico trabajo, Connell (1995) reconoce la existencia de cuatro tipos identificables de masculinidades: la hegemónica, la subordinada, la cómplice y la marginal. La masculinidad hegemónica es aquella que se presenta como dominante y que reclama el máximo ejercicio del poder y de la autoridad, es, de hecho, el estereotipo que ha predominado en la construcción del patriarcado. Junto a ella coexisten otros tipos de masculinidades, que en algunos casos reflejan formas de opresión, como por ejemplo, la masculinidad subordinada que se sitúa en el extremo opuesto a la hegemónica, puesto que está más cercana a comportamientos atribuidos a las mujeres y que es considerada como no legítima por aquella, como ocurre claramente en el caso de las identidades *gay*; o la masculinidad marginal, que se produce entre individuos de grupos sociales o clases que se encuentran en una clara posición de marginación social. Por último, la masculinidad cómplice es la que se observa en los comportamientos de individuos que, sin tener acceso directo al poder y la autoridad, aceptan los beneficios que se derivan, para los hombres, de la preeminencia social concedida al género masculino, aprovechándose del dominio sobre las mujeres obtenido por los detentores de la masculinidad hegemónica.

La masculinidad hegemónica como un ideal regulativo a alcanzar, fuertemente preformativo, se construye en contraposición a otras maneras de «ser varón» y desde una oposición –y en algunos casos rechazo– a las identidades femeninas. De esta manera, la masculinidad hegemónica –que tampoco es monolítica y está sujeta a cambios y contradicciones internas– se produce y reproduce no solo en oposición a las mujeres, sino también a otras formas posibles de masculinidades convirtiéndose en un referente simbólico, ético y estético a alcanzar.

Todas estas masculinidades no tienen un carácter fijo o estático, muy por el contrario, implican posiciones sociales dinámicas y siempre disputables. No se logran de una vez y para siempre. Corren el riesgo de impugnación y subversión permanente. En consecuencia, el margen para el cambio y la transformación de las masculinidades es muy amplio ya que así como se aprenden y se construyen, también pueden cambiar.

Esto último es muy importante en términos educativos ya que ni todos los chicos y/o alumnos (ni las chicas y/o alumnas) son iguales, ni todos los caminos de adquisición de dicha condición conducen a una misma posición social con un mismo significado. El proceso de adquisición de la condición masculina, nunca acabada, siempre contradictoria, relacional, histórica y con múltiples significados se aprende en diversas instituciones, entre ellas, la escuela (Jordan, 1999; Bourdieu, 2000; Lomas, 2003).

Es obvio que la institución escolar no es el único espacio social que modela masculinidades. De hecho, por diferentes vías (la dinámica familiar, los medios de comunicación, las prácticas deportivas, etc.) los niños construyen y reconstruyen patrones de masculinidades que llevan consigo cuando ingresan en la escuela. Pero en el entramado escolar se actualizan y reactualizan, se negocian y se resisten continuamente.

Teniendo en cuenta lo anterior, el siguiente artículo introduce los estudios sobre las masculinidades en el ámbito escolar argentino focalizando la atención en la educación física a partir de dos ejes de análisis. Por un lado, se identifican, a grandes rasgos, algunos de los factores que contribuyeron desde el campo de la cultura física a la construcción de un tipo de masculinidad. Es decir, es imposible pensar a la «cultura física» y a la educación física si no es en el marco de un conjunto de propuestas de educación corporal en donde la fabricación de las masculinidades fue un aspecto central y constitutivo en dicho campo. Por otro lado, el segundo eje de análisis, se centra en el momento actual de la educación física y las formas y modos en que se construyen diversas masculinidades en las actuales clases de educación física argentinas, así como sus vinculaciones con la propia historia masculinizante de la educación física escolar.

Historia, «cultura física», educación física y masculinidades

Indagar la historia de la «cultura física» decimonónica (gimnasias, juegos, deportes, rondas escolares, excursiones, paseos, colonias de vacaciones, etc.) y, posteriormente, la educación física escolar a partir de su inclusión en los sistemas educativos nacionales (Kamens y Cha, 1999; Kirk, 1998; Vigarello, 2005, 2011) implica reconocer y analizar parte de la compleja historia de la construcción de un determinado estereotipo normativo masculino en occidente. La construcción de la masculinidad fue uno de los ejes simbólicos que tiñeron las prácticas y los discursos vinculados con la «cultura física» y la educación física escolar. Por supuesto, no fue el único guión simbólico que se puso en circulación ya que otras funciones y objetivos fueron difundidos a través de estas particulares prácticas, muchas de ellas articuladas con la noción de masculinidad y virilidad como la nacionalidad, el patriotismo, la ciudadanía, la regeneración, la degeneración, la decadencia, la moralidad, la sexualidad, el placer, el vicio, la emocionalidad, la salud o la enfermedad, entre otras. De alguna manera, todas ellas estuvieron atravesadas por una determinada forma de entender la diferencia sexual y, en consecuencia, de conceptualizar a la masculinidad.

El objetivo de este apartado es desarrollar en forma concisa pero panorámica, para el campo específico de la «cultura física» y de la educación física escolar, tres factores que potenciaron la construcción de un tipo de masculinidad y no otra, en los últimos dos siglos. Aunque no fueron los únicos factores, sí fueron centrales para definir un estereotipo normativo masculino tradicional asociado a la «cultura física» y a la educación física escolar. Los tres factores vinculados con la «cultura física» y la educación física escolar que estimularon la fabricación de un tipo de masculinidad fueron que: 1) el sujeto enunciador fue recurrentemente masculino, 2) el discurso legitimador de la masculinidad moderna provino, fundamentalmente, del registro médico y 3) la lógica de la mismidad prevaleció en la regulación e imposición de un tipo de masculinidad. Si bien estos factores estuvieron presentes en otras prácticas sociales y disciplinas escolares modernas, tuvieron una especificidad particular en el campo de la 'cultura física'.

1) El sujeto enunciador de la «cultura física» y de la educación física escolar

Uno de los aspectos centrales y persistentes a lo largo de los últimos dos siglos ha sido que el campo especifico de la «cultura física» y de la educación física fue pensado, conceptualizado, elaborado y definido por varones, o mejor dicho, por ciertos varones. La visión androcéntrica y patriarcal fue, sin duda, uno de los rasgos dominantes del campo. Francisco Amorós y Ondeano (1770-1848), Phokio Clias (1782-1854), Pier Henrich Ling (1776-1839), Guts Muths (1759-1839), Friedrich-Ludwing Jhan (1778-1852), Adolph Spiess (1810-1858), Rudolf Obermann (1812-1869), Emil Baumann (1843-1916), Etienne-Jules Marey (1830-1904), Georges Demeny (1850-1917), Fernand Lagrange (1846-1909), Philippe Tissié (1852-1935), Napoleón Laisné (1810-1896), Angelo Mosso (1846-1910), Hjalmar Ling (1820-1886), Gabriel Branting (1799-1881), Truls Johan Hartelius (1818-1896), Gustaf Nyblaeus (1816-1902), Paschal Grousset (1844-1909), Pierre de Coubertin (1863-1937) o George Hébert (1875-1957), formaron parte de una interminable e incompleta lista de «reconocidos» varones que, más allá de sus diferencias, participaron en la producción, transmisión y circulación de ciertos discursos, saberes y prácticas vinculados con sistemas de gimnasias y de educación física; los cuales estuvieron atravesados por una determinada manera de significar a los cuerpos masculinos. Vale decir, los diversos discursos sobre la «cultura física» en los últimos dos siglos construyeron significados sobre cómo leer a los cuerpos masculinos. Mostraron, jerarquizaron, resaltaron, visibilizaron y excluyeron ciertos sentidos sobre la diferencia sexual, sobre el deseo, sobre el cuerpo, sobre ciertos grupos musculares y sobre la masculinidad «deseable». De esta manera, crearon ciertos estereotipos y excluyeron otros. De alguna manera, estos discursos crearon sistemáticamente los tópicos, temas y problemas a los que hicieron referencia; entre ellos la propia condición masculina, sus funciones, propiedades, características y atributos naturalizando supuestas esencias físicas, morales y políticas.

Las obras más importantes de los referentes de la «cultura física» decimonónica tuvieron a la masculinidad como un tópico de preocupación central. Textos como *Gimnasia para jóvenes*, de 1793 –editado y reeditado a lo largo del siglo diecinueve– o el *Manual de gimnasia para los hijos de la madre patria,* de 1817 escritos por Guts Muths; *Gimnasia alemana* redactada por Jahn en 1816; *Bases Generales de la Gimnasia* escrita por Pier Henrich Ling en 1834-1840; o el *Manual de Educación Física y Moral* elaborado por Amorós en 1830, son algunas de las obras referenciales del campo, que se ocuparon y preocuparon por definir un tipo de masculinidad decimonónica deseable dejando sus huellas, más allá de Europa, durante gran parte del siglo XX.

Por ejemplo, «el elemento que nutrió el libro de Guts Muths fue la admiración por Grecia, enfatizando la preeminencia del cuerpo. En el cuerpo masculino, la belleza y la moral se enlazaron; juntas simbolizaban el 'valor masculino' y el 'espíritu masculino'» (Mosse, 2000, p. 51). «El uso del concepto de caballerosidad realizado por Guts Muths era un ejemplo típico del ajuste del ideal caballeresco para con las sensibilidades burguesas: la compasión y la rectitud ejemplificaban la unión de las cualidades físicas y morales [...]» que definían a un hombre moderno (Mosse, 2000, p. 52). Sin embargo, la formación militar en la gimnasia decimonónica estuvo presente y esto influyó en el modelaje de la masculinidad incorporando nuevos sentidos. Guths Muths defendió la educación física como parte necesaria del entrenamiento militar. También Amorós abogó por una gimnasia por razones médicas, militares y morales, aunque predominó el propósito militar. La huella militar en la gimnasia, especialmente en las últimas décadas del siglo XIX, fue clave en la construcción de la masculinidad moderna «[...] en consonancia con el surgimiento de una nueva conciencia nacional» (Mosse, 2000, p. 64). «La nación adoptó el ideal de masculinidad como suyo propio: los héroes revolucionarios franceses luchaban para defender *La Patrie*; Jahn puso a sus gimnastas a disposición de la búsqueda alemana de la unidad nacional. Muerte, sacrificio y madre patria estuvieron unidos, una tríada que permaneció vigente como prueba de la verdadera masculinidad.» (Mosse, 2000, p. 65)

Por otra parte, tanto Ling como Jahn asumieron las propuestas básicas de Guts Muths sobre masculinidad, pero, sin embargo, «Jahn llamaba al ejercicio gimnástico 'salvavidas del pueblo alemán', porque él solo conduciría a la juventud y a la virilidad a una comunidad de alemanes sin reparar en su religión. Jahn vio desde el principio la gimnasia como conformadora de la verdadera masculinidad y también como preparación para las artes militares. Consideraba la gimnasia como una actividad pública y comunitaria, creadora de un *esprit de corps* para una futura élite alemana. Los ejercicios gimnásticos de Jahn no estaban pensados solo para formar cuerpos sanos y bellos que expresaran una moralidad adecuada, sino que en realidad estaban diseñados para crear nuevos alemanes. El entrenamiento en la masculinidad fue siempre su objetivo» (Mosse, 2000, p. 53-54). Aunque el propio Jahn era un patriota, no veía la utilidad ni del desfile ni de los uniformes militares, que constreñían el cuerpo y sus movimientos. Sin embargo, a partir de la Revolución Francesa, la conexión entre la gimnasia y lo militar se convirtió en un hecho establecido. La gimnasia se extendió desde Alemania, Suiza y Austria hacia países como Italia, Francia y España, y fue apoyada sobre todo por los militares. El servicio militar universal se acababa de introducir y la salud y la buena forma de los reclutas individuales eran objeto de un serio interés.

Muchas de estas ideas europeas llegaron, a finales del siglo XIX, a América y se resignificaron. Los contextos locales establecieron nuevos sentidos en relación con la educación de los cuerpos masculinos destacándose figuras latinoamericanas como el mexicano Manuel Velázquez Andrade (1877-1952), el colombiano Jorge Bejarano (1888-1966), el uruguayo Alejandro Lamas, el brasileño Fernando de Azevedo (1894-1974) o el argentino Enrique Romero Brest (1873-1958).

Para el caso argentino, es necesario destacar que no tuvo el mismo significado la masculinidad construida por los defensores de la Gimnasia Militar argentina que la fabricada por el hegemónico Sistema Argentino de Educación Física elaborado por el Dr. Enrique Romero Brest. Tampoco fue idéntica la masculinidad construida por el escautismo argentino, con importantes relaciones con el universo católico, que la fabricada por la Gimnasia Metodizada argentina o por los deportes. Cuestiones vinculadas con la ciudadanía, la moralidad, el patriotismo y la nacionalidad se articularon diferencialmente en cada una de las propuestas de educación de los cuerpos (Scharagrodsky, 2006a). Sin embargo, lo que prevaleció en la mayoría de los países, más allá de los matices y de las diferencias al interior de cada país latinoamericano, fue que el sujeto enunciador continuó siendo masculino, o mejor dicho, permaneció atravesado por una visión patriarcalmente masculina. Asimismo, quienes gestionaron las instituciones más importantes de la Educación Física (Direcciones Generales de Educación Física, Ministerios de Deportes, Institutos Nacionales de Educación Física, etc.) fueron, durante gran parte del siglo XX, varones con una mirada androcéntrica.

2) El discurso médico en la «cultura física» y en la educación física: la pequeña/gran diferencia en la definición de la masculinidad tradicional

Diferentes discursos legitimaron el corpus central de saberes y conocimientos en el campo de «cultura física» y de la educación física en los últimos dos siglos; así como las competencias necesarias para formar el perfil de un «buen» maestro/a o profesor/a en educación física. Entre los discursos necesarios para ello sobresalió y se destacó el discurso médico. En el marco del fuerte proceso de medicalización en diferentes regiones de occidente, el discurso médico se instaló y atravesó la mayoría de las instituciones modernas. Entre ellas las escuelas, los colegios y las fuerzas armadas, pero también las plazas de ejercicios físicos y juegos, los parques y también los gimnasios. Sin embargo, no fue el único discurso que reglamentó, nombró y designó a la «cultura física» y a la educación física. Junto con el registro médico otros dos discursos se fusionaron –y muchas veces entraron en tensión–. Se trataba del discurso pedagógico y el discurso religioso. Centralmente, estos tres discursos regularon y controlaron los cuerpos masculinos y sus posibilidades de ejercitación físico/moral. Pero fue el discurso médico el que se posicionó por encima de otros discursos como el más apropiado para dar cuenta acerca del «normal» funcionamiento de los cuerpos masculinos.

En principio, por lo menos, tres formas especializadas provenientes del discurso médico decimonónico actuaron como la verdadera episteme sobre la cual se describió e interpretó al cuerpo masculino «ideal» en movimiento: la anatomía descriptiva, la fisiología del ejercicio y la antropometría. Estos saberes se convirtieron en la base a partir de la cual se describieron e interpretaron a los cuerpos, su funcionamiento y las diferencias sexuales. Dicha interpretación médica –operación simbólica mediante–, impactó en las representaciones sobre los cuerpos masculinos y, en relación a la «cultura física», posibilitó –e imposibilitó– un conjunto de prescripciones referidas a la «cultura física», la educación física escolar, las diferentes gimnasias, los juegos, los deportes, las rondas escolares, las excursiones, los paseos, los picnics y las colonias de vacaciones entre otras propuestas de educación corporal existentes.

El principio de coherencia y racionalidad de un ejercicio físico, de un movimiento corporal, de un desplazamiento, de una posición, de una *perfomance* física o de un gesto fue una deliberada fabricación. Lo mismo podemos decir de su destinatario: el varón ficcional «promedio». La coherencia de un ejercicio físico estuvo conformada por una operación que en su propia constitución ocultó las relaciones de poder-saber que sometieron y sujetaron a los cuerpos masculinos «ideales» y a aquellos que no alcanzaban los supuestos estándares masculinos. El coraje en un movimiento físico, la fuerza en un desplazamiento, el vigor en un gesto físico, el arrojo en un salto en alto, la persistencia en una carrera de 400 metros, la disciplina en el entrenamiento físico, el autocontrol durante un juego, el carácter enérgico ante situaciones deportivas desventajosas, el honor ante el triunfo deportivo fueron el efecto de tales operaciones. Coraje, fuerza, vigor, persistencia, disciplina, autocontrol, carácter enérgico, honor y arrojo, fueron algunos de los atributos físico/morales deliberadamente construidos y, a la vez, «naturalizados en los cuerpos masculinos» (Bourdieu, 2000).

Analicemos brevemente. La anatomía descriptiva describió el sistema muscular y esquelético de los niños y varones aceptando una serie de convenciones «científicas»: huesos más largos y potentes, músculos con una constitución más fuerte, articulaciones con una mayor capacidad de resistencia, ligamentos más resistentes, palancas óseas más sólidas, mecánicas de movimiento más «apropiadas» a movimientos complejos, superioridad en relación con el peso y la talla, etc. El varón «promedio» se convirtió en la justa medida, en el criterio normal para ubicar el cuerpo femenino en el lugar de la falta, de lo menor o de aquello que nunca alcanzaba el estándar perfecto que estaba representado por el patrón masculino ideal (Scharagrodsky, 2008). La anatomía descriptiva situó, en una cartografía corporal arbitraria, al tronco superior, a los brazos, a los hombros y a ciertos grupos musculares –los bíceps o los pectorales– como los lugares centrales para ejercitar no sólo el cuerpo, sino muy especialmente la masculinidad, la hombría y la virilidad.

La fisiología del ejercicio se articuló con alguno de estos conceptos y los amplió y diversificó. Los procesos fisiológicos de los varones «normales» fueron considerados potencialmente más entrenables y ejercitables. Las capacidades a desarrollar en los niños debían ser compulsivamente la resistencia, la velocidad, la agilidad y, fundamentalmente, la fuerza. En nombre de la fisiología del ejercicio se legitimó todo un universo moral que supuestamente se infería de la estructura corporal masculina y de sus sistemas funcionales: el carácter enérgico, la osadía en la acción, la valentía, la decisión, la fiereza, el valor, la voluntad, la energía, la persistencia, el coraje, la disciplina y el dominio de sí eran «naturalmente» atributos y características masculinas que debían educarse y potenciarse.

El registro fisiológico asoció la masculinidad «correcta» con el valor y con un conjunto variado de categorías interconectadas. La voluntad, la sensibilidad, el dolor, el miedo, la impresionabilidad, la brutalidad y el valor fueron aspectos centrales en la educación de los cuerpos masculinos en movimiento y definieron una determinada forma de entender a la masculinidad como un ideal ficcional a alcanzar:

> La educación del valor en el niño tiene por primera indicación la de atenuar su sensibilidad. Para embotar los nervios sensitivos, no hay que temer el dejar jugar a los niños, siguiendo su instinto, que les lleva a empujarse y derribarse. Aunque el juego fuese un poco brutal, ¿qué significa el peligro de una mejilla acardenalada,[1] ó de un ojo hinchado, en comparación del beneficio de adquirir esas cualidades viriles, que tiene el valor por base? Muchos de nuestros antiguos juegos de niños respondían bien a esta indicación de higiene moral y física. Ha sido una equivocación el proscribir todas esas diversiones en que los niños se agarran y se tiran, luchan por una pelota, ó se persiguen pegándose con un pañuelo retorcido [...] hay que hacer perder al niño su exceso de impresionabilidad física y su miedo al dolor. (Lagrange, 1894, p. 276)

A partir de este tipo de convenciones, los gigantes de la fisiología del ejercicio legitimaron un tipo de masculinidad que nada tenía que ver con procesos orgánicos, sino más bien con procesos morales, sociales y políticos.

Por último, la antropometría completó el grupo de saberes médicos que interpretaron al cuerpo masculino y su supuesta esencia moral. A partir de un conjunto de mediciones sobre ciertas partes del cuerpo, sustentadas en determinados estándares prefijados, se infirieron «científicamente» mayores posibilidades corporales y físicas para los niños y los hombres. Las medidas previamente establecidas y estandarizadas sobre la talla, el peso, el perímetro torácico, el índice vital, el grado de fuerza muscular, la resistencia a la fatiga o el nivel de potencia física, naturalizaron las diferencias sexuales como sinónimo de desigualdad, exaltando la superioridad física masculina así como reafirmando la inferioridad femenina. El varón «promedio» podía –y debía– saltar, correr, lanzar, traccionar o empujar más centímetros que las niñas. Una batería de pruebas para medir estados y capacidades vitales partieron de clasificaciones saturadas de una simbólica atravesada por sentidos jerarquizados sobre la diferencia sexual y la masculinidad ideal (de generización y de masculinización). Por ejemplo, los varo-

1. Sinónimo de amoratada.

nes con pulmones sanos eran considerados más fuertes física y moralmente, lo que los alejaba de la figura del enclenque, del débil o del delicado. En síntesis, las pruebas de salto, de carrera de velocidad, de medición de la fuerza, o el uso de cierto material (sogas, conos, pelotas, etc.), potenciaron las «supuestas» fortalezas físicas y funcionales masculinas señaladas por las otras formas especializadas provenientes del registro médico.

3) La lógica de la mismidad: los «otros» en la «cultura física» y en la educación física

Que el sujeto enunciador haya sido históricamente masculino y con un fuerte perfil androcéntrico, y que el discurso legitimador de la masculinidad tradicional haya provenido fundamentalmente del registro médico a partir de una particular forma de «leer» e interpretar a los cuerpos de los «machos», fueron condiciones necesarias pero no suficientes para materializar la fabricación de un determinado orden corporal masculino. A ello se le agregó un aspecto central vinculado con la construcción de la masculinidad moderna: su aspecto relacional y, al mismo tiempo, la necesidad de imponer figuras asociadas a la otredad. Vale decir que la masculinidad moderna se reafirmó y fortaleció en su imagen y en sus características como resultado de la pugna con los «otros», sus adversarios y enemigos. Estos últimos, estuvieron representados por varones con cualidades, características, propiedades y funciones que no se asociaban imaginariamente –y arbitrariamente– con lo que significaba ser un «verdadero» varón.

Tanto la «cultura física» como, posteriormente, la educación física como disciplina escolar estuvieron históricamente atravesadas por un constante combate entre lo mismo y lo otro. Esta lógica de pensamiento occidental y moderno propició un sistema particular de exclusión, separación y control epistemológico, moral, político y social sobre las identidades, muy especialmente las sexuadas y las de género.

La construcción de un ideal masculino o de un varón «promedio» se asentó en la lógica de la mismidad. Esta lógica necesitó la construcción de «otredades» que permitiesen afirmar la posición de la mismidad como la única posición «normal», «verdadera» y deseable; excluyendo, silenciando, cuestionando y omitiendo otras formas posibles de pensar y experimentar, en este caso, la corporalidad masculina.

En el campo de la «cultura física» y de la educación física por lo menos dos grandes otredades se construyeron para autoafirmar a la masculinidad tradicional y hegemónica, negativizando sus opuestos. Por un lado, los discursos y los saberes referidos a la masculinidad moderna durante un juego, un deporte o una ejercitación física se definieron a sí mismos en oposición a una antítesis representada, la mayoría de las veces, por las mujeres como un colectivo sin fisuras. Por otro lado, la masculinidad tradicional y hegemónica se construyó en oposición a otras masculinidades cuyas características estaban asociadas con la feminidad como constructo contaminador, degenerador y distorsionador de la supuesta esencia masculina.

En el primer caso, la concepción androcéntrica de la mismidad tomó al varón como prototipo de ser humano completo y perfecto y a la mujer como su «necesario» opuesto: incompleta y deficiente. Los referentes decimonónicos del campo de la «cultura física» y de la educación física re-afirmaron esta lógica binaria, oposicional y excluyente. A veces las niñas y mujeres fueron definidas como muscular, anatómica o fisiológicamente inferiores con relación a los varones no pudiendo ejercitar ciertas partes del cuerpo, determinadas regiones musculares, ni ciertas capacidades físicas como la resistencia o con ciertos cuidados la velocidad y, en otras ocasiones, fueron conceptualizadas como complementarias a las condiciones físicas de los varones pudiendo realizar aquellas actividades que los hombres dejaban de lado (Cavana, 1995). En cualquier caso, el punto de referencia de lo humano fue siempre el varón, o mejor dicho, la creación ficticia de un supuesto varón «promedio». Fue común legitimar la superioridad del varón y, en consecuencia, la inferioridad física, y por transitividad, política de las niñas y mujeres a partir de afirmaciones «científicas» con el siguiente tono: «La fuerza de la mujer, medida en el dinamómetro, apenas representa más que dos tercios de la del hombre» (Lagrange, 1894, p. 145). Asimismo, la forma de autoafirmar a la masculinidad tradicional frente a las mujeres tenía una denominación clara con una connotación negativizante para aquellas que osaron traspasar el límite social y moral arbitrariamente impuesto: «machona» y/o «copia ridícula del varón». Estos lexemas fueron recurrentes en los últimos doscientos años, siendo mencionados en diversos manuales, libros, folletos, planes educativos, programas escolares y textos de «cultura física» y de educación física (Scharagrodsky, 2006a).

En el segundo caso, la definición de la masculinidad tradicional necesitó autoafirmarse construyendo la figura del «varón impostor». El afeminado, el maricón, el enclenque, el débil, el torpe, el apático, el amanerado, el neurasténico, el improductivo, el disidente político, o el que no tenía coraje, audacia y no se comportaba en forma «varonil» durante un ejercicio físico, un juego o una práctica deportiva fue rápidamente negativizado y, en muchas ocasiones, humillado y hasta patologizado. Rodolfo Obermann, uno de los referentes del campo de la «cultura física» decimonónica, escribió lo siguiente:

> Debe hacerse todo lo posible por hacer viriles a los jóvenes, por salvarles de lo que se llama un hermafroditismo, que sólo dejaría intacta la apariencia de varón,

> mientras que les dotaría de la laxitud de las mujeres. La gimnasia, previene la afeminación y crea «hombres varoniles» –disciplinados, industriosos, modestos y perseverantes–. (citado en Mosse, 2000, p. 56)

Como señala Mosse (2000, p. 56), «el contraste entre el hombre varonil y el afeminado estuvo presente a lo largo de todo el proceso de construcción de la masculinidad moderna. Los argumentos en pos de la virilidad y la belleza masculina implicaban la existencia de su opuesto. El ideal de masculinidad tenía al hombre poco masculino como su antagonista».

En Argentina, esta lógica se mantuvo con ciertos matices y diferencias en muchas de las propuestas de educación corporal (la Gimnasia Militar a finales del siglo XIX, el Scautismo en la segunda década del siglo XX, la Educación Física de los Exploradores de Don Bosco a partir de la segunda década del siglo XX, el Sistema Argentino de Educación Física en las primeras tres décadas del siglo XX, la Gimnasia Metodizada elaborada por militares del Ejército a mediados de 1930 y las danzas, los deportes, los juegos, las excursiones escolares y otras propuestas de educación corporal a partir de los años cuarenta). Por ejemplo, el «otro» en la gimnasia militarizada practicada a finales del siglo XIX en instituciones escolares argentinas estuvo representado por el niño indisciplinado, «blando», poco varonil y antipatriota. Asimismo, el «otro» en el scautismo fue construido a partir de la figura del «pie tierno». Una figura ficticia caracterizada como poco varonil, débil, dependiente, heterónoma, cobarde y temerosa. De igual manera, el «otro» en la educación física de los Exploradores de Don Bosco estuvo representado por el niño laico o ateo, no creyente ni en Dios, ni en Jesucristo, ni en la Iglesia católica. La gimnasia practicada por los salesianos debía construir un sujeto masculino que no fuese homosexual, ni que cayese en el vicio de la masturbación. Debía luchar contra las bajas pasiones, las sensibilidades «peligrosas», la concupiscencia de la carne, la irascibilidad de los sentidos y reprimir los pensamientos «malos» o incorrectos. Debía apartarse de las emocionalidades «confusas» (Scharagrodsky, 2009).

Por otra parte, el «otro» en el Sistema Argentino de Educación Física implementado por el Dr. Enrique Romero Brest se apartó, en parte, de las anteriores propuestas. Por ejemplo, contribuyó a establecer cierto ideal de masculinidad vinculado con una virilidad fuerte, osada, valerosa, enérgica, emprendedora, persistente y disciplinada. Pero estas cualidades, estuvieron acompañadas de otras que intentaron diferenciarse de la matriz militar y sus consecuencias en la construcción de la masculinidad. De esta manera, Romero Brest insistía en la solidaridad entre los hombres, la necesidad de protección al más débil, el respeto por los derechos de los demás, el respeto por la libertad individual, la confianza de la ciencia para la búsqueda de la verdad, el uso del buen juicio en contra de la sumisión y las jerarquías, el espíritu de solidaridad de una democracia y la búsqueda de una verdadera sociabilidad republicana. La crítica hacia la concepción militarista hiper disciplinante e hiper nacionalista de la educación física, diferenció su propuesta de educación corporal masculina rechazando el ideal del varón obediente, guerrero, violento, aguerrido y conquistador. A partir de las críticas al discurso y a la práctica militar de la educación física, Romero Brest intentó transmitir el estereotipo de una masculinidad más pacífica y más amable que dependiera de la solidaridad más que de la lucha, sin por ello dejar de lado el núcleo duro del estereotipo normativo de la masculinidad tradicional, el cual incluía el valor, el coraje, la fuerza y el autodominio.

En la mayoría de las ocasiones, a aquellos que quisieron resistir al estereotipo tradicional de la masculinidad moderna se les acusó de tener una sexualidad «dudosa» es decir, de no cumplir compulsivamente con la matriz de deseo heterosexual y, en consecuencia, de atentar contra el futuro de la nación, la familia y la sociedad. Los socialistas, los anarquistas y muchas feministas que lucharon por un orden de género más justo e igualitario y que se preocuparon por una educación física diferente, especialmente a finales del siglo XIX y principios de siglo XX, fueron ubicados en el lugar de lo anormal, lo enfermo y, muy especialmente, lo desviado en clave sexual. En la argentina, aquellos que se oponían «a armarse e instruirse para defender el honor de la Nación» fueron considerados cobardes y degenerados:

> ¡esos pocos degenerados que niegan a la Nación, en plena paz y rodeados de las mayores comodidades, el sacrificio de algunos meses un paréntesis a la vida licenciosa, deben ser vigilados de cerca, en caso de guerra, porque serán muy capaces de convertirse en traidores, si es que ya no fueron cobardes. (Torres, 1912, p. 487)

Los defensores de la educación física militarizada cuestionaron a aquellos grupos que estaban en contra de los batallones escolares, de la gimnasia militar en la escuela o de los torneos escolares de tiro: «Podría comprobarse científicamente que a los hombres sin patriotismo, les falta la intensidad del sexo» (Castellanos, 1913, p. 101).

Las diferentes propuestas de educación corporal más cercanas a la militarización exaltaron hasta el paroxismo a la otredad amenazante: antipatriotas, poco patriotas, cosmopolitas, universalistas, socialistas, anarquistas, feministas, débiles, maricones, invertidos, desviados, tímidos, pusilánimes, etc. Todo este universo de «anormales» debía ser reencauzado. Un trabajo arduo que los discursos hegemónicos referidos a la «cultura física» y a la educación física aceptaron como un mandato «natural» del campo. Salvo algunas excepciones y ciertas resistencias, la historia nos muestra un panorama saturado de significados hipermasculinizantes e hipervirilizantes en donde la lógica de la mismidad triunfó. Ese triunfo, a pesar de ciertas fugas y quiebres, se impuso rotundamente. Pero ¿qué ocurre hoy en día en las clases de educación física argentinas?

Educando a los muchachos a través del movimiento[2]

Teniendo en cuenta el importante papel que tuvo la «cultura física» y la educación física argentina en la masculinización de los cuerpos, surgen una serie de interrogantes: ¿Qué sucede hoy en día en las clases de educación física con relación a la construcción de las masculinidades? ¿Cuáles son los aspectos más estimulados?, ¿Cuáles los aspectos más denigrados? y ¿Qué modelos de masculinidades se configuran a través de las prácticas físicas, lúdicas y deportivas?

Si bien no se puede generalizar, en la actualidad es posible señalar que los patrones de masculinidad que traen los niños juntamente con los discursos de la educación física escolar, a través de ciertos juegos, ejercicios físicos y deportes, siguen teniendo un papel central en la contribución del armado de las masculinidades en, por lo menos, cinco aspectos básicos, todos ellos fuertemente interrelacionados: 1) la masculinidad asociada a la heterosexualidad, 2) la masculinidad definida por oposición a la feminidad, 3) la masculinidad como un organizador de la homofobia, 4) la masculinidad asociada con una cierta jerarquización del cuerpo del varón y 5) la masculinidad asociada a un universo moral y kinético determinado.

1) La masculinidad asociada a la heterosexualidad como la única matriz de deseo posible: «son todos 'putos'»

Uno de los rasgos centrales de la masculinidad moderna es la heterosexualidad. La mayor parte de las sociedades patriarcales identifican masculinidad y heterosexualidad. Aunque históricamente no siempre fue así, los varones actuales son definidos –y se definen– como verdaderos varones frente a «peligrosos» impostores. Entre ellos se encuentran los varones homosexuales, los afeminados y/o los mariquitas. Como señala Badinter (1993), entre otros autores/as, para hacer valer la identidad masculina, los varones deben convencerse y convencer a los demás de varios aspectos vinculados con su identidad, entre ellos, que no se es homosexual.

Los niños en las clases de educación física a través de las prácticas deportivas –especialmente el fútbol–, aprenden a reafirmar su identidad masculina heterosexual como parte de un guión aceptado y naturalizado.

2. El siguiente apartado sigue los lineamientos desarrollados en Scharagrodsky (2006b; 2007).

Esto se da a partir de un conjunto de símbolos e imágenes que se transmiten, distribuyen y ponen en circulación avalando la idea de la sexualidad activa, penetrante e impulsiva.

De igual manera, determinadas microprácticas controlan las emociones y la sensibilidad de los niños. La expresión de ciertos sentimientos, el culto a una especie de insensibilidad o dureza y la homofobia son, en mayor o menor medida, productos buscados durante las prácticas deportivas. Por ejemplo, se admite la amistad entre compañeros, pero muy difícilmente la intimidad ya que el deseo entre hombres es inadmisible (Lopes Louro, 1997, 1999) o se juzgan como «desviados» ciertos contactos corporales entre varones o se denigra con expresiones recurrentes como mariquita, cobarde, amanerado o «puto» al que no se comporta como un «verdadero varón» (Scharagrodsky, 2006b). Aquí resulta obvia la confusión simbólica con la feminidad como constructo negativo al que hay que rechazar.

Toda una batería de prácticas corporales alertan sobre el peligro de las uniones corporales estrechas entre niños de un mismo sexo. Todo indicio de carga erótica o emoción excesiva entre varones, común en otras épocas, es censurado. Está claro que la prohibición de la homosexualidad es particularmente importante en las definiciones modernas de la masculinidad y las prácticas deportivas han sido muy eficaces en el logro de este objetivo (Messner, 1992; Mac an Ghaill, 1994; Archetti, 2003).

La denigración más común durante un partido de fútbol entre varones –no solo en el ámbito escolar– es el ser tildado de «puto». Una enorme variedad de términos amplían la escena masculinizante: «te la comes», «les rompimos el culo», «culo roto», etc. Un menor grado de denigración viril se produce con ciertas frases como «ser cagón» o «ser el hijo de».[3] En el caso particular del término «puto», no solo se humilla y se ofende a quien es designado como tal –en general algún alumno «torpe» o que no «traba fuerte una pelota»–, sino que, al mismo tiempo, se reafirma que la propia masculinidad (heterosexual) depende de privar al otro de la suya. El conquistado, el débil, el que no es un «hombre de verdad» hace –o se sospecha que hace– cosas que atentan contra la «naturaleza» masculina.

Estas escenas desarrolladas con mayor o menor intensidad en las clases de educación física, insisten recurrentemente en definir a la homosexualidad como un desvío «anormal» de la sexualidad masculina dominante, y normal, esto es, de la heterosexualidad. La mirada heterosexual del mundo «evalúa como normal y como natural las relaciones heterosexuales entre varones y mujeres y sanciona, denigra y estigmatiza cualquier otra conduc-

3. Los cantitos de fútbol en Argentina o los graffitis escolares son un buen ejemplo de la puesta en circulación de esos significados.

ta sexual (homosexual, bisexual, transexual, etc.) con la etiqueta de anormal, inmoral o antinatural» (Lomas, 2004, p. 15).

2) La masculinidad definida por oposición a la feminidad: «te mueves como una nena»

Cualesquiera sean las variaciones de clase, edad, etnia, orientación sexual o religión, ser varón significa no ser como las mujeres. Esta noción de antifemineidad está en el corazón de las concepciones contemporáneas e históricas de la virilidad, de tal forma que la masculinidad se define más por lo que uno no es que por lo que es (Kimmel, 1997; Barragán, 2004).

La adquisición de la masculinidad hegemónica (y la mayor parte de las subordinadas) es un proceso a través del cual los varones eliminan todo un conjunto de sensaciones, afectos y necesidades. Esconder y suprimir ciertas sensaciones van construyendo un tipo de virilidad en donde las cualidades ligadas imaginariamente al universo femenino no tienen lugar y son rechazadas. En consecuencia, la identidad masculina nace de cierta renuncia a lo femenino.

En las clases de educación física la huida de lo femenino por parte de los varones es una constante. Este proceso se materializa a través de determinados gestos, movimientos corporales, actitudes y, también, por intermedio del lenguaje. Por ejemplo, la formación del carácter y del aguante[4] son dos aspectos que se consideran esenciales en el ámbito deportivo para alcanzar la «verdadera» masculinidad. No poseer dichas características («no bancársela o no tener aguante») implica acercarse al mundo indeseable –e ineficiente desde el punto de vista motor– de la feminidad.

Al ser masculino se le desafía permanentemente con un «demuestra que eres un hombre». Son varios los espacios sociales en donde el varón debe demostrar ser un «verdadero hombre». Uno de ellos es el espacio deportivo, en especial las pruebas y los torneos. El lenguaje utilizado y las acciones valoradas van fabricando sutilmente «hombrecitos». Sin embargo, en este punto merece destacarse que en la mujer las pruebas y demostraciones adquieren otro sentido.

El cumplir constantemente con las exigencias de la masculinidad es tarea ardua y a veces casi imposible. Unos se mantienen en la lucha y se con-

4. *Aguante* es un término muy utilizado en Argentina. En el aguante –según la percepción masculina– nunca hay capitulación porque se apuesta, como mínimo, a una «victoria moral.» El *aguante* implica siempre, un impulso corporal a resistir, a sentir (y exhibir) un difuso sentimiento orgulloso. El *aguante* se mantiene con independencia del «resultado» final, porque solo intenta atestiguar lo que ningún desenlace es capaz de acreditar: el *valor*. Las mujeres, los niños y los homosexuales no tienen lugar en él. El *aguante* es una forma de la *guapeza* y se advierte más en desventaja: desafía a lo que se supone ganador (Elbaum, 1998).

sideran campeones. Otros se retiran a los márgenes de la masculinidad y se convierten en perdedores. Los niños que son tímidos, callados, pasivos, que se tocan «peligrosamente» ciertas partes del cuerpo o que directamente «no ponen la pierna fuerte» durante un partido de fútbol son asociados con lo femenino y generalmente son ridiculizados (Scharagrodsky, 2003).

En consecuencia, confrontar la masculinidad con la feminidad supone no aceptar los valores que están ligados, solo imaginariamente, a lo «femenino» y sobrevalorar los valores que están ligados, solo imaginariamente, a lo «masculino». De esta manera, lo que se liga imaginaria y simbólicamente con el universo «masculino» se convierte en norma que juzga el resto de las acciones de los otros/as. El varón se convierte en el representante natural, en el criterio de referencia a partir del cual se mide a la mayoría de las mujeres y a los varones devaluados.

3) La masculinidad como un organizador de la homofobia: «mirad, Jorge y Luis... parecen novios»

Según Michel Kimmel (1997) la homofobia es un principio organizador de nuestra definición cultural de la virilidad. La homofobia es el miedo a que otros hombres nos desenmascaren, nos castren, nos revelen a nosotros mismos y al mundo entero que no alcanzamos los estándares, que no somos verdaderos hombres. El verdadero temor no es el miedo a las mujeres, sino el de ser avergonzados o humillados delante de otros hombres, o de ser dominados por hombres más fuertes.

Lo que se denomina masculinidad es a menudo una caricatura tosca y grotesca que protege y cuida a la mayoría de los varones de ser descubiertos como seres débiles e inseguros. En consecuencia, el verdadero temor no es tanto el miedo hacia las mujeres, sino el temor a no lograr el ideal viril de los varones hegemónicos. Paradójicamente, el miedo que es un atributo ligado solo imaginariamente al universo femenino, parece dominar las definiciones culturales de virilidad: miedo o temor a verse como un afeminado.

Uno de los efectos de la homofobia es la ausencia de relaciones íntimas de amistad entre varones. Otro de los efectos está vinculado con las dificultades que experimentan muchos varones en manifestar afectividad, receptividad o necesidad de cuidado y de cariño en un grupo de iguales. La homofobia genera mecanismos que niegan la expresión de los sentimientos entre varones y constituye uno de los principales obstáculos para el cambio de las concepciones patriarcales de la masculinidad.

La posibilidad de que en una clase de educación física dos varones se miren de determinada forma, se abracen y se toquen de cierta manera o más tiempo del que está socialmente permitido, se convierte en un escenario impensable o con fuertes efectos punitivos. Esto es así ya que la mayoría de los varones están bajo el cuidado y persistente escrutinio de otros varones y de los docentes. La mirada del otro varón concede o no concede la aceptación en el reino de la virilidad «correcta». Dicho en otros términos, la mayoría de los varones necesitan validar su hombría por medio de la aprobación de otros compañeros varones.

La masculinidad es una aprobación «homosocial». En muchas ocasiones las actividades físicas, lúdicas y/o deportivas se convierten en potentes medios para que otros varones admitan y admiren el arquetipo hegemónico de la virilidad socialmente aceptada y esperable. No obstante ello, muy pocos varones pueden alcanzar dicho ideal.

La mayoría de los varones, en una clase de educación física, se convierten en verdaderos agentes de policía vigilando ideales normalizadores de género sobre el resto de sus compañeros, generando efectos cuasi materiales y simbólicos sobre la superficie corporal y produciendo una determinada fachada varonil: caminar de cierta manera, gesticular con ciertas partes del cuerpo, mostrar –y a la vez ocultar– ciertas zonas corporales, usar determinada ropa o moverse con cierto «estilo».

Ser fuerte, valiente y estar en control de la situación, son algunos de los requisitos básicos de la masculinidad que entran en juego durante las prácticas físicas y deportivas. La masculinidad es una empresa que se valida constantemente, y aunque se presente ante mujeres, está mayormente dirigida a otros hombres, a los contrincantes reales o potenciales en la competencia por demostrar quién es el más macho. Hay que estar siempre en guardia para no perder o permitir que se nos cuestione nuestra masculinidad. Es necesario evitar ser etiquetados en la esfera de los devaluados, de los perdedores o de los menos machos (los que están en los márgenes de la masculinidad y/o se parecen a las mujeres).

4) La masculinidad asociada con una cierta jerarquización del cuerpo del varón: «te voy a romper el culo»

El cuerpo como construcción social y cultural aparece fuertemente modelado por prácticas sociales de distinto tipo, entre ellas, por las prácticas físicas y/o deportivas. En las clases de educación física, el cuerpo se convierte en un terreno de disputa en el que múltiples significados se inscriben sobre él, configurando una determinada cultura somática. Dicha cultura somática nunca es fija y acabada, sino que es inestable, dinámica y se reactualiza permanentemente.

Sin embargo, la superficie del cuerpo no tiene el mismo sentido y el mismo valor a la hora de poner en circulación e incardinar ciertos significados sobre la carne. Determinadas partes del cuerpo son más valoradas que otras. Determinados sentidos son jerarquizados sobre otros, como por ejemplo el olfato, que se encuentra en franca decadencia (Laporte, 1989). Al mismo tiempo que ciertas zonas corporales se convierten en lugares vedados o silenciados, otras regiones corporales merecen los máximos calificativos, los mayores cuidados y las mejores presentaciones.

En consecuencia, el cuerpo se construye y modela a partir de ciertos criterios. Todos ellos atravesados por una lógica jerárquica en la cual el sistema falologocéntrico establece la predilección de ciertas partes del cuerpo, pero dispuestas de una forma determinada: la cara no muy arrugada, los brazos (más anchos en el varón que en la mujer), las piernas (más robustas en el varón y más delgadas en la mujer), los senos (turgentes y duros en la mujer y firmes pero poco desarrollados en el varón), el abdomen (firme tanto en los varones como en las mujeres, aunque la «pancita» en los varones esté más permitida que en las mujeres), las manos (con más rugosidades y callosidades en el varón que en la mujer), ciertos músculos (los bíceps más desarrollados en el varón y los glúteos más desarrollados en la mujer), etc.

Pero otras regiones del cuerpo aparecen prohibidas o condenadas, a pesar de que se las nombre con cierta frecuencia durante las prácticas físicas y/o deportivas. El ano es una de estas partes. Este pequeño sector del cuerpo, que se diferencia de los glúteos por escasos centímetros, se convierte en la zona degradada por excelencia. En general utilizado como insulto o amenaza entre alumnos («te voy a romper el culo», «les ganamos y les rompimos el culo», «cerrá el orto») se convierte en el lugar –material y simbólico– sobre el cual se pone en duda la identidad masculina hegemónica y heterosexual. Aquel varón al que le «rompen el culo» lo castran y lo feminizan. Como señala Acha (2000) «como se supone que la mujer está castrada por su misma condición femenina, para el varón ser penetrado implica la pérdida de las capacidades dominantes del pene. Ser penetrado equivale a perder el pene. Si el ano de un 'macho' es penetrado, ese varón es castrado y feminizado» (p. 57).

Al mismo tiempo que la zona anal es denigrada, el pene y la capacidad de penetrar se convierten en los aspectos más valorados en la cultura patriarcal. A nadie se le ocurre burlarse del que «da por el culo», y en cambio «dado por el culo» es una injuria violenta que atenta contra una de las condiciones centrales de la subjetividad moderna: la condición masculina heterosexual como la única posible y verdadera. En consecuencia, «el signo mayor de esta regionalización y organización corporal está dado por el lugar subordinado y despreciado del ano» (Acha, 2000, p. 60).

Las prácticas corporales, durante las clases de educación física, no solo ejercitan ciertas partes del cuerpo, determinadas funciones y ciertos músculos instalando ciertos significados, sino que al mismo tiempo por ridiculización, negación u omisión ejercitan, en forma simbólica, al ano y al pene junto con todo un conjunto de asociaciones no siempre monolíticas, sino más bien contradictorias sobre sus límites y sus capacidades.

Ejercitar el ano del varón es una prioridad en las clases de educación física, aunque no aparezca explícitamente en ningún dispositivo curricular. Forma parte del currículum oculto. Como le dice un alumno a otro en una clase de educación física: «si no te moves te rompo el culo». Ejemplos de este tipo son comunes y recurrentes en las clases de esta disciplina escolar. Exaltar el pene como lo valioso, lo deseable, lo fuerte y lo que penetra y domina, también se convierte en una prioridad en las clases de educación física, aunque tampoco aparezca explícitamente en ningún dispositivo curricular. Forma parte también del currículum oculto. De igual manera, como le dice un alumno a otro en una clase de educación física: «¿vas a jugar? Y el otro varón le contesta: «sí con la mía...» (y se agarra el pene y se lo muestra al compañero). Nuevamente, ejemplos de este tipo son comunes y recurrentes en las clases de esta disciplina escolar.

5) La masculinidad asociada a un universo moral y kinético determinado: «Marcelo... hace un mes que venís a la clase con vaqueros ¿qué te pasa?»

La cultura somática producida durante las clases de educación física presenta un universo kinético y moral específico. Del universo infinito de posiciones, gestos, movimientos y desplazamientos corporales solo unos pocos se configuran. Lo mismo sucede con el universo moral. Del universo infinito de cualidades y atributos morales, solo unos pocos se configuran. Ambos universos se entrecruzan convirtiendo al cuerpo en un signo social.

De esta manera, en las clases de educación física es común observar determinados universos kinéticos y morales que se diferencian en función a la posición jerárquica de quien la manifiesta. No se mueve de la misma manera una masculinidad hegemónica que una subordinada. No se ubica en el mismo lugar del campo de juego una masculinidad hegemónica que una masculinidad subordinada. No transmite el mismo universo moral (coraje, honor, valentía, fuerza, moderación, templanza, sangre fía, perseverancia, etc.) una masculinidad hegemónica que una subordinada.

Por ejemplo, ciertos usos, gestos y comportamientos corporales reafirman los patrones de las masculinidades hegemónicas y subordinadas. Tocarse ciertas partes del cuerpo (en particular los genitales), simular golpearse (muchos varones hacen como si se golpearan entre ellos), insultarse a través de ciertos términos (puto, cagón, no te la bancás, etc.), significar de cierta manera las victorias o las derrotas deportivas («ganamos porque tuvimos más garra» o «ganamos porque tuvimos más aguante»; «no tienen aguante», «no se la bancaron», «la próxima tomen sopa» o «le rompimos el culo»), van paulatinamente fabricando las diversas masculinidades.

Las masculinidades hegemónicas están representadas en las prácticas deportivas fundamentalmente, por aquellos varones que son siempre elegidos entre los primeros de cada equipo, que «van al frente», que son «técnicamente habilidosos» o simplemente que son «los más machos». Esta masculinidad hegemónica, valora como específicamente masculino el universo moral ligado con la guapeza, la agresividad, la brusquedad, la fortaleza física, la valentía, la fuerza física, la habilidad, el éxito y menosprecia todo lo que imaginariamente está ligado con lo femenino. Por el contrario, las masculinidades subordinadas son aquellas que no tienen las cualidades de las masculinidades hegemónicas o que no llegan a ciertos estándares masculinos. Son los sujetos frágiles como el gordito que va al arco de fútbol, el mariquita que no traba fuerte una pelota o el torpe al que no le sale un movimiento técnico (Scharagrodsky, 2003).

Las masculinidades subordinadas al no alcanzar ciertas normas masculinas, tienen menos posibilidades de participar durante el juego, de tocar la pelota, de moverse o de decidir un punto, ya sea por resolución propia, por decisión de sus compañeros más hábiles o más machos o por decisión u omisión del profesor. Generalmente, durante las prácticas deportivas, las masculinidades subordinadas ocupan espacios más reducidos, marginales o periféricos y no tienen tanto contacto corporal como el resto de sus compañeros. Las masculinidades denigradas pareciera que terminan la práctica deportiva casi como la empezaron: sin transpirar, sin sudoración y con sus ropas prolijamente adaptadas a sus cuerpos. Todo lo contrario sucede con las masculinidades hegemónicas o cómplices. Estas últimas, pareciera que terminan la clase agitados, despeinados, con la vestimenta desalineada, con sudoración y con los cachetes de la cara colorados. Son las masculinidades hegemónicas, y no las subordinadas las que, en general, al inicio de la práctica buscan el material, lo agarran, lo manipulan, aún antes de que el profesor inicie la clase. También son las masculinidades hegemónicas las que tienen el control del juego o de la actividad deportiva, tanto en relación a sus tiempos como a la táctica de la actividad.

Las masculinidades hegemónicas atraen mayor tiempo y atención de los docentes, ya sea porque son más traviesos e inquietos o porque se los destaca especialmente cuando son «buenos alumnos» por sobresalir en algún deporte. Las preguntas y propuestas que demandan mayor elaboración y que establecen relaciones más complejas se dirigen, generalmente, a los varones más destacados; especialmente cuando se explican cuestiones relacionadas con la táctica y con la técnica de los juegos y deportes. Los criterios que se ponderan en las masculinidades hegemónicas son diferentes a los que se utilizan para las masculinidades subordinadas. Todo ello genera en las masculinidades hegemónicas mayores y mejores rendimientos técnicos y tácticos durante un juego o deporte; así como la promoción, muchas veces exacerbada, de la competencia deportiva. Por último, cuando hay que mostrar algún movimiento técnico el elegido casi siempre es un varón «exitoso».

Pero los procesos de construcción de masculinidades presentan fisuras y resistencias por parte de ciertos varones. Las formas de resistencia de las masculinidades subordinadas son variadas: no participando de las prácticas deportivas, bien sea alegando seudolesiones y dolores ficticios o forzando la situación, sentándose a un costado de la cancha de fútbol, hablando con el profesor la mayor parte de la clase, moviéndose muy poco o no haciendo nada cuando el profesor no los mira, presentándose recurrentemente con ropa no adecuada para la actividad física (vaqueros) o simulando los ejercicios mientras los más hábiles o más machos repiten y repiten. Asimismo, algunos profesores, sensibilizados a partir de cierta perspectiva de género, intentan romper esta lógica jerárquicamente masculinizante. Sin embargo, dichos intentos son más individuales que colectivos e institucionales.

En cualquier caso, los límites que los compañeros varones, y también los docentes, estipulan para que no se desvíen los niños de los «guiones» de género supuestamente ideales y normales son muy claros: mariquita o afeminado para el «falso» varón. Los niños que no se comportan como verdaderos hombres son rápidamente desacreditados. Generalmente, aquellos que se resisten a los mandatos hegemónicos son ridiculizados y estigmatizados. No solo a través del lenguaje sino de determinados gestos corporales, especialmente entre los pares de varones.

Consideraciones finales

La historia de la «cultura física» decimonónica y de la educación física escolar argentina muestra la fuerte contribución en el armado de las masculinidades tradicionales. Dicho proceso avaló y legitimó un determinado guión generizado caracterizado por el binarismo, la jerarquía, la oposición y la heterosexualidad compulsiva como los únicos componentes posibles y deseables para el modelaje de los cuerpos masculinos.

La formación del estereotipo masculino en el campo de la «cultura física» estuvo potenciado por diversos factores, entre ellos, que el sujeto productor del campo fuese recurrentemente masculino, que el discurso legitimador de la masculinidad tradicional proviniese del discurso médico y que la lógica de la mismidad prevaleciese en la regulación e imposición de un tipo de masculinidad tomando a las mujeres y a los varones «impostores» como sus dos grandes enemigos.

Teniendo en cuenta todo esto, así como las fuertes continuidades con el momento actual, se impone indagar la construcción escolar de la masculinidad como un tema prioritario para aquellos/as que consideran posible y necesario edificar escenarios educativos de igualdad y, al mismo tiempo, de respeto a la diferencia. No solo a favor de las chicas, sino también, y muy especialmente, a favor de los chicos, ya que los géneros son relacionales y, en consecuencia, nadie puede comprender la construcción social de la masculinidad, de la feminidad o de otras identidades posibles sin que las unas hagan referencia a las otras.

Somos lo que somos no solo porque nacemos con ciertos órganos sexuales, sino también, y sobre todo, porque aprendemos a ser varones de una determinada manera, en el seno de la familia, en el grupo de iguales, en el medio físico y sociocultural y en el ámbito escolar. En este último espacio social, la educación física escolar ha tenido –y aún tiene– una clara participación en el proceso de construcción de los cuerpos y de la diferencia sexual.

Más allá de ciertas resistencias, contradicciones y ambivalencias, en la actualidad las prácticas y los discursos de la educación física escolar, a través de ciertos juegos, ejercicios físicos y deportes, mantienen un «núcleo duro» de normas, valores, atributos, propiedades y mandatos, que definen a las masculinidades hegemónicas como heterosexuales, homofóbicas, en franca oposición al universo femenino, jerarquizando ciertas partes del cuerpo y limitando –y a la vez potenciando– un determinado universo moral y kinético. Con relación a esto último, y más allá de ciertas resistencias, la historia parece mostrar más continuidades y recurrencias que discontinuidades y fisuras.

A pesar de este escenario injusto e inequitativo, aceptar que las masculinidades son heterogéneas, producto de construcciones sociales complejas y contradictorias resulta especialmente estimulante ya que esto implica que muchas prácticas y discursos, fuertemente arraigados en el campo de la educación y de la educación física, pueden cambiar y se los puede dotar de nuevos sentidos y significados. Así como se aprende, también se puede desaprender que las desigualdades y los procesos de subordinación no son inevitables ni naturales.

Resignificar al cuerpo y ciertas partes del mismo, a la sexualidad y al deseo, a la lógica binaria, a la diferencia jerarquizada, a la separación de actividades por «tener» un órgano sexual, a las emociones y sensaciones, a los usos del cuerpo en el espacio y en el tiempo, a los contactos corporales o a la violencia simbólica, psicológica y física se convierten en prioridades para la comunidad de profesores y profesoras de educación física. Ello redundará en escenarios más justos y equitativos impidiendo que sean siempre los mismos alumnos –y alumnas– los que meten los goles y que siga habiendo tantos alumnos –y alumnas– en *off side.*

Referencias

ACHA, O. (2000). *El sexo de la historia*. Buenos Aires: El Cielo por Asalto.

ARCHETTI, E. (1998). «Masculinidades múltiples. El mundo del tango y del fútbol en la Argentina». En D. Balderston y D. Guy, (ed.), *Sexo y Sexualidades en América Latina* (pp. 291-312). Buenos Aires: Paidós.

ARCHETTI, E. (2003). *Masculinidades. Fútbol Tango y Polo en Argentina.* Buenos Aires: Editorial Antropofagia.

BADINTER, E. (1993). *XY La identidad masculina.* Madrid: Alianza Editorial.

BARRAGÁN, F. (2004). «Masculinidades e innovación educativa: de la homofobia a la ética del cuidado de las personas». En C. Lomas (comp.), *Los chicos también lloran. Identidades masculinas, igualdad entre los sexos y coeducación* (pp. 147-171). Barcelona: Paidós.

BOURDIEU, P. (2000). *La dominación masculina.* Barcelona: Anagrama.

CAVANA, M. (1995). «Diferencia». En C. Amorós, (comp.), *Diez Palabras Claves sobre Mujer* (pp. 85-118.). Navarra: EVD.

CONNELL, R. (1995). *Masculinities.* Berkeley: University of California Press.

CONNELL, R. (1998). «El imperialismo y el cuerpo de los hombres». En T. Valdés, y J. Olavarría (ed.), *Masculinidades y equidad de género en América Latina* (pp. 76-89.). Santiago: Ediciones FLACSO.

CONNELL, R. (2001). «Educando a los muchachos: nuevas investigaciones sobre masculinidad y estrategias de género para las escuelas». *Revista Nómadas,* nº 14, 156-171.

ELBAUM, J. (1998). «Apuntes para el 'aguante'. La construcción simbólica del cuerpo popular». En P. Alabarces, R. Di Giano, y J. Frydenberg (comp.), *Deporte y Sociedad* (pp. 237-244). Buenos Aires: Eudeba.

GILMORE, G. (1994). *Manhood in the making. Cultural concepts of masculinity.* New Haven: Yale Univesity Press.

JORDAN, E. (1999). «Los niños peloneros y sus fantasías lúdicas. La construcción de la masculinidad en la temprana edad escolar». En M. Belausteguigoitia y A. Mingo (eds.), *Géneros prófugos. Feminismos y Educación* (pp. 225-249). México: Paidós.

KAMENS, D. H. y CHA, Y. K. (1999). «La legitimación de nuevas asignaturas en la escolarización de masas: orígenes (siglo XIX) y difusión (siglo XX) de la enseñanza del arte y de la educación física«. *Revista de Estudios del Currículum,* 2, 1.

Kaufman, M. (1997). «Las experiencias contradictorias del poder entre los hombres». En T. Valdés, y J. Olavarría (eds.), *Masculinidad/es. Poder y Crisis* (pp. 63-81). Santiago: Ediciones de la Mujer, nº 24. Isis Internacional y FLACSO.

Kimmel, M. (1997). «Homofobia, temor, vergüenza y silencio en la identidad masculina». En T. Valdés, y J. Olavarría (eds.), *Masculinidad/es. Poder y Crisis* (pp. 49-62). Santiago: Ediciones de la Mujer, nº 24. Isis Internacional y FLACSO.

Kirk, D. (1998). *Schooling Bodies. School Practice and Public Discourse, 1880-1950.* Londres y Washington: Leicester University Press.

Laporte, D. (1989). *La historia de la mierda*. Valencia: Pre-textos.

Lomas, L. (comp.) (2003) *¿Todos los hombres son iguales? Identidades masculinas y cambios sociales.* Barcelona: Paidós.

Lomas, L. (2004) «¿Los chicos no lloran?». En C. Lomas (comp.), *Los chicos también lloran. Identidades masculinas, igualdad entre los sexos y coeducación* (pp. 9-32). Barcelona: Paidós.

Lopes Louro, G. (1997). «Produciendo sujetos masculinos y cristianos». En A. Veiga Neto (comp.), *Crítica post-estructuralista y educación* (pp. 91-118). Barcelona: Laertes.

Lopes Louro, G. (1999). (comp.) *O corpo educado. Pedagogias da sexualidade.* Belo Horizonte: ed. Autentica.

Mac an Ghail, M. (1994). *The making of men. Masculinities, sexualities and schooling.* Londres: Sage.

Messner, M. (1992). *Power and play. Sports and the problem of masculinity.* Boston: Beacon Press.

Morgan, D. (1999). «Aprender a ser hombre: problemas y contradicciones de la experiencia masculina». En C. Lucke, (comp.), *Feminismos y Pedagogías en la vida cotidiana* (pp. 106-116). Madrid: Morata.

Mosse, G. (2000). *La imagen del hombre. La creación de la masculinidad moderna.* Madrid: Talasa.

Scharagrodsky, P. (2002). «Los graffitis y los cantitos futboleros platenses: o acerca del proceso de configuración de diversas masculinidades». *Revista Brasileira de Ciências do Esporte*, 24(1), 179-197.

Scharagrodsky, P. (2003). «Entre machos y no tan machos: el caso de la Educación Física Escolar Argentina». *Revista Apunts*, nº 72, 41-48.

Scharagrodsky, P. (2006a). «El padre de la educación física argentina: fabricando una política corporal generizada (1901-1938)». En A. Aisenstein, y P. Scharagrodsky, (org.), *Tras las huellas de la Educación Física escolar argentina. Cuerpo, género y pedagogía. 1880-1950* (pp. 159-197). Buenos Aires: Editorial Prometeo.

Scharagrodsky, P. (2006b). «Género, Masculinidades y Educación Física. Varones exitosos y varones devaluados». En A. Aisenstein (comp.), *Cuerpo y Cultura: Prácticas corporales y diversidad* (pp. 163-183). Buenos Aires: Edit. Libros del Rojas.

SCHARAGRODSKY, P. (2007). «Masculinidades en acción: machos, maricas, subversivos y cómplices. El caso de la Educación Física argentina». En Costa Ribeiro, Santos da Silva, Silveira de Souza, Vilodre Goellner y De Souza (org.), *Corpo, Gênero y Sexualidade* (pp. 18-30). Porto Alegre: editora da FURG. UFRGS.

SCHARAGRODSKY, P. (2008). «Entre la histeria y la maternidad. Medicina, prácticas corporales y feminidad en el Buenos Aires del fin de siglo XIX». En P. Scharagrodsky (comp.), *Gobernar es Ejercitar. Fragmentos para una historia de la Educación Física en Iberoamérica* (pp. 105-135). Buenos Aires: Editorial Prometeo.

VIGARELLO, G. (2005). *Corregir el cuerpo*. Buenos Aires: Ediciones Nueva Visión.

VIGARELLO, G. (2011). «La invención de la gimnasia en el siglo XIX: nuevos movimientos y nuevos cuerpos». En P. Scharagrodsky (comp.), *La invención del 'homo gymnasticus'. Fragmentos históricos sobre la educación de los cuerpos en movimiento en Occidente* (pp. 23-36.). Buenos Aires: Editorial Prometeo.

Fuentes primarias

CASTELLANOS, J. (1913). «Las armas educan». *Revista de Tiro Nacional Argentino*. Dirección General de Tiro y Gimnasia. Buenos Aires.

LAGRANGE, F. (1894). *La Higiene del ejercicio en los niños y en los jóvenes*. Madrid: Librería de José Jorro. (Traducción Ricardo Rubio)

TORRES, F. (1912). «Manual para la tropa de infantería». *Revista de Tiro Nacional Argentino*. Dirección General de Tiro y Gimnasia. Buenos Aires.

8 Indagando en la identidad masculina de los alumnos preadolescentes

Emilia Fernández-García y Cristina Sanz

Introducción

La identidad de género es un constructo ampliamente estudiado, pero la óptica prioritaria de los estudios ha sido principalmente la perspectiva femenina. Dada la escasa investigación que ha suscitado el estudio de la identidad masculina en el ámbito de la educación física, la actividad física y el deporte en nuestro país, esta contribución quiere contribuir a delimitar y ampliar la base teórica existente sobre la representación de la identidad masculina en una etapa clave como es la preadolescencia y desde el discurso de sus propios protagonistas.

En este sentido, la investigación se integra dentro de un enfoque teórico en el que la identidad de género se considera un sistema biopsicosocial, donde los factores biológicos, psicológicos y sociales interaccionan conjuntamente. La identidad de género no es algo estable y permanente a lo largo de la vida, sino que a partir de las experiencias vividas y las prácticas discursivas se va modificando y replanteando continuamente (Fernández Sánchez, 1998).

De forma más concreta el trabajo considera las aportaciones de distintos referentes como la Teoría del Esquema de Género (Bem, 1974) que propugna que los individuos procesan la información de una forma esquematizada o no esquematizada, estableciéndose las diferencias entre aquellas personas que organizan y perciben la información en base a lo que la sociedad considera como apropiado para cada sexo, frente a aquellas que actuarán con independencia de los estereotipos dominantes; complementariamente se comparten los presupuestos de la Teoría Multifactorial

(Spence, 1993) cuando se entiende la identidad de género como un constructo formado por variables de diversa índole, tanto motivacionales como comportamentales, cognitivas, etc.

Dentro de los enfoques de los modelos sociales, un presupuesto compartido es que la construcción de la identidad de género se genera en el seno de un grupo de referencia que habitualmente marcará los comportamientos y las conductas de los sujetos que pertenecen a él (Tajfel y Turner, 1986). Las críticas vertidas por Francis (1999) hacia el postestructuralismo puro tienen también un interés en este trabajo en sus postulados referidos a que si la identidad de género es diversa, múltiple y variada, se carecería de patrones que configuren el marco conceptual, y por tanto se compartirá la idea de que en la identidad de género existen algunos elementos que se muestran más consistentes a través de las interacciones con el entorno. En esta línea, cobran sentido las aportaciones propuestas por Concll (1995) en tanto que existe una masculinidad dominante o *hegemónica*, la cual presiona sobre algunos individuos haciéndoles asumir las normas y comportamientos que el grupo normativo establece como deseables.

El presente capítulo muestra algunos resultados obtenidos en una investigación realizada en centros educativos públicos de la Comunidad de Madrid. Particularmente, el estudio indaga en la representación que los alumnos varones poseen de la identidad masculina relacionándola con la educación física (EF), la actividad física y el deporte; la presión social que se ejerce sobre los alumnos que no representan los modelos de dicha identidad masculina dominante, así como las actividades fisicodeportivas que reafirman ciertas identidades masculinas. Por otro lado, se ha querido relacionar la identidad masculina al uso con los estereotipos de género más presentes en nuestra cultura que se vinculan socialmente en torno a la EF, la actividad física y el deporte.

Método

Los participantes han sido 16 alumnos varones, de 11 y 12 años, pertenecientes a los cursos de 5º y 6º de Primaria de cuatro centros públicos ubicados en la zona sur de la Comunidad de Madrid. La selección de los participantes se concertó integrando diversos perfiles de participación en actividades físicas fuera del horario escolar.

A través de un diseño de tipo cualitativo con una doble aproximación descriptiva-interpretativa, utilizándose entrevistas semiestructuradas como técnica de recogida de información, y recogiéndose las ideas, creencias y experiencias de alumnos varones. Las entrevistas tuvieron lugar en horario extraescolar acordado previamente, y en todas ellas se obtuvo el consentimiento del participante y su familia, garantizándose así mismo la confidencialidad y el anonimato en el tratamiento y difusión de los datos y resultados. Las entrevistas fueron grabadas, previo consentimiento, y su duración osciló entre los 25 y 35 minutos.

En las páginas que siguen se analiza el discurso mantenido por los escolares empleándose para ello un análisis de contenido a partir de la trascripción de las entrevistas, y utilizándose como base de apoyo las dimensiones sobre las que se construyó la entrevista. En consecuencia, se identifica un conjunto de categorías emergentes que se presentan a continuación.

La identidad masculina en los alumnos preadolescentes

En las siguientes páginas se muestra la narrativa discente en lo que concierne a la representación de la identidad masculina, es decir, qué significa para nuestros alumnos «ser un chico». Se analizan las variables que configuran dicha identidad y su relación con el ámbito de la actividad fisicodeportiva, poniéndose de manifiesto la presión social que se ejerce sobre los alumnos que no se ajustan a las identidades masculinas dominantes. En algunos casos, estos explican las experiencias negativas que han vivido en relación con el grupo de iguales. En esta dimensión se refleja también la relación de actividades fisicodeportivas que contribuyen a la reafirmación de la identidad masculina y por último se recoge el discurso en lo que concierne a las diferentes preferencias de contenidos en función del género en las clases de EF.

La representación de la identidad masculina

En las entrevistas mantenidas con el alumnado se apreció, de forma generalizada, que muchos de ellos nunca antes habían reflexionado sobre lo que significa «ser o sentirse varón», por lo que esta cuestión fue difícil de responder para ellos. Aun así, el discurso predominante se dirige hacia una definición por oposición a lo que significaría la identidad femenina, creyendo en algunos casos poseer mayores niveles de habilidad y de oportunidades en los deportes; en otros casos lo asemejaban a relacionarse con el grupo de iguales del mismo sexo.

AITOR.–Pues todo, no sé, todo lo que hago, *puedo hacer más cosas*, no sé. *Yo si fuese chica no haría tantas cosas de las que hago ahora.*

DANIEL.–*Pues más masa corporal, más músculo.* En algunos casos, menos cerebro o más, en algunos. O ganas de aprender, o… depende.

JORGE.–No sé, *significa juntarme con más chicos, en vez de con chicas y no sé, que se me dé mejor el deporte.*

CARLOS.–No lo sé, no se me ocurre nada. Pues jugar con los demás chicos, porque con las chicas yo no las entiendo nada.

Algunos alumnos, contrariamente, consideraron que la identidad masculina se representa de una forma similar a la identidad femenina.

RAÚL.–Lo mismo que sería ser una chica, solo que con algunas habilidades… en vez de tener más elasticidad tienes un poquito más de fuerza cuando crezca, pero ahora somos casi iguales.

SERGIO.–Es lo mismo que ser una chica solo que son de distinto sexo.

De forma particular, algún alumno asoció la identidad masculina a un sistema de valores positivos tales como la solidaridad, el respeto o la responsabilidad.

ARIEL.–*Relacionarme con todos, apoyar a la gente que no puede, ayudar…*

Del discurso de los alumnos se extrae la idea de que el hecho de relacionarse con otros varones ya les concede cierta garantía de obtener la identidad masculina. No quedaría tan clara esa identidad si un varón se relacionara constantemente con chicas. Esto nos lleva a confirmar la premisa de que la identidad masculina se construye en relación a los demás y, por tanto, será el grupo de iguales el que la legitime socialmente.

De las opiniones vertidas también se extrae la idea de que para algunos alumnos la identidad de género sigue atendiendo a un modelo bipolar, considerándose como una única dimensión donde la feminidad y la masculinidad se situarían en extremos opuestos, lo masculino se definiría como lo que no es femenino.

La representación de la identidad masculina en la AFD

En esta categoría se recogen las ideas de los preadolescentes sobre cómo se representa la identidad masculina en el ámbito de la actividad física y el deporte, qué características físicas, rasgos de personalidad, comportamientos o capacidades la constituyen. De forma mayoritaria, el alumnado se ha referido a una serie de capacidades físicas básicas tales como la resistencia, la velocidad, la fuerza o la agilidad necesarias para identificarse como un varón.

EDUARDO.–*Resistencia para correr, velocidad y agilidad.*

SERGIO.–Pues ninguna, bueno sí las características que tenemos los chicos tener pelo corto, tenemos otras características tenemos… *los chicos creo que tenemos más cualidades físicas básicas que las chicas, porque las chicas, por ejemplo, la resistencia se les acaba antes, no tienen tanta velocidad como los chicos, en general y los chicos tenemos más fuerza también* y flexibilidad creo que las chicas tienen más que los chicos, pero ya está.

Otras de las características que representarían la identidad masculina reflejan actitudes o comportamientos como la competitividad, la inteligencia o la confianza en sí mismo. Algún alumno hace referencia a rasgos de la apariencia física como la altura o el pelo corto como factores constituyentes de la identidad masculina.

DANIEL.–*Ganas de superarse a él y a los demás, claro. Más afán de protagonismo,* los hay que les da igual participar en el juego que no participar y eso no mola.

SERGIO.–*Cabeza para saber lo que tienes que hacer* en el tiempo y ya está.

CARLOS.–Tendría que tener *ánimo para hacer lo que quiere, tendría que sentirse que él puede hacerlo.*

Por otro lado, parece que al alumnado le resulta más sencillo identificar las características que no poseen y que deberían formar parte de la identidad masculina ideal. Hacen referencia al saber ganar y perder, a la deportividad, a la excesiva agresividad, al esfuerzo, a la paciencia y a la humildad.

ADRIÁN.–*Más deportividad, porque las chicas cuando juegan no se enfadan, no gritan, dicen que no es participar y ganar, sino que hay que participar y divertirse. Es que algunos chicos se ponen de los nervios, cuando alguien lo hace mal, algunos se ponen a gritar... se ponen de los nervios cuando alguien lo hace mal.*

SERGIO.–*Respetar las normas, no enfadarse porque vamos perdiendo sino seguir intentándolo para ver si puedes ganar al otro a lo que esté jugando.*

DAVID.–*Saber perder y saber ganar,* hacerlo bien, no intentar hacerlo a lo rápido y corriendo, hacer bien el deporte y *no creerse siempre el mejor del deporte.*

Del discurso mantenido se puede destacar la presencia de una referencia constante a la identidad femenina para definir la identidad masculina, consecuentemente nuestros escolares continúan empleando como base para la diferenciación el pensamiento bipolar sobre la identidad de género del que hablábamos anteriormente.

Siguiendo a Elisabeth Badinter (1993), la EF se configura como un espacio importante en la construcción de la identidad masculina, ya que a través de sus contenidos, centrados principalmente en los pre-deportes durante el último ciclo de Primaria, los chicos demostrarán públicamente su virilidad a través de su destreza, agresividad y competitividad. El ámbito de la EF, la actividad física y el deporte constituye un lugar idóneo para reflejar las diversas identidades masculinas y estas compartirían como nexo común algunas características como poseer ciertas capacidades físicas básicas (fuerza, resistencia y velocidad), ciertas actitudes como la competitividad, la agresividad, la confianza en sí mismo o algunos rasgos de la apariencia física.

Todo este conjunto de rasgos, comportamientos y actitudes reflejados en el discurso de los alumnos corresponden con los rasgos instrumentales tradicionales asociados al género masculino, lo que nos induce a pensar que el modelo de identidad masculina es rígido y permanece a lo largo de los años; aunque también en este discurso se puede entrever un ligero destello hacia el cambio, pues si los alumnos son capaces de identificar los factores negativos que identifican la identidad masculina es posible que con un trabajo adecuado los patrones se vayan modificando.

La presión social ejercida sobre las identidades masculinas no dominantes

En la siguiente categoría se reflejan las opiniones del alumnado en cuanto a la reacción del grupo de iguales varones ante compañeros que no se ajustan a las características, rasgos y comportamientos definitorios de la identidad masculina, es decir, cuando un chico preadolescente no reúne el conjunto de elementos que hemos mencionado anteriormente para definir la identidad masculina. La mayoría de sus discursos hacen referencia a la existencia de cierto rechazo social por el resto, discriminando a estos chicos, y a menudo sometiéndolos a burlas o insultos, poniendo en duda en algunos casos la orientación sexual del individuo.

AITOR (ALUMNO).–Pues que *no quieren que jueguen ni con los chicos, ni con las chicas. Ninguno de esos dos grupos quiere que jueguen con él.*

DANIEL.–Pues que con el estudio lo tiene crudo y *que al socializarse todo sería más complicado.*

GONZALO.–Que *los demás le discriminarían por tenerle miedo a un balón*, a mí me pasó hace un poco, que le sé dar mal al balón en el fútbol y *siempre estaban metiéndose conmigo por eso.*

CARLOS.–*Le llamarían «mariquita» por ejemplo.*

Sin embargo, otros alumnos consideraron que el hecho de no reunir el conjunto de características que definen la identidad masculina en el ámbito de la actividad física y el deporte no tendría ningún tipo de consecuencia para esos chicos.

SERGIO.–*Nada, que seguiría siendo un chico igual.*

EDUARDO.–*Tendría otras que también le valdrían.*

ADRIÁN R.–*Que se cansa más y no podría hacer actividades así con fuerza y resistencia como una carrera.*

Dentro de esta categoría también se recogen algunas experiencias negativas que los alumnos han vivido durante las clases de EF en relación a sus compañeros varones. La mayoría de las historias recogidas hacen referencia a la escasa habilidad para resolver conflictos, dando lugar a malentendidos durante los juegos que desencadenaron en reacciones violentas. Algunos alumnos que presentaban poca habilidad durante las clases de EF y que no practicaban ninguna actividad físico deportiva de forma extraescolar, nos explican que en alguna ocasión se les ha insultado por su aspecto físico o rechazados por el grupo a causa de alguna enfermedad.

> ARIEL.–Tuve un problema hace un año aquí, dando (Educación) Física que un niño… *yo estaba jugando ahí y me lanzó la pelota, entonces digo yo «pero qué haces» y me dijo que quería darme a posta por haberle hecho yo algo antes, pero yo sólo le empujé sin querer porque a mí me habían empujado* y después se lo dije al profesor y nos pusimos a hablarlo, y yo dije pero si yo sólo lo había empujado, nada más y ni siquiera a posta y él fue y me dio.
>
> AITOR.–*Me insultaban, yo me sentaba y no jugaba con ellos. Me llamaban gordo y no estoy gordo. Llamaban también a mi familia gorda asquerosa y todo eso.* Un día ya me enfadé y les dije que no jugaba con ellos, me harté.

De forma concreta también se encontró a algún alumno que no había tenido dificultades a la hora de practicar actividad fisicodeportiva en relación al grupo de compañeros varones.

> SERGIO.–*En (educación) física no me ha ocurrido nada malo, todo ha sido bueno.* A veces hay unas en mi clase que siempre que jugamos en (educación) física la culpa la tengo yo. Eso es lo malo que me ha pasado.

Se sigue poniendo de manifiesto que los alumnos que no se ajustan al patrón bajo el cual la identidad masculina se define sufren las consecuencias, que pasan por someterles a presiones sociales, rehusándolos e incluso cuestionando su orientación sexual. Durante este relato ha habido cierta concordancia con el hecho de que los alumnos que mayores habilidades fisicodeportivas demostraban eran los que menos dificultades habían experimentado durante las clases y los que menor habilidad fisicodeportiva y aspecto atlético presentaban eran los que en alguna ocasión se les había rechazado socialmente. A pesar de la marcada presión ejercida se romperá una lanza a favor del cambio, puesto que algunos alumnos también reflejaban que el hecho de no mostrarse hábil en las actividades fisicodeportivas podría no implicar ninguna consecuencia ya que tendrían otras cualidades que los identificarían como varones.

Actividades fisicodeportivas reafirmantes de la identidad masculina

Bajo esta categoría se recoge el discurso que los alumnos defienden a la hora de elegir ciertas actividades físicas o deportes, es decir, se recogerán las preferencias de actividades de los jóvenes varones y los motivos que les llevan a tomar esas decisiones. A este respecto los alumnos preadolescentes han reconocido sentirse más identificados con los deportes en general, y de forma concreta mayoritariamente nos han señalado el fútbol como actividad estrella. Los motivos que impulsan la práctica del fútbol apuntan a la trayectoria personal, a la influencia de los medios de comunicación o a la mayor habilidad mostrada con respecto a las chicas por tratarse de una actividad tipificada al género masculino.

DANIEL (ALUMNO).–*Porque han sido con las que hemos ido creciendo con ellas, por ejemplo el fútbol, mucho fútbol femenino en la tele no sale, eso también a las chicas les hace que no se sientan tan a gusto.*

AITOR.–Sí, en el fútbol y… *sí en el fútbol, porque cuando las chicas juegan al fútbol no saben*, bueno solo hay una chica de la clase que juega al fútbol y… *nosotros nos sentimos más a gusto* […] *Porque sabemos jugar y sabemos a lo que jugamos.*

ADRIÁN.–*En el fútbol creo que algunos chicos se sienten más a gusto que jugando a voleibol* […] *Porque dicen que el voleibol es más para chicas* porque se usan la manos y luego algunos dicen que es igual que jugar a fútbol o jugar a voleibol, que es todo igual.

JORGE.–Me parece que *porque a los chicos se les da mejor el deporte y a las chicas les gusta más bailar.*

De forma mayoritaria el discurso de los alumnos recoge que los varones no se sienten motivados hacia el mismo tipo de actividades fisicodeportivas que las chicas de su clase, reafirmándose en los estereotipos de género existentes en cuanto a las preferencias. Así, nos explican que los chicos se inclinan por el fútbol o el baloncesto y las chicas se sienten más motivadas por contenidos relacionados con las danzas, salto de comba, aros, juegos tranquilos e incluso deportes de raqueta como pueda ser el bádminton o el tenis. Aun así, algunos alumnos son conscientes de la existencia de chicas que no se ajustan a ese patrón, pero en ningún momento se refleja la existencia de varones que no se ajusten al patrón dado, lo que nos hace seguir pensando que el mundo masculino es más rígido y estricto.

DANIEL.–*El fútbol o el baloncesto o los deportes así. Y las chicas pues depende qué chicas, las que se juntan más con los chicos pues prefieren también el fútbol por ejemplo. Y algunas también les gusta el atletismo.*

EDUARDO.–*Las chicas prefieren los del baile, juegos tranquilos, sin embargo los chicos prefieren más los deportes de… los que salen en la tele, más o menos.*

AITOR.–Sí porque *los chicos siempre prefieren el fútbol*, yo no, a mí no me importa. Y *las chicas los aros, algunas chicas también el fútbol pero suelen ser casi siempre aros, combas* y todo eso.

Los motivos que llevan a los distintos géneros a elegir actividades fisicodeportivas diferentes vuelven a recurrir en estereotipos de género alegando que a las chicas no les gusta el esfuerzo físico, que el deporte es de chicos o que ambos sexos no pueden realizar el mismo tipo de actividades.

PEDRO (ALUMNO).–*Creo que es porque a lo mejor a las chicas no les gusta moverse mucho, a lo mejor les gustan los aros porque no es de correr* y al chico porque sí le gusta correr y cosas de esas.

ADRIÁN R. (ALUMNO).–No sé, *porque hay chicos que ven el deporte como más de chicos que como más de chicas.*

DAVID.–*Porque los chicos se creen que las chicas no pueden hacer las mismas cosas que ellos y las chicas pues igual.*

La reflexión que se lanza a partir de estas ideas manifiesta que la práctica de ciertas actividades fisicodeportivas tiende a perpetuar los patrones más tradicionales de identidad masculina, reproduciendo cíclicamente los estereotipos de género dentro de la EF, la actividad física y el deporte. Además, esas actividades ejercen de elemento vehicular en el proceso de adquisición de la identidad masculina favoreciendo la socialización en el grupo de iguales a los jóvenes que se muestren habilidosos hacia ellas.

A partir de las manifestaciones que nos han aportado nuestros alumnos extraemos que las chicas y los chicos suelen preferir contenidos diferentes, ajustándose a las actividades tipificadas de género. Estas preferencias coinciden con actividades instrumentales como pueden ser los deportes de equipo, por parte de los chicos y con actividades afectivo-expresivas como puedan ser danzas o bailes, por parte de las chicas y coincidiendo con las ideas que Frömel y cols. (2002) reflejaron en su estudio.

El porqué de esta clara diferenciación de preferencias hacia un tipo u otro de actividad fisicodeportiva lo justifican los alumnos de diferentes formas, la mayoría lo liga a estereotipos de género tales como el menor interés del sexo femenino por la actividad física rehusando el esfuerzo físico; sintiéndose ellos más habilidosos en los deportes.

La identidad masculina y los estereotipos de género en la EF, la actividad física y el deporte

En esta dimensión se presentarán los estereotipos de género más arraigados en los alumnos dentro del ámbito de la EF, la actividad física y el deporte. Se describirán los pensamientos del alumnado en relación a la resolución de conflictos en ambos géneros, el interés que demuestra en las clases de EF o la importancia que tiene esta para afianzar la identidad masculina, así como si existe diferencia en la participación durante las sesiones.

Resolución de conflictos e identidad masculina

La identidad masculina, como ya venimos comentando, suele ser afianzada y demostrada durante las clases de EF; es entonces cuando suceden conflictos y la forma de resolverlos determina, en parte, la identidad masculina que se está mostrando. Señalamos a continuación los conflictos más frecuentes que aparecen durante las clases de EF, según la opinión de los alumnos. De forma generalizada, es el exceso de competitividad lo que les lleva a discutir por cuestiones internas de los juegos, lo que a menudo, deriva tanto en comentarios negativos sobre el bajo nivel de habilidad como en faltas de respeto.

AITOR.–*Algunos dicen que alguno es muy lento para correr, que no sirve para jugar a algunas cosas*, suelen decirlo mucho de una persona.

JORGE.–*Hay personas que se meten con otras porque no se les dé bien o por su capacidad física.*

SERGIO.–*La competitividad*, si hacemos (Educación) Física, *uno va corriendo y le pillan y se para porque vas corriendo y te tienes que frenar más adelante pues hay problemas porque te tienes que parar más atrás, o porque vas perdiendo en un deporte* y piensan que estás perdiendo el tiempo y te enfadas.

Cuando sucede alguno de estos malentendidos que nos comentan, existe un acuerdo generalizado por parte de casi todos los alumnos de que la forma de atajarlos suele ser la utilización de la violencia física y verbal, aunque también en algunas ocasiones apelan a la utilización del diálogo como fuente resolutiva. De forma puntual también se sostiene que se ejerce cierta discriminación hacia los alumnos que muestran menor habilidad dejándoles para el último momento a la hora de ser elegidos o que los varones muestran mayor capacidad de reconciliación.

SERGIO.–*Los chicos, casi siempre la mayoría, a golpes o a insultos.*

JORGE.–*Normalmente no se resuelven, hay gente que siempre está enemistada. No hace nada para resolverlo.*

ADRIÁN.–*Algunos lo hacen pegando y otros le dicen que le perdonen, que lo ha hecho sin querer, que no lo ha hecho a posta.*

AITOR.–*No lo resolvemos, directamente dicen «elegimos a este porque son los que quedan» de los últimos siempre.*

AITOR.–*Los chicos tienen una discusión en un momento y ya somos amigos otra vez.*

De forma comparativa son conscientes de que sus compañeras utilizan en mayor medida el diálogo para resolver conflictos derivados de las clases de EF utilizando las agresiones físicas en última instancia. Algún comentario hace referencia a que las alumnas tienden a elevar la voz en ocasiones conflictivas.

ADRIÁN R.–No, *ellas se relajan y lo hablan* y los chicos se pelean algunas veces.

SERGIO.–Los chicos los resolvemos a golpes e insultos y *las chicas hablando con la profe.*

DANIEL.–No, *ellas son más pacíficas, por así decirlo.*

SERGIO.–Hay *algunas chicas que los resuelven gritando, en vez de hablando,* y también hay chicos que los resuelven insultando en vez de hablarlo despacio y bien, y hay veces que hasta se tiran de los pelos.

Tras las conversaciones descritas tendemos a pensar que la resolución de conflictos del sexo masculino durante las clases de EF utilizando las agresiones físicas y verbales, son un signo distintivo más de la representación de la identidad masculina ya que la exhibición de la fuerza, la valentía y la competitividad han sido rasgos definitorios de la identidad masculina. La utilización del poder muscular no es otra cosa que la intención de dominación masculina y demostración de la virilidad (Kaufman, 1989).

Identidad masculina e interés por la EF

Tradicionalmente se ha constatado que los varones se encuentran más interesados por las actividades fisicodeportivas que las féminas (García Montes, 1997). Tal y como se recoge en las siguientes opiniones se observa que las chicas se encuentran menos interesadas debiéndose al menor gusto por el esfuerzo físico y el rechazo que experimentan por la brusquedad de algunos juegos. Entre los motivos que hacen a los chicos sentirse más interesados por la EF señalan el trabajo de contenidos durante las clases que suscitan mayor interés del género masculino y que fomentan la competitividad.

SERGIO.–*Porque a las chicas no les gusta tanto la EF,* les gusta más... *porque no les gusta correr porque si juegan contra los chicos y jugamos a fútbol les hacemos daño,* pues por eso no les gusta tanto hacer EF.

JORGE.–Que *en EF se practica más el deporte y a las chicas les gusta menos.*

PEDRO.–Porque a lo mejor, *los chicos de mi clase son muy competitivos y les gusta hacer deporte*, pero claro, si quedan en un puesto menos que el tercero, se enfadan. Eso pasó en el Cross que hicimos

La otra mitad del alumnado varón considera que ambos sexos se encuentran igual de interesados y que el interés que demuestran dependerá de los contenidos que ese momento se estén trabajando.

CARLOS.–Sí porque les gusta a los dos.

DANIEL.–No, la verdad, es que algunas chicas a lo mejor de doce que hay, a lo mejor cuatro no quieren o seis, depende. *Depende del tema.*

Del presente discurso se extrae la idea de que poco a poco el estereotipo de género sobre el interés que suscita la EF va perdiendo valor, es cierto que aún persiste pero cada vez más alumnos creen que ambos géneros mantienen un interés parecido hacia el área. Los alumnos que presentan un pensamiento más estereotipado a este respecto hacen referencia al esfuerzo físico, a la competitividad y a la rudeza de ciertas actividades como motivos por los que sus compañeras pueden sentir menos interés, mostrándose ellos conformes y predispuestos. Se tiende a pensar que el fomento de ciertas actividades en la programación de los docentes de EF incentiva la aparición y la formación de identidades masculinas tradicionales desfavoreciendo la motivación por parte de las alumnas y de otras identidades masculinas.

Importancia de la EF en la identidad masculina y participación en las clases

Se parte de la idea de que para el alumnado varón la EF constituirá un espacio importante ya que a través de ella podrán desarrollar la identidad masculina. De acuerdo a esta afirmación, a la mayoría de los alumnos les parece que la asignatura es importante porque a través de ella desarrollarán sus capacidades físicas, se cumplirá la función catártica y hedonista, se mantendrá cierto estado de salud mejorando ciertas enfermedades, se aprenderán contenidos que les resultan motivadores de forma lúdica y gracias a ella encuentran cierta aplicabilidad laboral.

RAÚL.–Hacemos mucho ejercicio y *a mí me gusta mucho el ejercicio.* También que muchas veces nos divertimos, además *desarrollas un poco de musculatura y agilidad.*

EDUARDO.–*Para mí es importante porque salimos a la calle, dejamos salir nuestra energía física, entrenamos y porque jugamos.*

SERGIO.–*Es la que más me gusta, y es en la que mejor me lo paso porque me enseñan juegos y aprendo a ser mejor en otros deportes.*

AITOR.–Mucha porque de mayor voy a poder ser cualquier cosa, aún no me lo he pensado, pero voy a poder hacer cualquier cosa que tenga que correr o algo, y por eso necesito las clases de EF.

Por otro lado, en relación con el estereotipo de género relacionado con la participación durante las sesiones de EF, sigue existiendo la creencia de que ambos géneros no participan de igual manera durante las clases y que la participación depende de la motivación que sientan hacia el contenido a trabajar, de tal manera que si se trabaja un contenido que resulta más motivador para las chicas, serán estas las que se impliquen más durante la clase. Algunos alumnos opinan que sus compañeras participan de las clases con mayor desgana debiéndose a la menor motivación hacia la clase.

GONZALO.–A veces *los chicos si no les gusta un juego o la expresión corporal se ponen a rechistar, lo mismo que las chicas si toca deporte pero las chicas a veces no rechistan tanto porque saben que tienen que hacerlo* aunque luego ellas a veces pasan un poco del tema, pero están metidas. Y los chicos en la expresión corporal algunos se ponen a hacer cosas raras y cosas parecidas.

AITOR.–*Ellas no tienen ganas de hacer nada y los chicos siempre tenemos ganas de hacer las cosas.*

JORGE.–No, porque *al no gustarles pues como que lo hacen con desgana*, algunas, y no lo hacen bien.

Sin embargo, al igual que ocurría anteriormente con el estereotipo de género del interés, la mitad del alumnado ha considerado que la participación en las clases de EF no dependía del género ya que tanto chicas como chicos lo hacían de forma similar. En algún caso y de forma puntual se justificó una participación similar debido a la obligatoriedad de la asignatura.

SERGIO.–*Sí, porque el profesor les obliga*, porque si no les suspende.

Se observa, como ya apuntábamos anteriormente, que la EF es un espacio importante para el género masculino, pero nos quedaría preguntar al género femenino si también comparten esta idea. A ojos de los jóvenes varones parece notarse cierto avance en cuanto el estereotipo de género de la participación durante las clases, al existir igualdad de opiniones en cuanto a que ambos sexos participan o no participan de igual manera durante las clases de EF.

Dilemas prácticos

En los dos siguientes apartados se han planteado a los escolares dos casos prácticos a través de los cuales los alumnos opinan, de una forma más cercana y real, sobre su posible solución. En el primero de los casos se presenta a un preadolescente varón que practica una coreografía y la realiza de forma eficaz transmitiendo mucho sentimiento. En el segundo caso se les invita a reflexionar sobre una situación en la que una chica practica fútbol y presenta grandes habilidades y dominio sobre el balón.

Caso Práctico 1: Joven varón que practica un deporte no tipificado al género con resultado positivo

Las opiniones vertidas por la totalidad de los alumnos entrevistados fueron positivas en cuanto a lo que ellos pensarían de ese chico. Esas ideas se relacionaron con el esfuerzo realizado por el joven, con la motivación que sentiría hacia esa actividad o con la mayor práctica realizada de forma extraescolar.

ADRIÁN.–*Que se ha esforzado mucho, que va a hacerlo muy bien* y que la próxima vez voy a intentar hacerlo como él.

PEDRO.–*Que este niño sí que está muy interesado* y al final si sus padres van a verle con la coreografía, sus padres estarán muy contentos, yo valoro mucho su entusiasmo.

En cuanto a lo que le dirían a este chico, se relaciona directamente con las opiniones anteriores, animándolo a seguir practicando, felicitándolo, poniendo en alza su esfuerzo e interés o utilizarlo como modelo positivo de aprendizaje.

AITOR.–*Que se apuntase a una escuela de baile.*

ADRIÁN.–*Que lo ha hecho muy bien, que me gusta cómo lo hace, que si me puede enseñar...*

Sin embargo cuando hablan de lo que opinarían el resto de iguales varones de esta situación, el discurso cambia plenamente y no coincide con lo anterior. Creen que sus compañeros reaccionarían de forma negativa, emitiendo comentarios homófobos, que se daría rechazo social dejando a ese chico de lado o en algún caso se creería que habría favoritismo por parte del docente.

RAÚL.–Algunos del tipo *que es «mariquita»* y otros serían amables con él y le dirían que lo ha hecho muy bien.

ADRIÁN.–Sí, hay *algunos que sí, que le dirían «Buah, eres el ojito derecho de la profe».*

ARIEL.–Algunos chicos sí, *algunos más «macarrillas» sí, por ejemplo algún comentario «es que él va a baile» «es un gay» y cosas así.*

De forma paralela nos comentan que aunque habría un grupo de iguales que se mostraría contrario a este tipo de expresión de la identidad masculina, también existiría un grupo que lo respaldaría, reaccionando positivamente, felicitándolo, entre el que ellos se situarían.

> SERGIO.–Pocos, *algunos no le dirían nada* y otros le dirían muy bien y ya está.
>
> ADRIÁN R.–No, *dirían que lo ha hecho muy bien, también.*

Caso Práctico 2: Joven chica que practica un deporte no tipificado a su género con resultado positivo

En este caso se les insta a reflexionar sobre una chica que practica fútbol y presenta grandes habilidades y dominio sobre el balón. Los pensamientos que suscita este caso en los alumnos entrevistados son positivos, considerando que ha prestado atención durante la actividad, que muestra interés, que se ha esforzado y que probablemente practique la actividad de forma extraescolar.

> SERGIO.–*Que va a llegar a ser un futbolista increíble y si se puede venir a mi equipo de fútbol pues mejor.*
>
> AITOR.–*Que si es con los pies que se apunte a fútbol porque será muy buena y si es con las manos pues que se apunte a baloncesto que lo haría genial.*

Los comentarios que le harían a esta compañera son acordes a los pensamientos anteriores, felicitándola por su destreza, animándola hacia la práctica de forma extraescolar o esperando aprender de ella.

> DANIEL.–*Que es una máquina y a ver si me enseña algún día.*
>
> AITOR.–*Que si ella quiere que se ponga a jugar partidos, que se apuntase a fútbol* y eso.

La reacción que provocaría esta chica en el grupo de iguales varones refleja de forma mayoritaria positividad, felicitándola, contando con ella para practicar esa actividad como «uno más» e incluso sorpresa ante la habilidad de esa chica. Sin embargo, también se cree que habría compañeros que no emitirían ningún juicio debiéndose a la envidia que podrían sentir manifestando algún insulto de forma esporádica.

> SERGIO.–*Que tiene que seguir luchando por ser futbolista y se alegrarían mucho por ella y siempre que jugásemos a fútbol se pelearían por ella para elegirla.*
>
> AITOR.–*Algunos por envidia no le dirían nada y otros la felicitarían.*
>
> ADRIÁN.–*Algunos le dirían que es un marimacho y otros no, otros le animarían le dirían que lo hace muy bien.*

La reflexión tras estos dos últimos casos prácticos recoge la diferente forma de reacción experimentada por el grupo de iguales varones, al tratarse de un chico o de una chica. Resulta curioso que en el caso del joven que baila, el grupo de iguales reaccione mayoritariamente de forma negativa, siendo bien distinto el caso de la chica futbolista, obteniendo esta de forma mayoritaria un refuerzo positivo. Gracias a estas conversaciones toma consistencia la idea de que los varones que no se ajustan al patrón de identidad masculina tradicional son sometidos a mayores presiones sociales que pasan por insultos, rechazo social o incomprensión.

A través del último caso también puede reflejarse cierto avance con respecto al estereotipo femenino, reconociéndose una mayor aceptabilidad social masculina cuando es una chica quien muestra habilidad y destreza en lo que ellos consideran importante.

A manera de conclusión

Las clases de EF se configuran como un espacio idóneo para la formación y afirmación de identidades masculinas que tienden a reproducir los estereotipos de género en relación a la actividad física y el deporte. El grupo de iguales se establece como uno de los principales agentes que influyen en la formación de la identidad masculina durante la preadolescencia, y tienden a reproducir los estereotipos ligados a las formas tradicionales de masculinidad. Los alumnos que no se ajustan al patrón tradicional de masculinidad sufren el acoso verbal y físico del resto de iguales.

En tanto en cuanto la EF siga constituyendo un espacio donde se desarrollen las diferentes identidades masculinas, sería necesario concienciar al profesorado de esta materia de la importancia de su área en el fomento o la represión de ciertas identidades sobre otras, creando junto a sus alumnos un espacio de reflexión conjunta donde tengan cabida otros tipos de identidad masculina diferentes a la tradicional.

Podemos decir que los alumnos entrevistados siguen manteniendo ciertos estereotipos de género ligados a la EF, la actividad física y al deporte tales como que chicas y chicos se encuentran interesados por actividades fisicodeportivas diferentes debido a que el sexo femenino rehúsa el esfuerzo físico y por ende la actividad física; o por el sentimiento generalizado de los chicos a sentir mayor competencia en actividades fisicodeportivas.

En relación a la resolución de conflictos se sigue manteniendo la idea de que los varones utilizan formas más agresivas y violentas. En lo que concierne a la participación o implicación durante las clases de EF, se sigue creyendo que los chicos participan en mayor medida o se da una mayor implicación en el desarrollo de las mismas. Se refleja que la EF constituye un espacio importante para el alumnado varón pero no se han recogido diferencias en cuanto al género.

Referencias

Anderson, E. (2009). *Inclusive masculinity: the changing nature of masculinities.* Nueva York, NY: Routledge.

Badinter, E. (1993). *XY: La identidad masculina.* Madrid: Alianza.

Bem, S. (1974). The measurement of psychological androgyny. *Journal of Consulting and Clinical Psycology, 42*, 155-162.

Brown, D. (1999). «Complicity and reproduction in teaching physical education». *Sport, Education and Society*, 4(2), 143-159.

Connell, R. W. (1995). *Masculinities: knowledge, power and social change* (M. Masculinidades, UNAM, 2003, Trans.). Cambridge: Polity Press.

Connell, R. W. y Messerschmidt, J. W. (2005). «Hegemonic Masculinity: Rethinking the concept». *Gender* & *Society*, 19(6), 829-859.

Gard, M. (2008). «When a boy's gotta dance: new masculinities, old pleasures». *Sport, Education and Society*, 13(2), 181-193.

Hickey, C. (2008). «Physical education, sport and hyper-masculinity in schools». *Sport, Education and Society*, 13(2), 147-161.

Fernández Sánchez, J. (1998). *Género y Sociedad.* Madrid: Pirámide.

Francis, B. (1999). «Modernist reductionism or post-structuralist relativism: can we move on? An evaluation of the arguments in relation to feminist educational research». *Gender and Education, 11*(4), 381-393.

Frömel, K.; Formánková, S. y Sallis, J. F. (2002). «Physical Activity and Sport Preferences of 10 to 14 Year-Old Children: a 5-Year Prospective Study». *Acta Univ. Palacki. Olomuc., Gymn, 32*(1), 11-16.

Kaufman, M. (1989). *Hombres: placer, poder y cambio.* Santo Domingo: CIPAF.

Li, Z. (2011). «Adolescent males in dance: a closer look at their journey». *Journal of Physical Education, Recreation* & *Dance,*82(7), 17-22.

Silva, P.; Botelho-Gomes, P. y Goellner, S. V. (2012). «Masculinities and sport: the emphasis on hegemonic masculinity in Portuguese physical education classes». *International Journal of Qualitative Studies in Education*, 25(3), 269-291.

Soler, S. (2009). «Los procesos de reproducción, resistencia y cambio de las relaciones tradicionales de género en la EF: el caso del fútbol». *Cultura y Educación*, 21(1), 31-42.

Spence, J. T. (1993). «Gender-related traits and gender ideology: evidence for a multifactorial theory». *Journal of Personality and Social Psychology, 64*(4), 624-635.

Tajfel, H. y Turner, J. C. (1986). «The social identity theory of intergroup behaviour». En S. Worchel y A. W. G. (eds.), *Psychology of intergroup relations* (pp. 7-24). Chicago: Nelson.

Tischler, A. y McCaughtry, N. (2011). «PE is not for me: when boys' masculinities are threatened». *Research Quarterly for Exercise and Sport*, 82(1), 37-48.

9 Educación física: ¿último bastión de la masculinidad en la escuela sueca?

Håkan Larsson

Hace una década, el profesor de educación física británico David Kirk (2002) afirmó que «la investigación histórica puede llevarnos a la conclusión de que la única forma en la que existe la educación física actual en muchas escuelas británicas es una forma masculinizada de la asignatura» (p. 35). Sin duda alguna, esto también puede aplicarse al contexto sueco. Kirk continúa diciendo que la educación física no está «meramente masculinizada. Una visión particularmente reducida de la masculinidad aparece y se expresa en esta masculinización» (p. 35). El objeto de este capítulo es explorar las formas en las que la educación física sueca puede estar masculinizada, el origen histórico de esta situación, la forma en la que esta versión concreta de dominar o la masculinidad hegemónica se mantiene y, por último, cómo se podría cuestionar. El deseo de cuestionar la versión masculinizada de la educación física se basa en un intento general de aumentar la igualdad de género y de reducir el riesgo de tratamientos potencialmente denigrante de alumnos. También se basa en una tarea concreta para los docentes suecos fijada por el currículum nacional, que mantiene que la escuela tiene «la responsabilidad de neutralizar los modelos tradicionales de género» (SNAE, 2011, p. 10).

El capítulo se estructura en tres secciones principales que tratan de a) una visión general de la situación actual de los modelos de género en la educación física sueca, b) el origen histórico de esta situación y c) la interpretación de la forma en la que los modelos de género constantes y la masculinidad hegemónica se mantienen. En la parte final, haré un debate sobre cómo se podrían cuestionar los modelos de género tradicionales y la posición hegemónica actual de la masculinidad.

Modelos de género de la educación física sueca: ¿está todo relacionado con los chicos?

Desde la introducción de la coeducación a comienzos de la década de 1980, la educación física sueca se ha caracterizado por tener modelos de género estables en los que, al menos de forma superficial, los chicos parecen ser más poderosos con respecto a las chicas. Por otra parte, el decreto sobre coeducación se percibió como una medida para la igualdad de oportunidades si lo comparamos con la práctica anterior de la educación física, en la que los géneros estaban separados. Volveré a este asunto en la siguiente sección. Estos modelos estables de género parecen, ante todo, ser similares a aquellos de los otros países (Brown, 2005). Junto con mis compañeros en «The Swedish School of Sport and Health Sciences», he realizado una investigación de una década para explorar estos modelos en profundidad. Esto supone que hemos investigado tanto los modelos de género globales en la educación física sueca como las desviaciones de estos modelos y la situación en la educación física en relación con de las demás asignaturas.

Modelo 1: La distribución de género de las calificaciones

En las investigaciones y el debate público ha destacado un modelo sólido, la distribución de las calificaciones entre los chicos y las chicas. De forma simplificada, puede decirse que los chicos alcanzan calificaciones superiores que las chicas en educación física. Hace cuatro años, este debate hizo que el gobierno sueco ordenara a «Swedish National Agency of Education» (SNAE) que investigara si los chicos y las chicas tienen en realidad las mismas oportunidades de alcanzar los objetivos que marca el currículum nacional de educación física. SNAE nos encargó que realizásemos el estudio. Al acceder al amplio material estadístico de SNAE, confirmamos que el modelo global es que los chicos, con más frecuencia que las chicas, y a diferencia de en cualquier otra asignatura, alcanzan la calificación superior en educación física durante el ultimo año de los nueve de enseñanza obligatoria. También se confirmó que las chicas, con más frecuencia que los chicos, no logran ni alcanzar la calificación inferior (Larsson, Fagrell, Johansson, Lundvall, Meckbach y Redelius, 2010). No obstante, había otros «modelos interesantes en el modelo».

La probabilidad de no alcanzar una calificación y de alcanzar una calificación sólida no solo estaba relacionada con el género, sino también con si los alumnos eran de origen sueco o extranjero y con su origen social en términos del nivel educativo de las familias. En realidad, cuando las estadísticas se desglosaron en estas variables (género, origen sueco o extranjero y nivel educativo de las familias), el género parecía ser el menos significativo y el nivel educativo de las familias el más significativo (Larsson *et al.*, 2010). Si lo unimos, aquellos con mayor probabilidad de alcanzar la calificación superior eran los chicos de origen sueco que se habían criado en familias en la que los padres tienen formación universitaria.

Sin embargo, las estadísticas revelaron, no de forma inesperada, que el modelo general no era válido en todos los colegios. Por el contrario, había amplias diferencias entre los colegios. En un colegio, el 96 por ciento de los chicos y el 67 de las chicas alcanzaron la calificación superior en educación física (aprobado con mención de honor; las otras calificaciones eran aprobado y aprobado con mención) –y ni un solo alumno no llegó a la calificación–. En otro colegio, un tercio de los alumnos suspendió. Más chicos que chicas alcanzaron la calificación superior en educación física en dos tercios de todos los colegios suecos. En uno de cada diez colegios, las chicas y los chicos alcanzaron la calificación superior por igual. El modelo se invertía en uno de cada cuatro colegios. Aquí, más chicas que chicos no lograron aprobar educación física en casi la mitad de los colegios suecos. Tanto las chicas como los chicos no lograron aprobar en un cuarto de los colegios. Y más chicos que chicas no lograron aprobar en un tercio de los colegios (Larsson *et al.*, 2010).

A fin de tener una idea de lo que puede subyacer tras estos modelos en relación con el contenido y la pedagogía, decidimos visitar varios colegios que se seleccionaron estratégicamente según las estadísticas anteriores. Esto supuso que visitamos colegios en los que los chicos o las chicas logran la calificación superior en educación física, o en los que más chicas o chicos no lograr llegar a la calificación. También pudimos relacionar nuestras observaciones de cada colegio a la información sobre el origen familiar del alumnado (formación de los padres y alumnos y/o padres nacidos en Suecia o en el extranjero). Visitamos seis colegios en seis ocasiones, por lo que fuimos muy cuidadosos al interpretar nuestras observaciones. No obstante, las observaciones coinciden con otros estudios sobre el género en educación física (Larsson, Fagrell y Redelius, 2009; Larsson, Redelius y Fagrell, 2011).

En principio, nuestras conclusiones de las observaciones fueron que las grandes diferencias en las calificaciones a favor de los chicos (más chicos que alcanzan una calificación superior en educación física en comparación con las chicas) estaban relacionadas con una actividad con mayor contenido deportivo en la que el docente desempeñara el papel de ser el líder de la actividad. Las pequeñas diferencias en las calificaciones o las diferencias en favor de las chicas (más chicas que alcanzan una calificación superior en educación física en comparación con los chicos) están relacionadas con un contenido más orientado a la salud en el que el docente desempeñaba el papel exacto de un profesor. Curiosamente, estos modelos estaban inicialmente relacionados con las dimensiones sociales. Las grandes diferencias en favor de los chicos y el contenido orientado hacia la actividad deportiva parecían estar relacionadas con un origen familiar menos privilegiado entre el alumnado, mientras que las pequeñas diferencias en favor de las chicas y una educación orientada a la salud estaba relacionada con un origen familiar de mayores privilegios entre el alumnado (Larsson *et al.*, 2010).

Cabe resaltar que no podemos aportar nada sobre la causalidad. Estos estudios analizan simplemente una relación (posible). Nuestro debate en el informe para la SNAE es el siguiente: en los colegios en los que muchos alumnos están orientados hacia el éxito escolar y en los que estos alumnos han «roto el código del éxito», el profesorado de educación física tienen más oportunidades de dirigir la enseñanza hacia sus metas físicas de las que estipula el currículum nacional, que destaca la dimensión educativa de la salud. Por otro lado, en los colegios en los que menos alumnos han «roto el código del éxito», los docentes de educación física tienen menos oportunidades de dirigir la enseñanza hacia los objetivos marcados. En cambio, el contenido lo domina un currículum de varias actividades, siendo los juegos una de las principales. Consideramos que este modelo se produce por el carácter concreto de la educación física como «asignatura en movimiento», en la que gran parte de la atención del profesorado se dirige al comportamiento y la seguridad del alumnado. Si el alumnado no está orientado hacia el éxito escolar, los docentes deben emplear las herramientas de las que disponen para dirigirles y dominarles. Así puede explicarse el dominio de los juegos (Larsson *et al.*, 2010), y también los motivos por los que se utilizan los juegos como «recompensa» cuando el alumnado debe hacer antes otra actividad (Larsson *et al.*, 2009).

En otras palabras, defiendo que el profesorado debe tratar los distintos tipos de feminidad y masculinidad. Podemos especular sobre que, para el alumnado con origen no académico, el éxito escolar puede no ser un rasgo sólido de subjetividad. No obstante, el éxito deportivo puede serlo entre los chicos. Entre el alumnado con un origen académico, tanto el éxito escolar como el éxito en el deporte podría ser un rasgo sólido de subjetividad, tanto entre chicos como entre chicas (consulte también Engström, 2008). De cualquier manera, este análisis algo especulador necesita más pruebas empíricas para que se verifique.

Modelo 2: Percepciones de género del alumnado

Además de las estadísticas sobre las calificaciones, las investigaciones constantes han proporcionado amplio material estadístico sobre la forma en la que el alumnado vive la educación sueca. La educación física es una asignatura muy popular, quizás la más popular de todas. No obstante, también es una asignatura discutida ya que puede agradar a muchos alumnos, pero aquellos a los que no le gusta, la odian (Redelius y Larsson, 2010). Este material estadístico muestra fundamentalmente las mismas características que las estadísticas de las calificaciones. El modelo global es que

- más chicos muestran una actitud positiva hacia la asignatura en comparación con las chicas;
- más chicos que chicas tienen experiencias positivas en la asignatura (en concreto durante los dos últimos años);
- más chicos que chicas mantienen que influyen en la clase;
- los chicos tienen un nivel superior en su percepción de la actividad física en comparación con las chicas (Larsson y Redelius, 2008; Quennerstedt, Öhman y Eriksson, 2008).

Sin embargo, si vamos más allá, puede verse que los resultados también están relacionados con otras variables. Por ejemplo, si la pertenencia a un club se utiliza como la variable independiente en lugar del género, existe una clara relación entre lo que las chicas y los chicos piensan sobre la educación física y si pertenecen o no a un club deportivo. Los chicos *y* las chicas que participan en actividades deportivas muestran actitudes positivas hacia la educación física. No obstante, esto no supone que el género no tenga nada que ver con la ecuación ya que el contenido de la educación física está dominado en gran parte por los deportes que atraen a más chicos que chicas. Este modelo está creciendo aún más en los últimos tres años de enseñanza obligatoria (Larsson y Redelius, 2008; Quennerstedt *et al.*, 2008).

La situación actual en la educación física sueca se puede resumir así: según el currículum nacional, la enseñanza de esta material puede «conceder al alumnado la oportunidad de desarrollar su capacidad para:

- moverse sin límites en distintos contextos físicos,
- planificar, poner en práctica y evaluar deportes y otras actividades físicas en función de las distintas ideas sobre salud, movimiento y forma de vida,
- dedicar y adaptar el tiempo para el ocio y la vida al aire libre a distintas condiciones y ambientes, y
- prevenir los riesgos durante las actividades físicas y tratar situaciones de emergencia en la tierra y en el agua (SNAE, 2011).

A primera vista, parece que estos objetivos tengan poco que ver con el género. Sin embargo, dado que cumplen las condiciones sociales e históricas de la asignatura en cuestión, surge un modelo en el que muchos chicos y algunas chicas pueden tener privilegios. Tal y como se indica, este modelo no solo hace referencia al género, también tiene que ver con el origen social y con si el alumnado hace deporte en su tiempo libre o no. También está relacionado con el contenido que el profesorado de educación física considera adecuado para alcanzar los objetivos o también con la forma en la que enseña la educación física teniendo en cuenta su origen y formación (compárese con Brown, 2005). Esta situación compleja supone que algunos de los chicos tienen privilegios en comparación con otros chicos y con muchas chicas. Antes de que analice los privilegios de los chicos y la forma en la que la masculinidad ha usurpado la posición hegemónica en la educación física sueca, trataré el origen histórico de esta.

Historia de la educación física sueca: de la gimnasia al deporte

El sistema escolar sueco moderno se remonta a la primera mitad del siglo XIX. Ha evolucionado de forma paralela con el desarrollo de las industrias y la democratización de la sociedad sueca. Como en muchos países, los colegios suecos estaban organizados en un sistema escolar paralelo, con escuelas para alumnos de hasta nueve años para las clases burguesas y escuelas para alumnos de hasta seis (y siete) años para trabajadores y granjeros. En la escuela elemental, creada en 1842 y dirigida por las parroquias y municipios, asistían chicas y chicos, en la enseñanza secundaria, que tienen su origen en distintos tipos de escuelas (ej. escuelas catedralicias dirigidas por la Iglesia) y que dirigía el estado, eran solo para chicos. Las chicas podían optar al bachillerato en escuelas privadas y no fue hasta 1927 cuando las escuelas secundarias comenzaron a aceptar chicas (el sufragio de las mujeres fue legal en 1919 en Suecia y las mujeres votaron por primera vez en las elecciones generales de 1921). La primera mitad del siglo XX supuso un debate político intenso sobre la estratificación social del sistema escolar. En 1955, el sistema escolar paralelo fue sustituido por un instituto experimental. Este sistema pasó a ser permanente en 1962, como una escuela estatal obligatoria de nueve años de duración para todos los niños, seguida de un periodo voluntario de dos a cuatro años en la escuela secundaria superior. Este sistema aún sigue en vigor, con algunas modificaciones, en la actualidad.

La educación física como gimnasia: postura y moralidad

La educación física ya existía desde el comienzo tanto en las escuelas primarias (para chicos) y en las escuelas elementales (para chicas y chicos) como gimnasia de Ling. La gimnasia de Ling se basaba en los principios creados por el maestro fundador de esgrima P.H. Ling (1776-1839; que también fue poeta en la academia sueca) a comienzos del siglo XIX y fue desarrollada por su hijo Hjalmar Ling (1820-1886) en la última parte del siglo XIX. La gimnasia de Ling tradicional (o sueca) era un conjunto formalizado de movimientos, junto con ejercicios concretos mientras que el profesor, haciendo uso de un vocabulario especial, dirigía grandes grupos de alumnos (con frecuencia 60 gimnastas o más) que hacían gimnasia libre durante aproximadamente media hora. El objetivo de la gimnasia tradicional de Ling no era la forma física, tal y como uno puede pensar, sino la postura, relacionada con una posición moral. La historia y el desarrollo de la gimnasia de Ling la han explorado los historiadores suecos Jan Lindroth (2004) y Jens Ljunggren (1999). El subtítulo de la tesis de Ljunggren es «El proyecto de la masculinidad de la gimnasia de Ling 1790-1914» e indica de forma densa el objeto principal de la gimnasia de Ling.

En la parte final del siglo XVIII, el interés público por los asuntos de salud aumentó en Europa debido a la modernidad incipiente. Cada vez más gente se reunía en las ciudades, vivían en casas no saludables abarrotadas y trabajaban en fábricas antihigiénicas. Esta situación sirvió como la tierra fértil a comienzos del siglo XIX para el desarrollo de la gimnasia, que se veía como una cura. La gota que colmó finalmente el vaso en la formación de la gimnasia fue la pérdida de Finlandia en favor de Rusia en una guerra devastadora que finalizó en 1809. Surgió una idea entre la clase dominante de que los hombres estaban degenerados y no estaban preparados para la dedicación militar, a diferencia de los hombres de la era de esplendor sueca cien años antes (en la que el estado sueco era una superpotencia europea) o los hombres de la época de los vikingos hace miles de años. P. H. Ling tuvo la oportunidad de abrir «The Royal Central Gymnastic Institute» en 1813, que sirvió como la base institucional para el desarrollo de la gimnasia. Este instituto es el mismo (que en la actualidad se denomina «The Swedish School of Sport and Health Sciences») en el que trabajo en la actualidad.

En las escuelas primarias, la «gimnasia» para los chicos burgueses, o alumnos, significaba ejercicios gimnásticos libres pero también esgrima y ejercicios con armas con rifles de juguete. Según Victor Balck, conocido en Suecia por llevar los Juegos Olímpicos de 1912 a Estocolmo, una clase de gimnasia «debe ser como una ola veloz de diversión» para estos chicos (Lindroth, 2006, p. 203, mi traducción). En las escuelas elementales, a la que asistían tanto chicos como chicas, se desarrolló una forma unisex de la gimnasia, que muy pronto resultó mecánica y muy aburrida. Curiosamente, en la gimnasia en las escuelas elementales se enseñó coeducación hasta 1919, cuando las nuevas leyes escolares fijaron que la enseñanza estuviese segregada por género desde 5º curso. Esto fue un hito importante en la educación física sueca.

A comienzos de siglo XX hubo una lucha ferviente entre los representantes de la gimnasia tradicional de Ling, los linginianos, y un grupo de profesoras de gimnasia que querían reformar la gimnasia para adaptarla mejor a las niñas y las mujeres. Como hemos dicho, la docencia de la gimnasia pasó a estar segregada por género desde 5º curso en 1919. Así, los profesores de gimnasia pudieron desarrollar sus ideas más allá del control de sus compañeros. En la gimnasia femenina y educativa, la gimnasia de Ling mecánica y rígida (y dominada por los hombres) se transformó en una forma elegante y orgánica de gimnasia, que en ocasiones estaba acompañada de música. Kirk describe un desarrollo paralelo en Reino Unido (2011) y destaca el desarrollo durante las décadas de 1930 y 1940 de la gimnasia educativa, que «tomó prestada de la danza moderna su atención a las dimensiones cualitativas del movimiento y adoptó de forma selectiva parte de la retórica y de las ideas del creciente progresismo centrado en los hijos en los círculos británicos educativos del momento» (Kirk, 2011, p. 56). En Suecia, estas ideas obtuvieron una posición establecida en la educación física de chicas durante la década de 1940 y 1950. Según el currículum nacional de 1942, «los ejercicios adecuados para la edad y el género de los alumnos» (citados en Annerstedt, Peitersen y Rønholt, 2001, p. 87; mi traducción) constituyeron la base para la docencia de la educación física. En 1955, se señala explícitamente en el currículum nacional que la parte estética del movimiento se debe destacar en la enseñanza para chicas, mientras que las partes competitivas y exigentes físicamente se deben destacar en la enseñanza para chicos (Annerstedt *et al.*, 2001). Esta tradición gimnástica gozó de prosperidad durante varias décadas, hasta que la historia le recuperó terreno durante la década de 1970 y 1980.

Deporte, forma física y cooperación

Mientras que la gimnasia femenina y pedagógica floreció, la gimnasia tradicional de Ling (masculina) fue criticada severamente. A comienzos de siglo XX, los psicólogos daneses August Krogh y Johannes Lindhard trataron su valor como herramienta para el entrenamiento físico (Schantz, 2009). Finalmente, el deporte competitivo pasó a cumplir muchas más demandas psicológicas que la gimnasia de Ling, pero no fue hasta el siglo XX que la gimnasia de Ling se vio superada por los deportes. En las escuelas primarias, la gimnasia ya se complementaba con deportes antes del fin del siglo XIX. Los deportes, con su mayor atención a la construcción de la personalidad, parecían atraer a chicos presumidos de clase media más que la gimnasia (Lundquist Wanneberg, 2004; Kirk, 2002). En las escuelas elementales, no se prestaba atención a la personalidad sino a la obediencia colectiva (Lundquist Wanneberg, 2004). Podría decirse que por este motivo la gimnasia continuó siendo la forma dominante de la actividad física hasta la década de 1950 y 1960, a pesar de que la gimnasia libre se complementaba con gimnasia de aparatos y entrenamientos para mantener la forma física.

El sistema de escuela paralela pasó a estar en desuso en 1962, lo sustituyó la escuela elemental estatal obligatoria de nueve años, seguida de la escuela secundaria voluntaria de dos a cuatro años. La transición de una escuela paralela a la enseñanza secundaria marca el significado de la escuela para los alumnos, independientemente de su género u origen social. La enseñanza de la educación física segregada continuó, no obstante, desde 5º curso. El currículum nacional de educación física fijaba:

> Desde 5º, la gimnasia para chicas debe tener una apariencia más estética. También la gimnasia de chicos se debe caracterizar por un movimiento rítmico y armónico. La gimnasia libre para chicos puede dejar un espacio mayor a los ejercicios con aparatos que se centran en la formación técnica básica y que hace que se ejercite la fuerza, la resistencia y el sentido del estilo. (Swedish National School Board, 1962; mi traducción)

En estos momentos, la gimnasia, al menos la gimnasia libre estaba a punto de desaparecer del currículum de educación física. Permaneció algún tiempo en la educación física de chicas pero en la de chicos fue sustituido rápidamente por distintos deportes, sobre todo juegos. Esto tuvo lugar junto con un desplazamiento gradual del antiguo centro de atención de la educación física hacia uno nuevo de forma física y cooperación (cf. Kirk 2011). Antes de 1980, cuando se redactó un nuevo currículum nacional y cuando la denominación de «Gimnasia» cambió a «Deportes» (en sueco, *Idrott*), los juegos y el entrenamiento físico pasaron a ocupar el lugar dominante en el currículum de educación física.

El currículum nacional de 1980 contenía noticias interesantes: la formación segregada por género se abandonó en favor de la escuela mixta. El currículum nacional de la educación física indicaba que «desde los colegios, los chicos y chicas están acostumbrados a practicar y a jugar a juegos juntos» (Swedish National School Board, 1980, p. 92; mi traducción). Un complemento del currículum nacional, publicado por el «School Board» al año siguiente estipula que esta era una medida en pos de la igualdad de oportunidades. Así se considera:

> Una forma de igualar los roles de género y pueden ser parte de la tarea escolar de fomentar la igualdad entre mujeres y hombres. (Swedish National School Board, 1981, p. 110; mi traducción)

Curiosamente, esto también marca el punto de inicio de la crítica mencionada anteriormente porque la asignatura estaba dominada por chicos o se llevaba a cabo en unas condiciones adaptadas para chicos. Al comenzar su tesina en 1990, el profesor de educación física Barbro Carli ha sido una de las personas que ha criticado la coeducación en la educación física, o al menos lo poco que se ha hecho por cambiar las aparentemente malas condiciones para las chicas. Carli señaló que la introducción de la escuela mixta en la educación física supuso que las calificaciones de las chicas descendieran rápidamente (Carli, 1990). En su tesis de 2004, «The Making and Breaking of a Female Culture. The history of Swedish physical education 'in a different voice'» (Carli, 2004), demuestra que la introducción de la escuela mixta en la educación física supuso el desmantelamiento de la gymnasia femenina/educativa en Suecia. Puede decirse que las medidas en pos de la igualdad de oportunidades que se tomaron en 1980 no provocaron diferencia alguna o incluso empeoraron la situación cuando se trata de «neutralizar los modelos tradicionales de género», que pasaron a ser un objetivo general para los colegios suecos y una obligación para todos los docentes suecos en 1994.

Si lo simplificamos un poco, la versión masculinizada de la educación física que Kirk identifica en su investigación, también se desarrolló en Suecia junto con una versión feminizada que se destruyó de forma súbita en torno a 1980. Desde ese momento, ha permanecido la versión masculinizada, a pesar de que puede decirse que ahora existe de una forma reducida dado que desde este momento solo se presta atención a la potencia física. Es hora de examinar lo que es «particular» sobre «la visión reducida concreta de la masculinidad» (Kirk, 2002, p. 35) en la educación física y la forma en la que esta versión se mantiene mediante la práctica.

La doxa masculina de la educación física y la forma en la que los profesores participan en ella

Con el paso de los años y dentro de los marcos de varios proyectos de investigación (centrados o no en cuestiones de género), he visitado muchas clases de educación física en distintos colegios suecos (Larsson *et al.*, 2009; Larsson *et al.*, 2010; Quennerstedt, Annerstedt, Barker, Karlefors, Larsson, Redelius y Öhman, próximamente). Dentro de la formación del profesorado de educación física en mi propio instituto o en los institutos que he visitado, también he tenido muchas clases «en el patio», como se llama a las clases que incluyen actividad física. Al pasar tiempo en un gimnasio poco antes del inicio de una clase de educación física, nadie puede evitar pensar en un modelo frecuente de género: muchos niños y en ocasiones una o dos chicas jugando a un juego, casi siempre fútbol. A menudo el alumnado que entra en el gimnasio primero son los chicos (y chicas) a los que les gusta el fútbol. Cuando entran más alumnos al gimnasio, si no juegan, tanto chicos como chicas se ponen en la pared, reacios a entrar en la amplitud espacial del gimnasio.

He debatido acerca de este modelo con múltiples profesores. Muchos han vivido esta situación pero muy pocos se han preguntado por qué se produce y lo que significa. Virtualmente, ninguno ha vivido ningún intento de los profesores de interrumpirla. Por alguna razón, muchos chicos (y en una ocasión una chica) consideran que tienen la oportunidad –y el derecho sin preguntar– de ocupar el espacio del gimnasio para hacer un juego con balón. Otros chicos y chicas parecen inclinarse ante este hecho como si fuese totalmente incontestable. Nunca he presenciado ninguna sublevación seria contra este modelo. Después de todo, los que se apoyan en la pared o se sientan en los bancos de madera que hay normalmente en los gimnasios son mayoría. Pero, ¿cómo podrían sublevarse? Los hechos que describimos anteriormente en el gimnasio tienen lugar de forma que las partes implicadas los ven como «naturales» o «evidentes» o en términos del sociólogo francés Pierre Bourdieu, como una *doxa* (Bourdieu, 1977). El carácter dóxico del fenómeno se indica mediante la sorpresa de que los alumnos de educación física se muestran como indico en el modelo. Teorizado dentro de los marcos de la perspectiva de género, considero que estos modelos también pueden entenderse en función del concepto de Connell (1987) de *masculinidad hegemónica*, que se formuló originalmente en la década de 1980. Por lo general, la masculinidad hegemónica

> se entendía como el modelo de práctica (ej. actividades hechas, no un conjunto de expectativas de género o una identidad) que permitió que continuara el dominio de los hombres sobre las mujeres. (Connell y Messerschmidt, 2005, p. 32)

En este punto cabe resaltar que ni el concepto de masculinidad hegemónica ni los modelos descritos en el gimnasio se deben interpretar como un signo de predisposición que es innato en los hombres (o chicos). De forma simplificada, no todos los hombres se comportan así. Además, el comportamiento no es universal, sino local y específico del contexto –a pesar de que sus consecuencias puedan parecer universales a nivel estructural–. En realidad, no está limitado a los hombres, como suele darse en el caso de los gimnasios. Las mujeres (y las chicas) pueden participar en la práctica que permite el dominio de los hombres sobre las mujeres, siempre que no desafíen el propio modelo. Normalmente suele tener un precio –hay un precio para los chicos que no participan en las actividades–. ¿Cuál puede ser este «precio»?

En una de sus primeras obras, Connell (1983) sugirió que la masculinidad «intenta representar la fuerza y la competencia» (p. 27). Continúa diciendo

> Lo que se aprende a partir de la práctica constante informal y lo que se enseña en los entrenamientos formales, es para cada deporte una combinación concreta de deporte y habilidad. La fuerza significa *la ocupación irresistible del espacio*; y la habilidad *moverse en un espacio o sus objetos* (incluidos otros cuerpos). [...] La combinación de los dos es la potencia, según la definición de Weber, la capacidad de alcanzar objetivos incluso si estos se oponen a otros. (Connell, 1983, p. 18; énfasis mío)

De nuevo, esta no es una descripción de algo inherentemente masculino, sino precisamente de lo que caracteriza a la práctica que permite el dominio de algunos hombres sobre las mujeres y otros hombres. Dicho de otro modo, se puede ver lo que la cultura exige a los hombres si quieren que se les reconozca como «hombres reales», hombres con autoestima y heterosexuales. Casi como de forma homónima a la descripción anterior de la masculinidad de Connell, Young (1980) hizo la siguiente observación sobre las mujeres:

> el hombre sin formación [...] participa en la actividad deportiva con movimientos más libres y metas más flexibles que las mujeres. No solo hay un estilo característico de lanzar como una mujer, sino también una forma más o menos habitual de correr como una chica, escalar como una chica y de pegar como una chica. Todas tienen en común, en primer lugar, que todo el cuerpo no tiene un movimiento fluido y dirigido, sino, al oscilar y pegar, por ejemplo, el movimiento se concentra en una parte del cuerpo; y en segundo lugar, que el movimiento de las mujeres tiende a no alcanzar, prolongar, llegar y seguir la dirección de su intención. (Young, 1980, p. 143)

Esta no es una descripción de lo que es inherentemente femenino en relación con el movimiento. Siguiendo mi forma de razonar anterior, se trata más de las exigencias culturales sobre las chicas y las mujeres en caso de que deseen que se las tome por «mujeres reales», mujeres heterosexuales de honor. Las formas en las que los chicos y las chicas participan en distintas actividades físicas no solo están condicionadas por el propio deporte y el contexto de la educación física como puede ser la «coordinación», las «capacidades motoras» o la «técnica», sino también y es obvio cuando se observa, por normas sociales sobre lo que es «normal» y lo que es «conveniente» en relación con el movimiento cuando se trata del género y el trato que desea una persona en un contexto dado (Larsson y Quennerstedt, 2012). Si las personas infringen estos «límites de género», se espera que se les sancione al ser acusados de ser mariquitas (Rønholt, 2002) o bolleras

(Clarke, 1998), homosexuales. Ni que decir tiene que ser homosexual o una persona LGBTQ (lesbiana, gay, bisexual, travesti o queer) tiene connotaciones ambiguas en el mundo del deporte y la educación física. En resumen, mis observaciones de la práctica que tiene lugar poco antes de que la clase de educación física comience contienen lo que se puede describir como masculinidad hegemónica y sus consecuencias en los chicos y las chicas del gimnasio. Curiosamente, este modelo general se suele recrear de forma efectiva en clase.

Experiencias del alumnado

¿Qué sucede durante la clase? Para tratar este punto, retrocedamos al desarrollo histórico que tuvo lugar tras la introducción de la coeducación en la educación física en torno a 1980. No solo Carli (2004) mostró la forma en la que se podía eliminar la «tradición gimnástica femenina» rápidamente. Lo mismo ocurrió con la formación del profesorado de educación física; la educación mixta se adoptó en 1977, momento en el que la formación del profesorado en Suecia pasó a ser parte del sistema universitario (Lundvall y Meckbach, 2003). Desde la década de 1980, las clases de educación física en Suecia están dominadas por los juegos y por la forma física (Quennerstedt *et al.*, 2008; Sandahl, 2005). En ocasiones, al alumnado se le imparte danza o «movimiento al son de la música» (que suele ser escoger una canción moderna, hacer un análisis musical y hacer un baile para la música) y actividades al aire libre (que suelen hacerse en «días de patio» concretos). Ante todo, las actividades que componen las clases de educación física las suelen realizar los chicos en su tiempo libre. Esto no supone que las chicas no hagan estas actividades. Por ejemplo, el fútbol es el deporte que más chicos y chicas practican en Suecia. No obstante, mientras que no se considera que el fútbol confirma la identidad de una chica como una «chica auténtica» (por el contrario, en ocasiones se cree que las chicas que juegan al fútbol pueden ser lesbianas), sí se considera que confirma la identidad de un chico como un «chico auténtico», que *no* es un fulano, un extranjero ni un mariquita (Fundberg, 2003). Además, y puede que sea más importante, el fútbol convencionalmente se juega en equipos de un único sexo en el tiempo libre; en los colegios, se espera que las chicas y los chicos jueguen juntos en equipos mixtos. Esto tiene consecuencias concretas. Por ejemplo, los chicos, independientemente de sus cualidades, parecen asumir que son mejores jugadores que las chicas, como ocurrió en el caso de este chico de 15 años que, en mi opinión, no destacaba como un jugador «con clase» cuando le vi jugar.

> ENTREVISTADOR: En referencia al partido de baloncesto de hoy, ¿pensaste que había tanto chicas como chicos en el equipo?

CHICO, COLEGIO 1: No, no, solo hay que correr y pasar el balón. La verdad es que no me fijé mucho.

E.: De acuerdo... ¿Juegas tan duro como si lo hicieses en un equipo de chicos?

C.: Sí... bueno creo que tengo más cuidado cuando le entro a una chica. Es cierto, te lo tomas con más tranquilidad.

E.: Sí, ¿y lo haces sin pensarlo?

C.: Sí.

E.: Mmm... Imagínate que una chica fuera mejor que tú, ¿jugarías entonces más fuerte?

C.: Sí, creo que sí. Lo haría si fuesen mejores. Entonces lo daría todo. (fragmento de entrevista de Larsson *et al.*, 2011, p. 76)

Para este chico, al igual que para muchos otros, las chicas son peor si las comparamos con los chicos y no solo eso, también son más frágiles: «tienes que tener cuidado cuando le entras a una chica». Normalmente, las chicas admiten esta tendencia, desde su punto de vista, en concreto mediante la falta de rendimiento (Fagrell, Larsson y Redelius, 2012). Este dato está relacionado con la observación anterior de Young (1980). En el siguiente fragmento de entrevista, hablo con una chica de 16 años que juega en un equipo de barrio de balonmano. Sin embargo, jugar «en serio» durante una clase de educación física parece ser algo totalmente distinto en comparación con jugar «en serio» en un equipo de chicas durante el tiempo libre.

ENTREVISTADOR: Está claro que los chicos necesitan más espacio y más actividad, sobre todo cuando juegan al matar y cuando dices [...] tiran más y más fuerte [...] ¿Crees que eso importa o que tenga un efecto positivo, negativo o de cualquier tipo?

CHICA, COLEGIO 2: No, no creo que importe mucho. [...] Um... Quiero decir que no me hace daño [sonríe].

E.: ¿Crees que tú... tienes menos posibilidad de mostrar... al profesor lo que sabes hacer?

C.: No, porque creo que puedo hacerlo de todas formas... Bueno... eh... No, no lo creo. Quiero decir, no es así... Si yo realmente quisiera, podría jugar de forma muy agresiva y... ser un chico [sonríe]... pero considero que no lo necesito.

E.: Está claro: y ser un chico, ¿qué quieres decir con eso? [ambos se ríen]

C.: Noo, quiero decir, tirar fuerte... lanzar el balón. (fragmento de entrevista de Larsson *et al.*, 2011, p. 76f)

Para jugar un «partido de verdad» en la clase de educación física, «tienes que ser un chico», como dicen las chicas. Y ser un chico no significa necesariamente ser un chico, sino ser más *como* un chico o practicar quizás la masculinidad hegemónica. Las chicas y las mujeres lo hacen, si hay algo de lo que pueden beneficiarse, por ejemplo en un deporte de competición (para tener beneficios en términos de diversión personal, atención mediática, material y recompensas monetarias). No obstante, para los chicos ser un «chico auténtico» es algo más que un deber cultural: «no seas pesado, no seas así, no seas mariquita», ¡juega!

En la educación física, hay pocos incentivos para transgredir las barreras de género para chicas y chicos. Jugar a juegos en el colegio durante una clase de educación física solo trata, de forma marginal (al menos en Suecia), de «ganar» o de sobresalir en un deporte concreto. Por el contrario, la educación física está relacionada, como se dijo anteriormente, con el movimiento en distintas actividades y sobre tratar asuntos de salud relativos al movimiento. Estos objetivos son, no obstante, bastante abstractos para el alumnado, en concreto si los comparamos con los objetivos virtualmente autodidácticos del deporte de competición: ganar la competición/el partido al superar a los rivales. Además, «el juego auténtico» son los partidos que se disputan en las competiciones y que, en ocasiones, se emiten a miles de telespectadores. Esta es una circunstancia que complica a los docentes de educación física la enseñanza de las «formas de ganar partidos». Resulta pues que el profesorado de educación física no dispone de los suficientes recursos para tratar la posición hegemónica del deporte de competición y la masculinidad hegemónica.

Estrategias docentes

En un artículo llamado «Queering Physical Education. Between benevolence towards girls and a tribute to masculinity» (Larsson *et al.*, 2009), mis compañeros y yo exploramos las estrategias que los docentes suecos de educación física desarrollan para tratar la desigualdad de género. Hallamos dos estrategias empleadas por el profesorado, la ironía con los chicos traviesos y la benevolencia con las chicas. Por desgracia, estas estrategias tenían sus inconvenientes y su objetivo no era desafiar la *doxa* de la masculinidad hegemónica, sino todo lo contrario. Puede valer con un ejemplo, en primer lugar la «estrategia de la ironía»:

> Durante un juego con balón, uno de los chicos dominantes de la clase dribla mucho pero consigue poco. Camina con el balón, esperando que alguien le rete, pero nadie se atreve. «Mal», es el único comentario del profesor –mientras que el juego continúa.
>
> En otra clase, los alumnos saltan a pídola. Muchos tienen problemas para hacer incluso los saltos más sencillos. Algunos chicos intentan un salto difícil (y algo temerario). Uno de ellos (casi) consigue un salto y se alegra cuando cae. «Caíste de lado», dice el profesor de forma irónica, queriendo decir que el alumno no ejecutó el salto de forma correcta. (Larsson *et al.*, 2009, p. 11)

Esta estrategia irónica es ambigua. A pesar de cualquier intención de los docentes de interrumpir lo que se considera una práctica no constructiva, puede hacer que se confirme a los chicos dominantes su aprendizaje de la conducta «normal», es decir, lo que se considera que hace referencia a la heterosexualidad masculina. La estrategia irónica utilizada cuando los chicos dominantes aprovechan la oportunidad en clase para «presumir», una práctica en la que estos chicos muestran su ocupación irresistible del espacio y la capacidad de funcionar en este espacio y sus objetos, para hacer referencia a Connell (1983, p. 18). Esta estrategia refuerza el estereotipo de «bromista» (Porcu, 2005).

La estrategia que hemos denominado «benevolencia hacia las chicas» se podría emplear en ocasiones precisamente cuando algunos de los chicos tenía la oportunidad de brillar. A continuación, observamos dos ejemplos:

> En una clase con una prueba de atletismo campo a través, los alumnos están atentos antes de empezar. Hace poco han corrido una vuelta por el circuito como preparación de la prueba: tres vueltas. El profesor está hablando sobre la toma de oxígeno: «Los chicos tienen una gran capacidad motriz, coronaria y pulmonar. Las chicas tienen más problemas este año en comparación con el año pasado. Ya no sois niñas pequeñas que se mueven, sois mujeres jóvenes... por este motivo tienes más que llevar cuando corres. No estéis tristes: Corrí 15 segundos más lento que el año pasado (con una voz extraña)...».
>
> A continuación el profesor continúa hablando a los alumnos de «una buena nota para los chicos» y de «una buena nota para las chicas». También dice la nota del año pasado de cada alumno. En otra clase, un chico muestra los ejercicios en anillas mientras que el profesor está dando clase. El chico tiene muchas competencias y ejecuta el ejercicio con suavidad y bajo un control estricto. Sus compañeros están muy impresionados. «Ah!» grita una de las chicas. «Chicas, no tenéis que hacer esto», responde el profesor. Los alumnos no hacen ningún comentario. El profesor continúa: «Exige mucha fuerza porque estás muy arriba... Y luego tenemos un super ejercicio para los chicos». Tampoco hubo comentarios esta vez. La demostración continúa. (Larsson *et al.*, 2009, p. 12)

Es importante admitir que los profesores no actúan de esta forma porque son sexistas. Nuestra interpretación fue que la conducta de los profesores se podría interpretar en términos de benevolencia. Querían ser justos tanto con los chicos como con las chicas. El problema estructural es que a menudo los docentes actúan con la misma *doxa* que respalda los modelos de género. Los docentes de las observaciones anteriores eran conscientes de los mismos modelos de género que estoy tratando. Cuando se les entrevistó, «podían hablar del relativo dominio de los chicos y la relativa subordinación de las chicas pero no estaban seguros de qué hacer. Vivieron el orden de género en el gimnasio pero no sabían lo que suponía saber algo» (Larsson *et al.*, 2009, p. 9). Además, «la 'conciencia' de los profesores se encontraba [...] en los discursos de género en los que las chicas, como estado natural o como consecuencia de una socialización que ocurre en otro lugar (no en el gimnasio), son inferiores (tanto física como mentalmente) en comparación con los chicos» (Larsson *et al.*, 2009, p. 9). En un estudio posterior, y para explorar más la actitud en ocasiones recalcitrante sobre la «neutralización de los modelos de género», mis compañeros y yo aprovechamos la oportunidad de hacer preguntas de forma más directa sobre esta tarea.

Quizás no es sorprendente que halláramos que la «neutralización de modelos de género» es un tipo de enigma para muchos profesores. Muchos a los que se entrevistó espontáneamente pensaron que nuestra pregunta trataba de «neutralizar la diferencia sexual», que para ellos parecía imposible e incluso ilógica:

> ENTREVISTADOR: ¿Ha pensado en la razón por la que debería alejarse de los modelos de género tradicionales? [...]
>
> PROFESOR: Buena pregunta. Sinceramente, no lo creo. [...] Creo que algunas cosas son genéticas. Tengo una niña y un niño en casa e intento de forma consciente neutralizarlos, pero cuando te dan un palo en la cabeza y a mi hija le gustan las cosas de chicas, aunque nosotros [él y su esposa, nuestra nota] son bastante activos. [...] Quiero decir, voy a cambiarla y hacer que sea un chico y hacer que mi hijo sea una chica, si ves lo que quiero decir. No tiene que neutralizarse a toda costa. (Larsson *et al.*, 2010, p. 68)

«Neutralizar los modelos de género» parece ser algo bastante incomprensible para algunos docentes, debido a su interpretación de los «modelos de género». Si hay un signo sobre la forma en que la naturaleza está establecida, son difíciles de afrontar. Para que los modelos de género o la masculinidad hegemónica sean susceptibles al cambio, solo necesitan estar formuladas como inventos culturales que crean estructuras de poder, estructuras que encierran a personas en prácticas y subjetividades que fomentan no solo la heterosexualidad sino también ser de clase media y (en Suecia) ser sueco. Esto significa que nosotros, para poder desafiar la masculinidad hegemónica, necesitamos encontrar una perspectiva equilibrada que no solo evita proteger el problema para «los otros», las mujeres, los hombres que no logran ser «hombres auténticos», los homosexuales, los extranjeros, los trabajadores sino también evitan comenzar a partir de una suposición dada de que «los chicos serán chicos». Así, esta perspectiva debe, simplemente, poder tratar con los *modelos de práctica* que transmiten la masculinidad hegemónica.

Debate sobre la masculinidad hegemónica en la educación física

Considero adecuado empezar esta parte final destacando que el desafío de la masculinidad hegemónica en una asignatura concreta, la educación física, sin tener en cuenta lo que sucede en otras partes de la vida escolar no es tarea fácil. Puede que la educación física sea una asignatura en sí pero, en la práctica, y en las vidas reales de alumnos y profesores, es parte de un día escolar en el que a veces es complicado distinguir las prácticas que pertenecen o no a la educación física. Las prácticas de las diferentes asignaturas, recreos, almuerzos, etc. se entremezclan. Si se puede considerar que la educación física es el último bastión de la masculinidad en los colegios suecos, esto no se debe únicamente a propiedades que le resultan inherentes, sino también con la función que tiene la educación física en relación con otros asuntos escolares. Incluso hay defensores de que la educación física debe «dejarse con sus propios fines» dado que es un «oasis» o «espacio libre» para los chicos en un colegio feminizado. Dicho de forma grosera, pero difícil de probar científicamente, puede que haya grandes fuerzas que trabajan en pos de que la educación física continúe siendo un bastión masculino en los colegios.

De manera similar, puede que la educación física sea un fenómeno concreto en la cutlura física, pero en la práctica, y en las vidas reales del alumnado y el profesorado, es parte de una cultura física sin claras fronteras entre lo que se considera un deporte de competición, la educación física, el ejercicio saludable, la danza, las actividades al aire libre y demás (Engström, 2008). Esto hace que los objetivos marcados por el currículum nacional, que son bastante abstractos, sean muy difíciles de alcanzar en la práctica. Por ejemplo, en el discurso deportivo, la capacidad de «moverse sin límites en distintos contextos físicos» puede pasar a ser una búsqueda para saltar más alto, correr más rápido y marcar goles (Evans, 2004). De forma similar, dentro del discurso saludable, la capacidad de «planificar, poner en práctica y evaluar los deportes y otras actividades físicas basadas en distintas opiniones de la salud, el movimiento y el estilo de vida» puede estar relacionado con distintas órdenes higiénicas, por ejemplo sobre la dieta y la actividad física frecuente (Gard y Wright, 2005).

No obstante, una primera observación sencilla es que los modelos de género de la educación física contemporánea tienen su origen en la selección de actividades que son adecuadas para la enseñanza de la educación física. Los modelos de género aparecen en el gimnasio ya que el alumnado que representa predisposiciones concretas se ajusta a un contenido concreto. Esta es una forma de ver el «comportamiento» no basado en una «personalidad interna», «rasgos» o «instintos», sino como una conducta derivada de la relación concreta que se establece entre las predisposiciones del alumnado y la lógica de la práctica actual (Bourdieu, 1984). Si ampliamos la idea, esto significa que los docentes deben tener en cuenta una serie de consideraciones pedagógicas mientras planifican su año académico. En primer lugar, ¿qué actividades selecciono para ofrecer al alumnado posibilidades versátiles de lograr los objetivos previstos y que a la vez contrarresten los modelos de género? Esto último significa que algunas actividades, que a primera vista pueden parecer adecuadas en relación con los objetivos concretos, pueden no serlo si fomentan la reproducción y el refuerzo de la masculinidad hegemónica. Así, las primeras preguntas aluden a que los docentes tienen que explorar las distintas normas sociales que transmiten las distintas actividades y la forma en la que se muestran en distintos contextos y con distintos alumnos.

Esto me lleva a la segunda pregunta: ¿qué predisposición de mi alumnado tengo que tener en cuenta a la hora de planificar mis enseñanzas? El alumnado no es una *tabula rasa* cuando entra al gimnasio ¿Cómo puedo apoyar al alumnado, independientemente de su género, origen y experiencias físicas y deportivas para que «se mueva sin límites en distintos contextos físicos»? A pesar de que esta afirmación está tomada directamente del currículum nacional sueco, considero que es lo suficientemente global para aplicarse en los contextos de la educación física más allá de los límites de Suecia. En cualquier caso, la segunda pregunta alude a la necesidad que los docentes tienen de explorar las distintas predisposiciones de su alumnado y la forma en la que estas se reflejan en el amor u odio por los distintos tipos de actividad física o de la distinta lógica asociada a las actividades físicas (ej. competición, formación física, desarrollo de habilidades, expresión estética, consulte Engström, 2008).

Además de las consideraciones pedagógicas más generales que deben asumir los docentes, considero que la tradición de la pedagogía crítica, o más concretamente la pedagogía homosexual es «una forma radical de práctica educativa que se utiliza intencionadamente para interferir e intervenir en la producción de 'normalidad' en las asignaturas» (Bryson y de Castel, 1993) que tiene mucho que ofrecer a la hora de desafiar las prácticas que contribuyen a la reproducción y el refuerzo de la masculinidad hegemónica. Más concretamente, he descubierto que la práctica educativa sugerida por el educador norteamericano Kevin Kumashiro resulta muy inspiradora y también he intentado aplicarla a mis propias clases de educación física.

Kumashiro (2004) hace mención a una «enseñanza paradójica», un aspecto que surge tras distintos intentos en varios años de luchar con las normas de género junto a su alumnado. Originalmente, la idea de Kumashiro era que el alumnado se «abriera» a hablar de sus opiniones sobre las distintas orientaciones sexuales. Para su desilusión, esta estrategia normalmente hacía que algunos alumnos se expresaran utilizando lenguaje homófobo.

> Paradójicamente, el debate abierto resultaba ser demasiado abierto a la vez que no lo suficiente. Así, era demasiado abierto para permitir que los alumnos expresaran su heterosexualidad/homofobia y silenciaran a las personas LGBTQ de la sala, pero no lo suficientemente abierto para los alumnos que acababan expresando su homofobia de forma encubierta y políticamente correcta. Finalicé el semestre confundido sobre la mejor forma de estructurar un debate sobre asuntos relativos a las personas LGBTQ ¿Pueden los alumnos desafiar su propia heterosexualidad/homofobia (y bifobia/transfobia) si nunca la articulan? ¿Pueden los alumnos hablar desde los límites si justo los límites son el tema de debate? (Kumashiro, 2004, p. 113)

Después de algún tiempo, Kumashiro concluyó que era imposible para él, como profesor, «cambiarles» (al alumnado). Por el contrario, «una barrera para la enseñanza antiopresiva es la noción de que la buena enseñanza se produce solo cuando los alumnos responden de la forma que *queremos* que lo hagan» (Kumashiro, 2004, p. 113). Así surge la necesidad de prestar atención a la forma en la que un contenido concreto y la pedagogía se relacionan con las normas dominantes y la forma en la que es posible que el alumnado resista ante estas normas. A fin de mostrar la práctica reflexiva que los docentes deben asumir, ejemplifica empleando la enseñanza/aprendizaje como ejemplo. Si traducimos este ejemplo al contexto de la educación física, la sugerencia es la siguiente:

> El objetivo de los profesores de educación física no es enseñar la mejor forma de moverse. En cambio, deben analizar cómo todas las formas de moverse tienen consecuencias normativas. Puede que los profesores pregunten: ¿De qué forma influye este movimiento a la hora de desafiar los estereotipos? ¿Cómo los refuerza? ¿Qué permanence igual? ¿Qué es lo que suscita crítica? ¿Quién permanence invisible? ¿A quién insta a defender sus propios privilegios? (adaptado a un contexto de educación física, Kumashiro, 2004, p. 113)

Estas estrategias, que responden de forma activa a las cuestiones pedagógicas generales y que intentan enseñar paradójicamente, podrían marcar la senda de una enseñanza de la educación física en la que no haya necesidad de mostrar una actitud benévola por parte del docente ni hacia las chicas ni hacia los chicos. Es aún más importante que puedan servir como una directriz para una enseñanza de la educación física que no fomente la reproducción y el refuerzo de la masculinidad hegemónica, ni el modelo de práctica que permite la supremacía de una forma de masculinidad sobre otras formas de masculinidad y sobre las feminidades.

Más allá de los modelos de estrategia de género evasivos y benevolentes vis-a-vis, en mis clases de educación física me esfuerzo por desarrollar una pedagogía homosexual, incluida la enseñanza de forma paradójica. Esto supone que dedico menos atención al «mejor movimiento» pero más a debatir preguntas como: «¿De qué forma este movimiento reproduce o desafía los estereotipos?». En otras palabras, intento ayudar al alumnado a que descubra las normas sociales que se encuentran en los distintos tipos de actividades físicas –o en la *doxa* de la educación física–. A veces tengo un grupo que realiza las actividades mientras otro grupo les observa, analizando sus (posibles) modelos de género. Cuando el alumnado comienza a descubrir estos modelos, empiezan a hacerse preguntas. Quizás mi visión puede ser una forma que también va más allá de la «visión masculina reducida» de la educación física contemporánea a la que Kirk (2002) se refiere.

Referencias

Annerstedt, C.; Peitersen, B. y Rønholt, H. (2001). *Idrottsundervisning. Ämnet idrott och hälsas didaktik*. Varberg: Multicare.

Bourdieu, P. (1977). *Outline of a Theory of Practice*. Cambridge University Press.

Brown, D. (2005). «An economy of gendered practices? Learning to teach physical education from the perspective of Pierre Bourdieu's embodied sociology». *Sport, Education and Society, 10*(1), 3-23.

Bryson, M. y de Castel, S. (1993). «Queer Pedagogy: Praxis Makes Im/Perfect». *Canadian Journal of Education, 18*(3), 285-305.

Carli, B. (1990). «Idrott tilsammans på samma vilkor. Flickors situation i skolans idrottsundervisning (Sport together on the same terms. Girls' situation in school PE)». Tesis doctoral. Örebro: Örebro University College.

Carli, B. (2004). «The Making and Breaking of a Female Culture. The history of Swedish physical education 'in a different voice'». Tesis doctoral. Gothenburg: University of Gothenburg.

Clarke, G. (1998). «Queering the Pitch and Coming Out to Play: Lesbians in Physical Education and Sport». *Sport, Education and Society,* 3(2), 145-160.

Connell, R. W. (1983). *Which way is up? Essays on class, sex and culture*. Sydney: Allen & Unwin.

Connell, R. W. (1987). *Gender and power*. Sydney, Australia: Allen & Unwin.

Engström, L.-M. (2008). «Who is physically active? Cultural capital and sports participation from adolescence to middle age - a 38-year follow-up study». *Physical Education and Sport Pedagogy, 13*(4), 319-343.

Evans, J. (2004). «Making a difference? Education and 'ability' in physical education». *European Physical Education Review, 10*(1), 95-108.

FAGRELL, B.; LARSSON, H. y REDELIUS, K. (2012). «The game within the game. Girls underperforming position in physical education». *Gender and Education, 24*(1), 101-118.

FUNDBERG, J. (2003). «Kom igen gubbar! Om pojkfotboll och maskuliniteter (Come on lads! On boys' football and masculinities)». Tesis doctoral. Estocolmo: Carlssons.

GARD, M. y WRIGHT, J. (2005). *The obesity epidemic. Science, morality and ideology*. Nueva York: Routledge.

KIRK, D. (2002). «Physical education: a gendered history». En D. Penney (Ed.), *Gender and physical education. Contemporary issues and future directions* (pp. 24-37). Londres: Routledge.

KIRK, D. (2011). *Defining Physical Education. The Social Construction of a School Subject in Postwar Britain* (2ª Edición). Londres: Routledge Revivals.

KUMASHIRO, K. (2004). «Uncertain Beginnings: Learning to Teach Paradoxically». *Theory Into Practice, 43*(2), 111-115.

LARSSON, H. y REDELIUS, K. (2008). «Swedish Physical Education Research Questioned – Current Situation and Future Directions». *Physical Education and Sport Pedagogy, 13*(4), 381-398.

LARSSON, H.; FAGRELL, B. y REDELIUS, K. (2009). «Queering physical education. Between benevolence towards girls and a tribute to masculinity», *Physical Education and Sport Pedagogy, 14*(1), 1-17.

LARSSON, H.; FAGRELL, B.; JOHANSSON, S.; LUNDVALL, S.; MECKBACH, J. y REDELIUS, K. (2010). *Jämställda villkor i idrott och hälsa – med fokus på flickors och pojkars måluppfyllelse* (Equal opportunities in physical education and health – focusing on girls' and boys' levels of goal achievements). Unpublished report to the Swedish National Agency of Education.

LARSSON, H.; REDELIUS, K. y FAGRELL, B. (2011). «Moving (in) the heterosexual matrix. On heteronormativity in secondary school physical education». *Physical Education and Sport Pedagogy, 16*(1), 67-81.

LARSSON, H. y QUENNERSTEDT, M. (2012). «Understanding Movement: A Sociocultural Approach to Exploring Human Movement». *Quest, 64*(4), 283-298.

LINDROTH, J. (2004). *Ling – från storhet till upplösning. Studier i svensk gymnastikhistoria 1800-1950* (Ling – from greatness to resolution. Studies in Swedish gymnastic's history 1800-1950). Estocolmo/Stehag: Symposion.

LJUNGGREN, J. (1999). *Kroppens bildning. Linggymnastikens manlighetsprojekt 1790-1914* (Educating the body. Ling gymnastic's manliness project 1790-1914). PhD thesis. Estocolmo/Stehag: Symposion.

LUNDQUIST WANNEBERG, P. (2004). «Kroppens medborgarfostran. Kropp, klass och genus i skolans fysiska fostran 1919-1962 (The civic education of the body. Body, class and gender in school's physical education 1919-1962)». Tesis doctoral. Estocolmo: Stockholm University.

LUNDVALL, S. y MECKBACH, J. (2003). «Ett ämne i rörelse (A subject in motion)». Tesis doctoral. Estocolmo: Stockholm Institute of Education.

PORCU, L. (2005). «Fishy business. Humor in a Sardinian fish market». *International Journal of Humor Research, 18*(1), 69-102.

QUENNERSTEDT, M.; ÖHMAN, M. y ERICSSON, C. (2008). «Physical education in Sweden - a national evaluation». *Education-line*: 1-17.

QUENNERSTEDT, M.; ANNERSTEDT, C.; BARKER, D.; KARLEFORS, I.; LARSSON, H.; REDELIUS, K. y ÖHMAN, M. (próximamente). «What did you learn in school today? A method of approach to explore aspects of learning in physical education». Manuscript intended for submission.

REDELIUS, K. y LARSSON, H. (2010). «Physical Education in Sweden: an overview and some educational challenges». *Sport in Society, 13*(4), 691-703.

SANDAHL, B. (2005). «Ett ämne för alla? Normer och pratkik i grundskolans idrottsundervisning 1962-2002 (A subject for all? Norms and practice in compulsory school physical education 1962-2002)». Tesis doctoral. Estocolmo: Stockholm: Carlssons.

SCHANTZ, P. (2009). «Om Lindhardskolan och dess betydelse i ett svenskt perspektiv«. En A. L. Poulsen, E. Trangbæk, K. Jørgensen y N. Nordsborg (eds.) *Forskning i bevægelse. Et nyt forskningsfelt i et 100-årigt perspektiv* (Research in motion), (pp. 137-167). Copenague: Museum Tusculums Forlag.

SNAE (2011). *Curriculum for the compulsory school, preschool class and the leisure-time centre 2011.* Estocolmo: The Swedish National Agency of Education.

SWEDISH NATIONAL SCHOOL BOARD (1962). *Läroplan för grundskolan* (National curriculum for the compulsory school). Estocolmo.

SWEDISH NATIONAL SCHOOL BOARD (1980). *Läroplan för grundskolan (Lgr 80)* (National curriculum för the compulsory school). Estocolmo.

SWEDISH NATIONAL SCHOOL BOARD (1982). *Författningssamling* (School statutes). Estocolmo.

YOUNG, I. M. (1980). «Throwing like a girl: a phenomenology of feminine body comportment motility and spatiality». *Human Studies, 3*, 137-156.

10 Construcción de la masculinidad en las clases de educación física en Turquía

Canan Koca y Pinar Öztürk

Introducción

> «Es inadmisible que un chico juegue al voleibol con las chicas mientras estamos jugando al fútbol. Le obligamos a que juegue con nosotros.»
>
> «Nosotros (los chicos) debemos comportarnos como hombres. Si alguien hace algo que no es característico de nuestro grupo (grupo masculino) se le acusa de falta de lealtad hacia nosotros.»

Estas fueron las palabras de dos de los chicos turcos que participaron en el estudio de Atencio y Koca (2011) en el que se analizaba la construcción de la masculinidad en la educación física turca. Sus comentarios reflejan la importancia de jugar al fútbol y evitar la interacción con chicas como prácticas reprobables en la comunidad masculina turca en la educación física. Hay pocos estudios que hayan analizado la construcción de la masculinidad en la educación física turca utilizando distintos enfoques, como la teoría de Pierre Bourdieu, el enfoque post-estructuralista y el enfoque de las comunidades de práctica de Lave y Wenger (Atencio y Koca, 2011; Koca, Atencio y Demirhan, 2009). Estos estudios demuestran que las identidades masculinas de los adolescentes se construyeron de forma activa en relación con su clase social, las prácticas de las comunidades masculinas y la estructura del ámbito social de la educación física en los colegios turcos.

Una tarea importante para la investigación de las ciencias sociales es explorar la forma en la que las relaciones de género se experimentan y se negocian las identidades de género en el ámbito de la educación física en distintos contextos culturales. Además, a pesar de que muchos investigadores hayan trabajado para que se hagan notar las vidas de los chicos occidentales en la educación física (Connell, 2008; Davison, 2000; Hickey, 2008, 2010; Lee, Macdonald y Wright, 2009; Messner y Sabo, 1990), se necesita más trabajo para llegar a entender a chicas y chicos de distinto origen, con distintas condiciones materiales y con distintos grados de acceso al poder y a los recursos. Por lo tanto, si nos basamos en los últimos estudios sobre educación física, analizaremos la construcción de las distintas masculinidades en la educación física teniendo en cuenta las características patriarcales de la sociedad turca y el contexto de la educación física en las escuelas turcas. De esta forma, este estudio permite ampliar investigaciones previas sobre la construcción de la masculinidad en la educación física a un contexto sociocultural distinto de Turquía que representa un país secular que incluye los valores de Oriente Medio y Occidente.

Este capítulo comienza con una visión general de la literatura sobre la masculinidad en la educación física y en el deporte. A continuación, hay una descripción del contexto de la educación física en Turquía y se analizan las relaciones de género en la sociedad turca antes de presentar un análisis de la construcción de la masculinidad en la educación física turca.

Literatura sobre la masculinidad en la educación física y el deporte

Distintos críticos señalan que el cuerpo es fundamental para la expresión y el refuerzo del género (Bordo, 1990; Butler, 1997). Debido a que el cuerpo se muestra y está dispuesto a examen en la educación física, el cuerpo es clave en las prácticas en este ámbito (Azzarito, Solmon y Harrison, 2006; Brown, 2006; Hall, 1996). Por otro lado, la construcción social del cuerpo en la educación física, centrado en cuestiones de delgadez, musculación y físico, ha sido de gran importancia en la construcción de la feminidad y la masculinidad (Hall, 1996; Wright, 1998).

Está probado que las clases de educación física son lugares importantes de producción de la masculinidad y del orden de género (Messner y Sabo, 1990). El orden de género hace referencia a las relaciones de poder construidas históricamente entre hombres y mujeres que conceden privilegios a los hombres frente a las mujeres mediante las definiciones de masculinidad y feminidad y que se desarrollan en relación con otras formas subordinadas y con la feminidad (Wright, 1998). Entre este orden de género hegemónico se desarrollan formas de masculinidad relativas a otras formas subordinadas y a la feminidad (Light y Kirk, 2000). El orden de género en la educación física consiste en que las chicas suelen estar marginadas y ausentes debido a la preponderancia de los chicos.

La conciencia patriarcal en este orden de género se ha hecho latente en la educación física por las distintas expectativas culturales que tienen las chicas y chicos al resaltar que algunas actividades físicas se consideran masculinas o femeninas (Scraton, 1992). Por ejemplo, la dimensión de género de las actividades está relacionada con la tradición y las ideas del profesor sobre los deportes adecuados que dan a las chicas la impresión de que algunos deportes, como el fútbol, no son para ellas (Koca, 2009; Swain, 2000). No obstante, tanto chicos como chicas no son un grupo homogéneo y sus experiencias en la educación física son distintas y complejas. Varios investigadores han demostrado la forma en la que la educación física y las prácticas deportivas escolares (re)producen formas hegemónicas de masculinidad a la vez que marginan otras formas de masculinidad y feminidad (Bramham, 2003; Light y Kirk, 2000; Pringle, 2008; Renold, 2004; Swain, 2000). Los investigadores señalan que los discursos patriarcales, como la fuerza física y la agresión, se han valorado en mayor medida en la educación física. De esta forma, la masculinidad hegemónica representa el poder y competencia frente a otras. El término «hegemónico» se puede utilizar para definir la forma de masculinidad más «culturalmente exaltada» o «idealizada» (Connell, 1990, p. 83) de masculinidad en el contexto de la educación física. Por consiguiente, aunque la asociación del deporte y la masculinidad hegemónica beneficia a los chicos como grupo, más chicos de lo que puede esperarse tienen experiencias negativas en la educación física (Martino, 1999).

Tal y como defiende Connell (2000), la masculinidad no existe como concepto ontológico pero existe por la forma en la que la gente actúa. La masculinidad se debe identificar dentro de un contexto social y unas prácticas sociales concretas. Así pues, antes de facilitar el análisis de la construcción de la masculinidad en el contexto de la educación física turca, describiremos brevemente las características del currículum turco de educación física y la participación en el deporte de los jóvenes turcos. A continuación, dado que el deporte y la educación física son prácticas que se construyen socialmente en la cultura en la que existen, y que cualquier resumen sobre ellos debe basarse en la comprensión del poder, el privilegio y el dominio en la sociedad (Sage, 1993, p. 153), presentaremos información sobre las relaciones de género en Turquía.

La educación física en Turquía

El currículum turco de educación física ha cambiado recientemente. No obstante, el currículum nacional anterior que desarrolló el Ministerio de Educación (MEB) en 1988 aún se imparte en varios colegios turcos. A pesar de que las directrices nacionales para la educación física están estandarizadas para todos los colegios, hay algunas contradicciones en relación con la puesta en práctica y el contenido de estas directrices. El nuevo currículum cambió el enfoque de las actividades tradicionales basadas en el deporte (ej. ejercicios de marcha, gimnasia, atletismo, lucha libre, voleibol y fútbol) por actividades físicas que fomentan la participación permanente (ej. baile, juegos y actividades al aire libre). Posee dos áreas principales de conocimientos: (a) conocimiento y capacidad de movimiento y (b) participación activa y vida saludable (MEB, 2006). La educación física es obligatoria en todos los colegios turcos desde los 6 hasta los 18 años. Se prevé que los colegios aspiren a impartir una hora semanal de educación física de 1º a 5º y dos horas para 6º, 7º y 8º.

No hay diferencia entre las chicas y los chicos en términos de las actividades y contexto en el currículum de la educación física turca. Sin embargo, en numerosos colegios, muchos privados, los chicos y las chicas se separan en 6º-8º curso. En muchos colegios turcos, los deportes se organizan en líneas de género: fútbol y baloncesto para los chicos; voleibol y gimnasia para las chicas. A pesar de que la coeducación en educación física es obligatoria en todos los niveles para garantizar que las chicas y los chicos hayan recibido las mismas oportunidades educativas, como en muchos otros países occidentales, la coeducación no ha significado el desarrollo automático de la igualdad de oportunidades para chicas y chicos en la educación física. Por ejemplo, se observa que los profesores turcos de educación física tienen creencias estereotipadas por género sobre las distintas capacidades de las chicas y los chicos, además de estereotipos patriarcales sobre el comportamiento masculino y femenino adecuado (Koca, 2009). Esta investigadora defendía que la igualdad de género se reconoció para ofrecer las mismas oportunidades educativas a todo el alumnado. Este asunto iba más allá del currículum y la pedagogía, de la igualdad para las oportunidades de aprendizaje, las interacciones en la clase, las propias expectativas del profesorado y las relaciones entre los chicos y las chicas en el contexto de la educación física.

El deporte y la actividad física no son partes fundamentales de la cultura nacional y de la vida social en Turquía. El nivel de participación de los turcos en la actividad física y el deporte es muy bajo (25%) (Active Living Association, 2009). Aunque los colegios son agentes clave al impartir educación física a todos los jóvenes y al ofrecer oportunidades adicionales para participar en actividades extracurriculares, muchos alumnos turcos no participaban en las actividades físicas escolares y extraescolares y sus niveles de actividad eran bajos (Hümeriç, Kirazcı, Ince y Çiçek, 2005). Hümeriç y sus compañeros observaron al alumnado de 6º a 8º y descubrieron que empleaban poco tiempo en actividades físicas moderadas e intensas en las clases de educación física y que normalmente estaban de pie o sentados y pasaban poco tiempo caminando y corriendo. Además, los niveles de participación en las actividades escolares y extraescolares de las chicas eran inferiores que el de los chicos (Koçak, Harris, Işler y Çiçek, 2002) y que las chicas tenían actitudes menos positivas hacia la educación física y el deporte en comparación con los chicos (Koca, Aşçı y Demirhan, 2005; Koca y Demirhan, 2004). Los estudios muestran que la participación en el deporte de los chicos la secundan sus familias de forma que se demuestra que su masculinidad, y la participación de las chicas en el deporte no se favorece para conservar su actitud y sus cualidades femeninas (en concreto en las actividades que exigen fuerza física) (KASFAD Report, 2012; Koca, 2006).

En Turquía, el deporte es un área de dominio masculino tanto numérica como culturalmente. Las mujeres están menos representadas en todos los niveles y posiciones en el deporte. En los últimos años, la participación de la mujer en el deporte y la actividad física está en aumento. No obstante, el número de mujeres en cada sector de los distintos deportes sigue muy por debajo del de los hombres (ej. seguidores, practicantes, entrenadores, profesionales, directivos). Según los datos de 2011, un 9,98% de los deportistas y un 18% de los entrenadores eran mujeres. La proporción de hombres-mujeres en GSGM es de un 87,8% frente a un 12,2%. Las mujeres solo participan en un 4,2% de las directivas de las federaciones deportivas medias y superiores (KASFAD Report, 2012). Podemos apuntar que las diferencias de género en la participación en los deportes de las chicas y chicos turcos se puedan explicar parcialmente por esta laguna de género en el deporte.

Relaciones de género en la sociedad turca

Aunque en los últimos años ha habido cambios importantes en los movimientos políticos de la mujer y en sus posiciones legales, la desigualdad de género aún existe en la sociedad según el sistema patriarcal, incluyendo las relaciones de género tradicionales (Koca y Hacisoftaoglu, 2010). Existe una gran brecha entre los hombres y las mujeres en la participación y en las oportunidades económicas, en el rendimiento educativo, el acceso a la sanidad y la capacitación política (CEC 2008, 22). Según el «Global Gender Gap Report 2012», que toma como referencia las brechas de género de los países según criterios económicos, políticos, educativos y sanitarios, Turquía se encuentra en la posición 124 de 135 países en sus esfuerzos por lograr la igualdad de género.

Se acepta que la sociedad turca es muy patriarcal, con claras diferencias de roles género (Sakalli-Ugurlu y Beydogan, 2002). Un modelo familiar patriarcal existe cuando se nombra al marido como jefe de la familia, tiene la palabra para elegir el lugar de residencia y es el responsable de cuidar a su esposa y sus hijos. Un estudio reciente de Copur, Erkal, Dogan y Safak (2010) indica que, independientemente de las características del origen como el nivel de urbanización o educación, la división de género de las labores domésticas sigue siendo notable en Turquía. A pesar de que el nuevo código civil turco establece la división igualitaria de la propiedad adquirida durante el matrimonio como un régimen de propiedad predeterminado que asigna un valor económico a la labor invisible de la mujer por el bienestar del hogar familiar, el hombre aún posee la autoridad de la economía, gastos, dinero y propiedades de la familia (Sancar, 2009).

Las expectativas y las actitudes tradicionales hacia los roles de género en la sociedad turca se han conservado bastante. Como en otras sociedades, se identifica a los hombres como independientes, seguros, agresivos y exitosos, mientras que a las mujeres se les describe como pasivas, sentimentales, cultivadas y cálidas. Las mujeres turcas aún consideran que el matrimonio y la maternidad son el último medio para alcanzar un estatus (Copur *et al.*, 2010; Kağıtçıbaşı, 1982). Por otro lado, en concreto para los hombres de clases bajas en Turquía, tener una familia, ser padre, ser una autoridad para el honor de su familia y ganar dinero es muy importante (Sancar, 2009). En su estudio con jóvenes turcos, Cengiz, Tol y Küçükural (2004) defendieron que tener la responsabilidad de cuidar a la familia y tener el poder monetario/financiero y el estatus social son muy importantes para su identidad masculina.

Como en otras sociedades patriarcales, las actitudes tradicionales sobre los roles de género de las mujeres y de los hombres se transportan y se ponen en práctica en la socialización en la sociedad turca y los hombres y las mujeres han internalizado sus roles de género (Kandiyoti, 1995). Los padres animan a sus hijas para que sean dependientes y obedientes, mientras que a los chicos se le permite ser más agresivos e independientes dado que se espera que se enfrenten al mundo exterior (Ataca, Sunar y Kağıtçıbası, 1994). Sugerimos que este modelo patriarcal estructuró de forma directa las prácticas jerárquicas y centradas en el hombre que predominan en las comunidades masculinas turcas en las clases turcas de educación física.

Análisis de la construcción de la masculinidad en la educación física turca

En esta sección, facilitaremos el análisis de la construcción de la masculinidad en la educación física turca en tres secciones: (1) Significado del ámbito de la educación física para los chicos turcos, (2) Constitución de la masculinidad en una comunidad turca masculina en educación física, y (3) Fútbol y violencia en la comunidad masculina en la educación física.

1. Significado del ámbito de la educación física para los chicos turcos: ¿importa la clase social?

Los estudios indican que las experiencias de los jóvenes turcos en la educación física se ven muy influidas por su distinta clase social y su experiencia de género (Atencio y Koca, 2011; Koca *et al.*, 2009). Tal y como otros también han observado (Lee, 2010; Light y Kirk, 2000), la clase social ha ofrecido un acceso distinto al capital social y cultural y, por lo tanto, tiene repercusiones en la cantidad y el tipo de participación en el deporte. Además, el contexto escolar es también un lugar importante para la participación en las actividades físicas y el deporte. Tal y como indican muchos investigadores de distintas culturas (e.g. Australia: O'Flynn y Lee, 2010; China: Ha, Macdonald y Pang, 2010; Reino Unido: Dagkas y Stathi, 2007; Estados Unidos: Atencio, 2010), la función del contexto escolar en la participación de los jóvenes en la educación física resulta crucial.

El análisis de Koca *et al.* (2009) sugiere que hay una diferencia en el valor percibido de la educación física entre los jóvenes turcos de clase media y baja. La mayoría de los chicos y chicas de clase media (de institutos) dieron prioridad a sus metas académicas y profesionales e ignoraron así la necesidad de participar en la educación física. Dedicaron gran parte de su tiempo y energías a preparar la Prueba de Acceso a la Universidad. No obstante, la educación física la valoraron de forma positiva los chicos y chicas de colegios de clase trabajadora, ya que ofrecía a los jóvenes más oportunidades para estar físicamente activos en comparación con su vida extraescolar. También podían utilizar las instalaciones y el material al que no tenían acceso frecuente fuera del colegio. Esto es particularmente cierto para las chicas de clase baja que procedían de familias musulmanas más tradicionales que emigraron de la región oriental de Turquía.

Los chicos turcos de clase media no valoraron el significado de la educación física en relación con su potencial para ayudarles a tener éxito académico o en sus carreras profesionales futuras. Así pues, muchos chicos turcos pobres y de clase baja valoran la educación física en gran medida, ya que les ofrece más oportunidades de estar físicamente activos en comparación con su vida extraescolar diaria. Por lo general, la educación física goza de gran importancia para los jóvenes de clase baja ya que les ofrecía un espacio en el que podían escapar de las limitaciones y estrés diarios al vivir en comunidades de inmigrantes que se veían muy afectadas por la pobreza. Los jóvenes de clase baja en el estudio de Koca *et al.* (2009) procedían de familias en las que había habido maltrato físico y verbal y normalmente tenían muchas labores familiares, como cuidar a los hermanos y a miembros de mayor edad de forma habitual. Por tanto, los autores señalan que sus *habitus* individuales, formados por y en las condiciones de sus familias y comunidades, les ofrecían distintos panoramas y capacidades que les llevaron a invertir en la educación física en distintas formas.

Los chicos turcos de clase baja consideran que las actividades de marcha, uno de los contenidos importantes en el currículum anterior de educación física turca por sus rasgos militares por ser relevantes para su futuro militar y para su sentido de la masculinidad, así: «Todos seremos soldados y tendremos que hacer actividades físicas en el ejército». De esta forma, estos chicos participaban con tesón en la educación física en el colegio al considerarla su único medio para aproximarse a la actividad física y el deporte, y por conducirlos a la preparación para las carreras militares. El servicio militar en Turquía es para todos los ciudadanos con edad comprendida entre 20 y 41 años. De esta forma, los chicos percibían que la educación física era una oportunidad para su servicio militar.

Esta perspectiva militar de la educación física turca la expresa un profesor de educación física: «Turquía es un país con una mentalidad militar y esta se encuentra en nuestras asignaturas. (Hacemos) actividades de marcha en los primeros 10 minutos. Cuando miras el contenido del programa, puedes ver fácilmente que siempre hay un orden militar. Los alumnos no adquieren disciplina sin hacer marcha. La administración escolar quiere que los profesores de educación física controlen a sus alumnos». Tal y como apunta Hickey (2008), el deporte y los discursos militares como los de la educación física turca nutren los «atributos masculinos» y aparentemente favorecen «la transición de chicos a (auténticos) hombres» (p. 150, paréntesis en el original). No obstante, esta naturaleza autoritaria del programa de educación física la criticaron fuertemente las chicas. Con frecuencia señalaron que las clases de educación física tenían una disciplina excesiva y eran poco relevantes para su futuro: «Hay tantas reglas en la educación física. No hables, no andes, no corras y no te sientes».

A pesar de que el deporte no es una parte importante de la cultura turca, salvo para la educación física, el deporte tiene un lugar importante en las vidas de los hombres turcos independientemente de su clase social. Por ejemplo, muchos de los chicos turcos a los que se entrevistó en el estudio de Koca (2006) describieron la forma en la que el deporte era parte integral de la identidad e hicieron referencia a las formas en las que aumenta su identidad masculina. Para muchos jóvenes de clase baja, la participación en el deporte comenzó en los años de colegio en su barrio, clubes deportivos y equipos de colegio; para los jóvenes de clase media, la participación comenzó en clubes privados, gimnasios familiares y equipos de colegio. Ellos poseían una identidad percibida que era errónea en el contexto social y cultural, que mantiene que el deporte es una práctica importante para los chicos. A ojos de algunos padres turcos, puede que el deporte transforme un «escudo protector» que contribuye a la masculinidad de sus hijos y les aleja de las «características femeninas». Muchos investigadores apuntan que en la cultura occidental contemporánea, muchas personas consideran que el desarrollo social y cultural de un chico se basa en gran medida en los valores atribuidos al deporte (O'Flynn y Lee, 2010; Swain, 2000). Al igual que en otras sociedades, podemos decir que el deporte desempeña una función clave en el proceso de desarrollo de los chicos en la sociedad turca.

2. Constitución de la masculinidad en una comunidad turca masculina en educación física

Atencio y Koca (2011) analizaron la construcción de la masculinidad en la educación física turca mediante la conceptualización de Carrie Paechter de las comunidades de práctica en género. Indican que este modelo es útil para la conceptualización de la forma en la que los jóvenes turcos participan en las clases de educación física que pueden considerarse comunidades de práctica masculinas. Su análisis se basa en el modelo de comunidades de práctica de Wenger (1998), que describe la forma en la que se crean distintas prácticas e identidades sociales en relación con el trabajo de una comunidad de aprendizaje concreta o comunidad de práctica.

Wenger (1998) nos recuerda que en una comunidad de práctica existen distintas formas de membresía, llamadas participación total, participación periférica y participación marginal. Un participante total tiene una trayectoria interna en el grupo, manteniendo su membresía mediante la participación en prácticas comunitarias. Un participante periférico tiene una participación parcial en un grupo. No obstante, su no participación se considera una oportunidad de aprendizaje importante. Existen en una trayectoria periférica que les permite aprender comparando las prácticas dominantes del grupo con las suyas. Se considera que estas personas tienen una trayectoria de aprendizaje interna que les conducirá finalmente a la participación total en el futuro. La participación marginalizada se ve como una barrera insuperable para la participación total ya que implica la relegación permanente de una persona en una trayectoria «de salida». Estas trayectorias «de salida» son problemáticas para el aprendizaje ya que no ofrecen esperanza alguna para la participación total y, por el contrario, significan la no membresía y la restricción permanente (Atencio y Koca, 2011).

Paechter (2003) sostiene que los jóvenes participan en las comunidades de aprendizaje que funcionan como lugares de actividades de género; mediante su «participación periférica legítima» los jóvenes aprenden lo que supone ser masculino o femenino y a constituir así identidades de género. El aprendizaje de lo que supone ser hombre o mujer en un ámbito social conlleva prácticas compartidas en la consecución de una meta común de mantener las identidades concretas masculinas y femeninas localizadas (p. 71). Esta perspectiva sugiere una investigación sobre las formas en la que distintas masculinidades y feminidades se muestran en distintas situaciones sociales, y a la vez, en la forma en la que las comunidades de prácticas masculinas y femeninas están «establecidas, perpetuadas y modificadas» (p. 71).

Lave y Wenger (1991) sugieren que el aprendizaje ocurre mediante actividades docentes formales y aprendizaje grupal, Atencio y Koca (2011) se centraron en el aprendizaje grupal que se producía en los 40 minutos de «tiempo libre» en la clase de educación física turca. Los últimos 40 minutos de las clase de educación física turcas estaban fijados como un «periodo libre» para el alumnado. En este contexto, el repertorio compartido que constituye la comunidad de práctica masculina incluye la medición de la fuerza y potencia de una persona mediante actividades como la lucha, lucha libre y fútbol. Los autores indicaron que el dominio físico era una práctica mediante la que emergía una forma idealizada de masculinidad y se mantenía en la comunidad de práctica masculina. Por ejemplo, el siguiente fragmento de una nota de campo demuestra la forma en la que se comparaba a los chicos y se media su fuerza física como forma de señalar su masculinidad en la comunidad de práctica: *Calentamiento: dos chicos están luchando (pulso) en la colchoneta. Uno de los chicos es muy delgado y el otro es muy grande. El delgado dijo «Soy más fuerte que tú» pero perdió. Lo han probado varias veces. Los otros chicos que observan a los luchadores aclaman al ganador llevándole a hombros por el gimnasio.* Este extracto de nota de campo resalta la forma en la que las muestras de poder y potencia física estructuran el contexto del compromiso mutuo.

Las prácticas representadas como las resaltadas constituyen las condiciones del compromiso mutuo que ha mantenido algunos modelos jerárquicos de masculinidad en la clase de educación física. La naturaleza desestructurada del «tiempo libre» le ha llevado a estas condiciones en la que los chicos crearon y participaron en actividades que reflejaban una versión tradicional de la masculinidad que se basaba en la exhibición de fuerza y capacidad física; los que mostraban estas características podían participar con mayor relevancia en la comunidad de práctica masculina (Atencio y Koca, 2011).

Las demostraciones de poder y fuerza física las valoraron positivamente los chicos de clase baja en la comunidad masculina turca. La capacidad de los chicos de tomar posiciones de un estatus superior mediante el domino físico serían muy importantes ya que normalmente no recurrían a símbolos de la masculinidad más valorados culturalmente (ej. éxito educativo y carreras profesionales). Además, la solidez y el lenguaje soez desempeñaron un papel clave a la hora de afirmar y reafirmar las identidades masculinas individuales y colectivas de los chicos turcos. Los comportamientos amenazadores y conflictivos como la lucha, empujar y decir palabrotas eran importante para las interacciones de los chicos entre ellos (Atencio y Koca, 2011; Koca *et al.*, 2009). Una de las prácticas legitimizadas en la que se negocian las posiciones de los chicos es el fútbol. En la siguiente sección, trataremos de las prácticas de fútbol en detalle.

Como se indica en la comunidad masculina turca en la educación física, la participación total y las posiciones superiores de poder en el contexto de una comunidad de práctica masculina exigen mostrar distintas características y comportamientos aceptables en las prácticas físicas que reflejan la capacidad, la fuerza y la potencia. Muchos investigadores analizaron la relación entre estas prácticas físicas y la representación de las identidades masculinas y femeninas en el contexto de la educación física y los deportes, analizándose en el enfoque sociológico de Bourdieu (Brown, 2006; Gorely, Holroyd y Kirk, 2003; Hunter, 2004; Lee, 2010; Light y Kirk, 2000). Estos investigadores defendieron que las nociones de Bourdieu de los *habitus*, campo social, práctica y el intercambio del capital físico son muy útiles para entender la forma en la que las personas participan con los capitales y discursos valorados de la educación física cuando recurren a sus circunstancias y factores personales, sociales y culturales.

Bourdieu mantiene que el deporte y la educación física han pasado a ser parte del ámbito de la lucha por la definición del cuerpo legítimo y el uso legítimo del cuerpo en la sociedad contemporánea (Bourdieu, 1978). Los *habitus* también influyen en la subjetividad pero resaltan la representación y la función del cuerpo en los *habitus* de consulta, además de estar constituidos por otros *habitus* (Bourdieu y Wacquant, 1992). Por lo tanto, el cuerpo físico es la manifestación externa de los *habitus* y constituye a su vez los *habitus* que garantizan la inclusión en la comprensión de la definición y las prácticas en las que el cuerpo es primordial. En el contexto de la educación física, el cuerpo es un instrumento fundamental para la expresión de la capacidad y del conocimiento de un tema y por tanto, el rasgo representativo de los *habitus* parece ser útil para analizar la educación física como campo social. El campo social se define como «una red o una configuración de relaciones objetivas entre las posiciones» (Bourdieu y Wacquant, 1992, p. 72). Los campos sociales están organizados jerárquicamente en relación con el acceso de las personas, o la propiedad de distintas formas de capital. Estas condiciones, en las que las personas llevan distintas cantidades de capital según su utilización única y la construcción de *habitus* en un campo social, limita la capacidad de las personas para tener éxito. Además, las prácticas corporales en la educación física pueden verse tanto como el concepto de Bourdieu de práctica, como el medio mediante el que los campos sociales y los *habitus* se forman mutuamente y mediante esta práctica el capital se acumula en campos sociales concretos.

A partir de la obra de Bourdieu, Koca y sus compañeros (2009) sugieren que las historias personales individuales y las circunstancias socioculturales actuales influyen en su posicionamiento en el campo social de la educación física. Mostraron que los habitus del alumnado y el capital físico son importantes en las formas en las que percibían y vivían la educación física. Algunos de los chicos con capacidades atléticas e intereses deportivos pudieron lograr un estatus superior y obtuvieron gran respeto y amistad entre sus compañeros. El profesor de educación física les pidió que hicieran movimientos que exigían fuerza y potencia física en la clase y les dio la responsabilidad de elegir equipos para partidos de baloncesto o fútbol. Mediante estas prácticas autorizadas por los profesores, estos chicos convirtieron su capital físico fácilmente en capital social. Este tipo de prácticas autorizadas (que otorgaban posiciones de un estatus superior a los chicos con la forma necesaria de capital físico) tuvo un impacto negativo en los otros chicos que no tenían el capital físico necesario. No se sentían valorados e interiorizaron su incapacidad de no jugar con los chicos que gozaban de un estatus mayor. Por ejemplo, dos chicos prefirieron jugar con chicas o sentarse a los lados; no querían participar con los chicos más poderosos físicamente. En consecuencia, se criticó a estos chicos y se les obligó a que jugaran con los chicos más dominantes. Estos dos chicos intentaron posicionarse como participantes pasivos en la clase de educación física porque no representaban la forma valorada del capital físico masculino; pasaron a ser masculinidades subordinadas por su forma de *habitus* devaluada.

3. Fútbol y violencia en la comunidad masculina turca en la educación física

El modelo patriarcal tradicional estructuraba directamente las prácticas jerárquicas y centradas en el hombre que operaban en la comunidad de práctica de educación física; esto es, una versión ascendiente del alto estatus social y heteronormativo al que la masculinidad estaba vinculado con la práctica predominante del fútbol (Atencio y Koca, 2011). Como queda documentado en los estudios anteriores (Hauge y Haavind, 2011; Hickey, 2008; Martino, 1999), los deportes competitivos, en concreto el fútbol, representan dominios en los que se han reconocido que las masculinidades se pueden construir. Hickey (2008) señala que el fútbol (el deporte más popular entre los jóvenes en Turquía) ha desempeñado un papel crucial en la reproducción de una forma de masculinidad que refleja poder y agresión, así como en «la doctrina del más fuerte, más duro y más rápido» (p. 150). La expresión de esta forma socialmente valorada de la masculinidad mediante el fútbol fue efectiva para mantener trayectorias de aprendizaje concretas y posiciones de género asociadas. Los chicos que participaban y destacaban en el fútbol asumían trayectorias de aprendizaje «totales» y se les aceptaba como «totalmente masculinos» mientras que aquellos a los que no les interesaba y no eran competitivos tenían trayectorias de aprendizaje marginales. Sugerimos que estas trayectorias de aprendizaje distintas reflejan distintas versiones de la masculinidad.

Para la mayoría de los chicos turcos, el fútbol se convirtió en un medio fundamental para desarrollar una gama de prácticas compartidas en la comunidad masculina de aprendizaje, en último término provocando la construcción de una identidad masculina idealizada (Atencio y Koca, 2011). Por consiguiente, ha sustentado los significados y las prácticas compartidas de la masculinidad y ha mantenido los límites de la participación y la no participación en el contexto de la educación física turca. Los siguientes comentarios de dos chicos turcos de clase baja ilustran la importancia concreta del fútbol como una práctica concurrida en esta comunidad de práctica masculina: «El fútbol es importante para nosotros. Nos clasificamos en función de quién juega bien al fútbol», «Los chicos de nuestra clase están muy obsesionados con el fútbol. Por ejemplo, si no golpeas bien el balón, te insultan o te pegan inmediatamente».

Estos comentarios ilustran la forma en la que un orden social se estableció en relación con la capacidad de jugar al fútbol. Los chicos con habilidades para el fútbol tienen un estatus más consolidado que el resto; mientras que los chicos que no juegan bien al fútbol tuvieron trayectorias de aprendizaje marginales en la comunidad de práctica masculina. Tal y como señaló Swain (2000) en su estudio, se contempla el fútbol como un símbolo fundamental de la masculinidad y sus prácticas son una gran influencia sobre la masculinidad hegemónica, que se presenta y defiende en relación con otras masculinidades que pasaron a estar subordinadas y marginadas.

En el mismo estudio, el chico turco (Erdim) que asumió una posición subordinada en esta comunidad de práctica masculina turca expresó que nunca se había divertido con el fútbol con los otros chicos en clase: «*Soy un hombre pero no quiero jugar al fútbol. Me gusta la danza. Los chicos de la clase piensan que esto es de chicas. Me llevo muy bien con todas las chicas de la clase.*» Los términos predominantes de participación suponían evitar la interacción con mujeres. Así pues, la participación de Erdim con chicas se consideraba un comportamiento femenino e incluso homosexual, como puede verse en los siguientes fragmentos: «Erdim tiene una buena relación con las chicas. Siempre juega con ellas y no con nosotros [los chicos]. No le gusta pelear. Así, los chicos le llaman 'marica'. Queremos que parezca un hombre. A veces le provocamos. Le decimos que 'No podría pegar a una chica'. Nunca pega a las chicas y por eso le llaman 'marica''». «No queremos a chicos en nuestra clase que jueguen con chicas. Debe comportarse como un hombre ¡Le diremos que es una chica!» Estos comentarios mostraban que a Erdim no le aceptaban los otros jóvenes como un miembro legítimo de su comunidad de aprendizaje masculina por no jugar al fútbol y por no comportarse como los hombres esperaban. El deseo de Erdim de no jugar al fútbol con los chicos y jugar con las chicas, amenazaba la construcción de masculinidad de los chicos y su poder en la comunidad de práctica masculina. Así pues, intentaron representar el poder masculino y asociaron las prácticas exclusivas a él. Attencio y Koca (2009) defendieron que esta comunidad de práctica masculina, la exclusión de chicos como Erdim era necesaria para la construcción de la comunidad de aprendizaje jerarquizada. Como muchos otros investigadores en distintos países han documentado (Bramham, 2003; Light y Kirk, 2000; Pringle, 2008; Renold, 2004), las prácticas y los discursos masculinos en el contexto de la educación física turca (re)producen las formas hegemónicas de la masculinidad mientras que marginan a otras formas de representar la masculinidad (en este caso la de Erdim) y la feminidad. En consecuencia, Erdim continuó estando marginado en una trayectoria de aprendizaje periférica en esta comunidad masculina turca en educación física.

Durante el periodo libre desestructurado y sin supervisión, los chicos jugaban al fútbol en el patio. Cuando los chicos no jugaban al fútbol, las chicas utilizaban el espacio para jugar al voleibol; las chicas merodeaban por el patio porque los chicos habían ocupado el espacio. La exclusión de las chicas parece ser una práctica estándar en el patio en el que se jugaba al fútbol, ya que se les consideraba incapaces de tener el físico necesario para el fútbol. Varios estudios que exploran la construcción de la masculinidad en los colegios han hecho referencia al patio como un espacio social importante para la segregación de géneros por el dominio de los chicos mediante el fútbol y por restringir el acceso a las chicas (Atencio, 2010; Renold, 2004; Skelton, 2000; Swain, 2000). En su estudio del fútbol del patio, Epstein, Kehily, Mac an Ghaill y Redman (2001) defienden que la participación en el fútbol del patio marcaban a «chicos aceptables» (p. 163) y a «hombres reales» (p. 159); el discurso del fútbol dominaba el patio para todos los jóvenes y los códigos estructurados de inclusión y exclusión se basaban en los ideales y prácticas asociadas con la masculinidad tradicional. Por consiguiente, Atencio y Koca (2011) exponen que en las condiciones sin supervisión en las que se jugaba al fútbol en el patio (los profesores estaban dentro y los chicos dirigían los partidos de fútbol), los chicos de nuestro estudio asumían distintas posiciones de membresía en la comunidad de práctica masculina según la forma en la que se diferenciaban o se relacionaban con las chicas.

Los chicos dominantes creían que los actos agresivos y violentos del fútbol eran fundamentales para mantener el estatus de miembro en la comunidad de práctica masculina en los colegios turcos de clase baja: «Hay algunos chicos que no pueden marcar ni sin portero. Esto hace que nos enfademos. Les insultamos o nos peleamos con ellos por su torpeza». Atencio y Koca (2011) sugieren que los actos violentos son una de las características de la comunidad masculina turca y esto está muy relacionado con el contexto social más amplio en el que los jóvenes vivían. Se ha argumentado que los comportamientos violentos son una estrategia clave en la construcción de la masculinidad entre los hombres turcos de clase baja (Sancar, 2009). En otro estudio realizado en lugares de ocupación ilegal en Ankara, el investigador señaló que la mayoría de los jóvenes tenían un nivel educativo bajo, pocas oportunidades laborales y no trabajaban en puestos permanentes. Así, ganaban dinero con trabajos ilegales y socializaban en las calles (Demren, 2006). Sancar (2009) descubrió que estos jóvenes pensaban que las mujeres no deberían trabajar fuera de casa y empleaban la violencia física para mantener el honor de su familia y de su comunidad local.

Debate

Durante este capítulo, hemos intentado mostrar la forma en la que la educación física turca funcionaba como una comunidad de práctica masculina que apoyaba las jerarquías sociales y las masculinidades organizadas en torno al dominio masculino. Atencio y Koca (2011) han propuesto que los discursos de género fueran efectivos para dar forma a las relaciones sociales dentro de la comunidad de práctica dominante y, al hacerlo, han influido en la forma en la que algunos alumnos «quieren y se les permite participar en» (Paechter, 2003, p. 71) las prácticas masculinas que tienen en la educación física turca.

El análisis que se basa en los últimos estudios turcos apunta que los chicos de la comunidad masculina turca están aprendiendo a ser hombres mediante la negociación continua de los supuestos y declaraciones que se encuentran en los múltiples discursos masculinos que se hallan en los contextos de la educación física. Tal y como señala Paechter (2003), «para ser aceptado como "masculino por completo" dentro de un grupo social concreto, uno debe mostrar características y actitudes concretas. Si alguien no lo hace, se arriesga a que le rechacen del grupo por esa "alteridad", o de no estar lo suficientemente ligado al concepto local de lo que es ser un hombre» (p. 74). El fútbol fue el principio determinante mediante el que los jóvenes podían participar total, parcial y marginalmente en la comunidad de práctica masculina en la educación física turca. Algunos jóvenes tuvieron trayectorias de aprendizaje internas que les llevaron a la participación total ya que se les consideraba futbolistas competentes. Sin embargo, tal y como apunta Connell (2008), la gran influencia de los deportes físicos competitivos dentro del currículum de educación física supone que las masculinidades hegemónicas se mantengan mediante la subordinación de sus compañeros.

Las prácticas en la comunidad masculina turca en la educación física y las experiencias de los chicos turcos son parecidas a las de los chicos en otros países que en las clases de educación física en las que se resaltaban las formas hegemónicas de la masculinidad, se marginaba y acosaba a los chicos que no tenían mucha capacidad o que no mostraban su masculinidad mediante comportamientos agresivos y competitivos (Bramham, 2003; Davison, 2000; Renold, 2004; Swain, 2000). Sin embargo, como indican Atencio y Koca (2011) el contexto social y cultural más amplio ha contribuido a los discursos y las prácticas de la comunidad de práctica y a las formas en las que se aprendió la masculinidad, Así, el concepto y la obligación anterior de los jóvenes de la masculinidad en relación con su comunidad local y familias afectaba a la forma en la que aprendieron la masculinidad en educación física. Por lo tanto, al estudiar las masculinidades como comunidades de práctica, debemos ser conscientes tanto de su naturaleza local como de su relación con otras comunidades y estructuras sociales (Paechter, 2003, p. 73).

El análisis de este artículo tiene consecuencias para las actitudes de los docentes de educación física hacia los chicos dado que las masculinidades dominantes las reproducen tanto el alumnado como el profesorado. Mediante las prácticas (ej. otorgar responsabilidad a los chicos con capacidades atléticas para elegir equipos para un partido) que autorizaron los profesores, estos chicos convirtieron fácilmente su capital físico en capital social. Este tipo de prácticas autorizadas (que concedían posiciones de mayor estatus a los chicos con la forma necesaria de capital físico) tenía un impacto negativo sobre los otros chicos que no tenían el capital físico necesario. El problema al que se enfrentaban los chicos a los que no se aceptaba como miembros de la comunidad de práctica masculina en educación física por su falta de capacidad atlética es la posibilidad de la ausencia total de todas las formas de actividad física durante la infancia y la adolescencia. Además, aunque la influencia de la participación deportiva en la infancia sobre los modos de vida activos es importante, puede verse que la educación física en el colegio continúa siendo un contexto potencialmente válido para fomentar la actividad física para los jóvenes de clase media y baja (Koca *et al.*, 2009). Así pues, los docentes de educación física deben animar a todos los chicos para que sean más activos físicamente en las clases de educación física. Hickey (2010) apunta que el profesorado de educación física debe actuar de manera más estratégica y para esto es necesario realizar un cambio pedagógico que suponga que los docentes trabajen a conciencia con los jóvenes para ampliar los parámetros de la formación propia con la aceptación legítima y deseada de la identidad masculina. Para admitir este cambio pedagógico en la educación física, la necesidad de desafiar la naturaleza hegemónica de los deportes y de los deportes masculinizados se debe resaltar en los programas de formación de profesorado de educación física.

Referencias

Active Living Association (2009). *Active Living Research*. Consultado el 14.02.2013 en <http://www.aktifyasam.org.tr/projeler/aktif-yasam-arastirmasi>.

Ataca, B.; Sunar, D. y Kağitçibasi, Ç. (1994). *Variance in fertility due to sex-related differentiation in child-rearing practices*. Documento presentado en el 12 International Congress of Cross-Cultural Psychology, Pamplona.

Atencio, M. (2010). «I don't wanna die too early': Young people's use of urban neighbourhood spaces in the United States». En J. Wright, y D. Macdonald (eds.), *Young people, physical activity and the everyday,* (pp. 29-41). Londres: Routledge.

Atencio, M. y Koca, C. (2011). «Gendered communities of practice and the construction of masculinities in Turkish physical education». *Gender and Education 23,* 1, 59-72. doi: 10.1080/09540250903519444.

Azzarito, L.; Solmon, M. A. y Harrison, L. (2006). «...If I had a choice, I would... A feminist poststructuralist perspective on girls in physical education». *Research Quarterly for Exercise and Sport, 777,* 222-239. doi: 10.5641/027013606X13080769704569.

Bordo, S. (1990). «Reading the slender body». En M. Jacobus, E. Fox Keller y S. Shuttleworth (eds.), *Body/Politics.* Londres: Routledge.

Bourdieu, P. (1978). «Sport and social class». *Social Science Information, 17,* 819-840.

Bourdieu, P. y Wacquant, L. J. D. (1992). *An Invitation to Reflexive Sociology.* Chicago: University of Chicago Press.

Bramham, P. (2003). «Boys, masculinities and PE». *Sport, Education and Society, 8,* 1, 57-71. doi:10.1080/1357332032000050060.

Brown, D. (2006). «Pierre Bourdieu's "Masculine Domination" thesis and the gendered body in sport and physical culture». *Sociology of Sport Journal, 23,* 162-188.

Butler, J. (1997). *Excitable Speech: A Politics of the Performative.* Nueva York: Routledge.

Cengiz, K.; Tol, U. U. y Küçükural, Ö. (2004). «Hegemonik erkekliğin peşinden [Following Hegemonic Masculinity]». *Toplum ve Bilim, 10,* 50-70.

Commission of European Communities (2008). «Turkey's progress towards accession». Bruselas: CEC.

Connell, R. W. (1990). «An iron man: the body and some contradictions of hegemonic masculinity». En M. A. Messner y D. F. Sabo (eds.), *Sport, men and the gender order: Critical feminist perspectives.* Champaign, IL: Human Kinetics.

Connell, R. W. (2000). *The Men and the Boys.* Cambridge: Polity Press.

Connell, R. W. (2008). «Masculinity construction and sports in boys' education: A framework for thinking about the issue». *Sport, Education and Society, 13,* 2, 131-145. doi:10.1080/13573320801957053.

Copur, Z.; Erkal, S.; Dogan, N. y Safak, S. (2010). «Sharing and spending time on domestic tasks: A Turkish sample». *Journal of Comparative Studies, 41,* 1, 87-109.

Dagkas, S. y Stathi, A. (2007). «Exploring social and environmental factors affecting adolescents' participation in physical activity». *European Physical Education Review,* 13, 3, 369-384. doi: 10.1177/1356336X07081800.

Davison, K. G. (2000). «Boys' bodies in school: Physical education». *Journal of Men's Studies, 8,* 2, 255-263.

Demren, Ç. (2006). *Erkeklik Arzusu ve Kahvehane: Ankara Yatıkevler Gecekondu Mahallesinde Erkekliğin Insasi [Desire to Manhood and Kahvehane: Masculinity Construction in Ankara Yatıkevler Squatter Neighbourhood].* Tesis doctoral no publicada. Institute of Health Sciences, Hacettepe University, Ankara, Turkey.

Epstein, D.; Kehily, M.; Mac an Ghaill, M. y Redman, P. (2001). «Boys and girls come out to play: making masculinities and femininities in school playgrounds». *Men and Masculinities, 4,* 158-172. doi: 10.1177/1097184X01004002004.

GORELY, T.; HOLROYD, R. y KIRK, D. (2003). «Muscularity, the habitus and the social construction of gender: Towards a gender-relevant physical education». *British Journal of Sociology of Education, 24,* 429-447. doi:10.1080/014256 90301923.

HA, A. S.; MACDONALD, D. y PANG, B. O. H. (2010). «Physical activity in the lives of Hong Kong Chinese children». *Sport, Education and Society, 15,* 3, 331-346. doi:10.1080/13573322.2010.493313.

HALL, M. A. (1996). *Feminism and Sporting Bodies: Essays on Theory and Practice.* Champaign, IL: Human Kinetics.

HAUGE, M. I. y HAAVIND, H. (2011). «Boys' bodies and the constitution of adolescent masculinities». *Sport, Education and Society, 16,* 1, 1- 16. doi:10.1080/ 13573322.2011.531958.

HICKEY, C. (2008). «Physical education, sport and hyper-masculinity in schools». *Sport, Education and Society, 13,* 2, 147-161. doi:10.1080/13573320801957061.

HICKEY, C. (2010). «Hypermasculinity in schools: the good, the bad and the ugly». En M. O'Sullivan y A. MacPhail (eds.), *Young people's voices in physical education and youth sport.* International Studies in Physical Education and Youth Sport: Routledge.

HUNTER, L. (2004). «Bourdieu and the social space of the PE class: Reproduction of doxa through practice». *Sport, Education and Society, 9,* 175-192. doi: 10.1080/1357332042000175863.

HÜMERIÇ, I.; KIRAZCI, S.; INCE, M. L. y ÇIÇEK, S. (2005). «Assessment of health-related physical activity level, lesson context, and teacher behaviour in public and private elementary school physical education». *Journal of ICHPER-SD, XLI,* 4, 20-24.

KAĞITÇIBAŞI, Ç. (1982). «Sex roles, value of children and fertility in Turkey». En Ç. Kağıtçıbaşı (Ed.), *Sex Roles, Family and Community in Turkey* (pp. 151-180). Bloomington, Indiana: Indiana University Press.

KANDIYOTI, D. (1995). *Gendering the Middle East.* UK: I. B. Tauris & Co Ltd.

KASFAD REPORT (2012). *Kadınların spor ve fiziksel aktiviteye katılımı [Women's participation in sport and physical activity].* Kadınlar için Spor ve Fiziksel Aktivite Derneği *[Turkish Association of Physical Activity and Sport for Women],* Ankara: 2M & Sim Press.

KOCA, C. (2006). *Beden Eğitimi ve Spor Alanında Toplumsal ve Kültürel Yeniden Üretim [Social and cultural reproduction in the field of physical education and sport].* Tesis doctoral. Institute of Health Sciences, Hacettepe University, Ankara.

KOCA, C. (2009). «Gender interaction in coed physical education: A study in Turkey», *Adolescence, 44,* 173, 165-185.

KOCA, C.; AŞÇI, F. H. y DEMIRHAN, G. (2005). «Attitudes toward physical education and class preferences of Turkish adolescent in terms of school gender composition». *Adolescence, 40,* 365-375.

KOCA, C.; ATENCIO, M. y DEMIRHAN, G. (2009). «The place and meaning of the field of PE in Turkish young people lives: a study using Bourdieu's conceptual tools». *Sport, Education & Society, 14,* 1, 55-75.

Koca, C. y Demirhan, G. (2004). «An examination of high school students' attitudes toward physical education with regard to gender and sport participation». *Perceptual and Motor Skills, 98,* 754-758.

Koca, C. y Hacisoftaoglu, I. (2010). «Struggling for empowerment: Sport participation of women and girls in modern Turkey». En T. Benn, G. Pfister y H. Jawad (eds.), *Muslim women in sport* (pp. 154-165). Reino Unido: Routledge International Publishing Series.

Koçak, S.; Harris, M. B.; Işler, K. A. y Çiçek, S. (2002). «Physical activity level, sport participation and parental education level in Turkish junior high school students». *Pediatric Exercise Science, 14,* 147-154.

Lave, J. y Wenger, E. (1991). *Situated Learning: Legitimate Peripheral Participation.* Cambridge: Cambridge University Press.

Lee, J. (2010). «Student's evolving meanings and experiences with physical activity and sport». En M. O'Sullivan y A. MacPhail (eds.), *Young people's voices in physical education and youth sport.* International Studies in Physical Education and Youth Sport: Routledge.

Lee, J.; Macdonald, D. y Wright, J. (2009). «Young men's physical activity choices: The impact of capital, masculinities and location». *Journal of Sport & Social Issues, 33,* 1, 59-77. doi: 10.1177/0193723508328904.

Light, R. y Kirk, D. (2000). «High school rugby, the body and the reproduction of masculinity». *Sport, Education and Society, 5,* 163-176. doi: 10.1080/713696032.

Martino, W. (1999). «'Cool boys', 'party animals', 'squids' and 'poofters': Interrogating the dynamics and politics of adolescent masculinities in school». *The British Journal of the Sociology of Education, 20,* 2, 239-263. doi:10.1080/01425699995434.

Messner, M. A. y Sabo, D. (1990). *Sport, Men and the Gender Order: Critical Feminist Perspectives.* Champaign, IL: Human Kinetics.

Ministry of National Education (MEB, 2006). *Curriculum.* Consultado el ¡ 24.03.2013 en <http://ttkb.meb.gov.tr/program2.aspx/>.

O'Flynn, G. y Lee, J. (2010). «Committed young men well-balanced young women: Private schooling, physical activity the classed self». En J. Wright y D. Macdonald (eds.), *Young people, physical activity and the everyday,* (pp. 59-74). Londres: Routledge.

Paechter, C. (2003). «Masculinities and femininities as communities of practice». *Women's Studies International Forum, 26,* 1, 69-77. doi 10.1016/S0277-5395(02)00356-4.

Pringle, R. (2008). «'No rugby- no fear': Collective stories, masculinities and transformative possibilities in schools». *Sport, Education and Society, 13,* 2, 215-237. doi:10.1080/13573320801957103.

Renold, E. (2004). «'Other boys': negotiating non-hegemonic masculinities in the primary school». *Gender and Education,* 16, 2, 247-266. doi:10.1080/09540250310001690609.

Sage, G. H. (1993). «Sport and physical education and the new world order: Dare we be agents of social change?» *Quest, 45,* 151-164. doi:10.1080/00336297.1993.10484081.

Sakalli-Ugurlu, N. y Beydogan, B. (2002). «Turkish college students' attitudes toward women managers: The effects of patriarchy, sexism and gender differences». *Journal of Psychology, 136,* 647-656.

Sancar, S. (2009). *Erkeklik: İmkansız İktidar [Masculinity: Impossible Power].* Estambul: Metis Yayınları.

Scraton, S. (1992). *Shaping up to Womanhood: Gender and Girls' Physical Education.* Milton Keynes: Open University Press.

Skelton, C. (2000). «'A passion for football': Dominant masculinities and primary schooling». *Sport, Education and Society, 5,* 5-18.

Swain, J. (2000). «'The money's good, the fame's good, the girls are good': the role of playground football in the construction of young boys' masculinity in a junior school». *British Journal of Sociology of Education, 21,* 1, 95-109. doi:10.1080/01425690095180.

Wenger, E. (1998). *Communities of Practice: Learning, Meaning and Identity.* Cambridge: Cambridge University Press.

World Economic Forum (2012). *Global Gender Gap Report.* Citado el 23.03.2013 en <http://www3.weforum.org/docs/WEF_GenderGap_Report_2012.pdf>.

Wright, J. (1998). «Reconstructing gender in sport and physical education». En C. Hickey, L. Fitzclarence y R. Matthews (eds.), *Where the boys are: masculinity, sport, and education.* Geelong: Deakin University Press.

BLOQUE III

Homofobia: primeros pasos de la investigación en educación física

11 ¿Está el profesorado de educación física ciego, sordo y mudo ante las discriminaciones?

Joaquín Piedra, Gonzalo Ramírez-Macías y Águeda Latorre

No ver el Mal, no escuchar el Mal y no decir el Mal.

Denkyō Daishi, Budista japonés (767-822)

Introducción

En el presente capítulo se analizan a través de entrevistas las opiniones del profesorado de educación física hacia la homosexualidad y la homofobia en sus aulas. Estos y estas profesionales son instados a exponer sus creencias, percepciones y comportamientos al respecto.

El profesorado, como agente partícipe en la formación de la identidad de su alumnado, ha de tener una sensibilidad especial hacia las problemáticas que atañen y afectan a sus estudiantes. La homofobia es una de las conductas más habituales entre las situaciones de acoso escolar, al tratarse de colectivos más vulnerables (Díaz-Aguado, 2005). Si el profesorado no colabora positivamente en la creación de un clima escolar libre de discriminaciones y de agresiones, afectará de manera negativa en la formación de una identidad sexual madura de sus chicos y chicas. Por tanto, la escuela en general, y el profesorado en particular, hacen de abono en el crecimiento personal y maduración de su alumnado. Las instituciones educativas y los poderes políticos han de ser conscientes de ello, y han de articular medidas eficaces para la construcción de una escuela inclusiva, libre de discriminaciones.

Dentro de la escuela, y sobre todo durante la etapa de educación secundaria, la educación física juega un papel destacado al trabajar con y a través del cuerpo. Como afirma Vidiella (2007, p. 3), «la corporización será clave para entender cómo los sujetos encarnan las normas y/o las resisten». El cuerpo, la imagen corporal y el movimiento desempeñan un rol protagonista en la relación del yo del alumnado con el exterior, con la sociedad. La asignatura de educación física, como garante de la educación a través del cuerpo, puede y debe trabajar con especial interés en la elaboración de las identidades sexuales de su alumnado.

Legislación sobre igualdad de trato y no discriminación en materia de homosexualidad y masculinidad en el ámbito educativo

En el estudio de la legislación sobre igualdad de trato y no discriminación en materia de homosexualidad y masculinidad es esencial tener en cuenta conceptos como *igualdad de trato, igualdad de oportunidades, igualdad de género o diversidad.* Se han contemplado iniciativas normativas que tienen que ver no solo con la discriminación producida por la orientación sexual o los estereotipos sociales asociados, sino que, además, se ha tenido en cuenta la dimensión de la igualdad entre mujeres y hombres.

En nuestro país, el avance legislativo en los últimos años ha sido indudable. Desde que España volvió a la democracia a finales de los años 70, la homosexualidad ha dejado de ser considerada delito desapareciendo del código penal. Con el avance de los años y la sociedad, la participación pública de las personas homosexuales ha ido normalizándose, siendo en la última década donde la adquisición de derechos ha sido más notable. Esta legislación tiene como base la normativa europea sobre igualdad de trato y lucha contra la discriminación basada en el origen racial o étnico, la edad, discapacidad, religión o creencias y orientación sexual.

En 2004 el Organismo para la Seguridad y la Cooperación en Europa (O.S.C.E), toma la Decisión nº 621 sobre *tolerancia y lucha contra el racismo, la xenofobia y la discriminación,* donde queda de manifiesto que los países miembros asumirán y prohibirán la discriminación por motivos de raza, color, sexo, idioma, religión, convicciones políticas o de otra índole; haciendo especial mención a la necesidad de programas educativos que fomenten la tolerancia y combatan la discriminación.

Desde el Consejo de Europa existen diversas recomendaciones y documentos de trabajo relativos a los homosexuales. En el año 2000, la Asamblea del Consejo de Europa adopta la Recomendación 1474 *sobre la situación de las lesbianas y los gays en los Estados miembros del Consejo de Europa.* Esta surge a partir de la alta tasa de discriminación sufrida por los homosexuales y la constatación de que la homosexualidad era aún un delito en algunos países del Consejo de Europa. Se recomienda desde este organismo que la discriminación por motivos de orientación sexual esté prohibida por la Convención Europea de Derechos Humanos, y así mismo encomienda al Comité de Ministros del Consejo, entre otras medidas, que adopte medidas positivas para combatir las conductas de homofobia en diversos ámbitos, particularmente en el ámbito escolar y en el deporte.

Siguiendo la Recomendación 1474, la Comisión para la igualdad de oportunidades entre hombres y mujeres de la Asamblea elabora en 2003 el Documento 10001 *Las lesbianas y los gays en el deporte*, con el objeto de definir medidas que luchen contra la homofobia y contribuyan a la eliminación de todas las formas de discriminación hacia la mujer en el deporte, insistiendo específicamente en la doble discriminación que determinadas mujeres sufren en este ámbito, discriminación por razón de sexo y por la orientación sexual. En la sociedad actual el deporte está ampliamente asociado al sexo masculino, las chicas y mujeres deportistas son una amenaza para un sistema sexista que se basa en una visión hegemónica de la feminidad y la masculinidad, el físico de las mujeres deportistas difiere de la imagen estereotipada de la mujer, y por ello son tratadas en muchas ocasiones como «lesbianas». Entre las medidas que se definen destaca la que hace mención específica al ámbito educativo, así se defiende que la educación debe jugar un papel importante en la prevención de la discriminación en el deporte. Los jóvenes deben ser tolerantes y practicar deportes no en función de su orientación sexual o de su sexo, sino acordes a su personalidad y sus habilidades. Además se especifica la importancia de formar al profesorado de educación física de las escuelas sobre la forma de comportarse con alumnos que presentan una orientación sexual diferente y sobre la homofobia resultante que se manifiesta en la clase. Otra de las medidas definidas insiste en la labor de los medios de comunicación deportivos que deben abstenerse de transmitir estereotipos sexistas en la cobertura de los deportes. Así mismo, se fomenta que los periodistas difundan una imagen positiva y no sexista de los deportistas.

En España, sin existir una ley específica sobre igualdad de trato y no discriminación, se contemplan los mínimos establecidos de la normativa europea en la *Ley 62/2003 de Medidas Fiscales, Administrativas y del Orden Social*, que recoge mínimamente medidas para la aplicación del principio de igualdad de trato y no discriminación, en particular por razón de origen racial o étnico, religión o convicciones, discapacidad, edad u orientación sexual. En los últimos años el avance legislativo en materia de igualdad de género ha sido muy importante, la lucha contra la discriminación por motivos de género impulsa la aprobación en 2004 de la *Ley Orgánica de Me-*

didas de Protección Integral contra la Violencia de Género, y en 2007 la *Ley Orgánica para la Igualdad Efectiva entre mujeres y hombres.* En la *Ley de Medidas de Protección Integral contra la Violencia de Género,* se especifica que desde el ámbito educativo debe formarse en el respeto de los derechos y libertades fundamentales y en la igualdad entre hombres y mujeres. Igualmente, se contribuirá a la eliminación de los obstáculos que dificultan la igualdad entre hombres y mujeres y a la formación para la prevención de conflictos y para la resolución pacífica de los mismos. La *Ley de Igualdad Efectiva entre mujeres y hombres,* tiene por objeto que las mujeres y los hombres sean iguales en dignidad humana, derechos y deberes; en el caso de las mujeres homosexuales, esta ley tiene gran relevancia en el reconocimiento de sus derechos, pues en numerosas ocasiones este colectivo sufre una doble discriminación por ser mujer y homosexual. Desde el ámbito educativo se desarrollarán actuaciones para garantizar el principio de igualdad de trato, evitando desigualdades entre mujeres y hombres como consecuencia de estereotipos sociales asociados o comportamientos sexistas. A nivel autonómico, las diecisiete autonomías tienen aprobadas leyes de igualdad entre mujeres y hombres que especifican dentro de cada territorio, las actuaciones a seguir en materia de igualdad entre mujeres y hombres.

La legislación educativa española contempla la diversidad y la igualdad desde diferentes ámbitos, tanto nacionales como autonómicos. *La Ley Orgánica de Educación* aprobada en 2006, según aparece en su preámbulo, considera como un fin de la educación «el pleno desarrollo de la personalidad y de las capacidades afectivas del alumnado, la formación en el respeto de los derechos y libertades fundamentales y de la igualdad efectiva de oportunidades entre hombres y mujeres, el reconocimiento de la diversidad afectivo-sexual, así como la valoración crítica de las desigualdades que permita superar los comportamientos sexistas».

A partir de esta ley, varias Comunidades Autónomas han desarrollado sus propias leyes donde, también, se incluye como objeto principal de la educación, la igualdad y la diversidad; en este sentido destacan las leyes de educación de Andalucía, Cantabria, Castilla La Mancha y Extremadura.

Para el tratamiento de la *igualdad de trato, igualdad de oportunidades, igualdad de género o diversidad* en el ámbito escolar, existen planes de actuación e iniciativas para hacer efectiva la legislación. Dentro del ámbito educativo diversas actuaciones se están implementando tanto a nivel internacional, nacional o regional. Desde 2010 se realiza el proyecto de cooperación internacional, financiado por la Comisión Europea, *Escuelas sin armarios,* cuyo objetivo es eliminar la discriminación y la homofobia del ámbito escolar trabajando cuestiones como los derechos humanos, la igualdad de tratamiento según sexo, género y diversidad sexual. Entre las actividades que se realizan está la elaboración de herramientas pedagógicas para el profesorado de Primaria y Secundaria, con la intención de proporcionar instrumentos teóricos y prácticos para trabajar la discriminación en materia de orientación sexual e identidad de género en el contexto de la escuela.

En segundo lugar hay que destacar, en este caso en conmemoración del Día Internacional Contra la Homofobia, la **Lección IDAHO**, una iniciativa internacional donde se invita a maestras, maestros y al personal educativo en todos los contextos a utilizar el Día Internacional contra la Homofobia para organizar alguna actividad específica en su clase sobre este tema.

Una tercera iniciativa, puesta en marcha desde 2010 es el programa *Red Educación para el fomento de la diversidad, la igualdad de oportunidades, la paz, la convivencia en las aulas y la educación en valores*, subvencionado por el Ministerio de Sanidad, Política Social e Igualdad. Este programa ofrece charlas, talleres y actividades para intervenir en centros educativos, con alumnado de Primaria y Secundaria, así como a profesorado y familias.

A nivel regional, destaca la iniciativa del Gobierno Vasco con su *Guía de actuación en los centros educativos ante el maltrato entre iguales*, documento dirigido a los centros escolares para resolver los posibles conflictos generados ante manifestaciones específicas de maltrato racista, homofóbico, sexista, dirigido a alumnado con discapacidad, u otros. Esta iniciativa contempla un protocolo de actuación, un plan de acción y medidas preventivas para el tratamiento del maltrato entre iguales en el ámbito escolar.

Finalmente, debemos destacar dos iniciativas que surgen del ámbito asociativo, por un lado la Organización no gubernamental Amnistía Internacional tiene elaborada la guía para educadores *Al derecho y al revés: derechos humanos y la diversidad afectivo-sexual*, material con actividades didácticas para educación Primaria, Secundaria, Bachillerato y Educación de Personas Adultas. Por otro lado la asociación «COLEGAS de España», redactó la *Guía contra la homofobia* dirigida a los centros educativos, documento que ofrece recomendaciones a maestros y maestras sobre cómo enfrentar la homofobia y sexismo en el ambiente escolar.

Homosexualidad en las escuelas: investigaciones sobre el profesorado de educación física

Desde que en 1973 la *American Psychiatric Association* (APA) eliminara la homosexualidad como una patología, se han sucedido un gran número de investigaciones que, desde diferentes ámbitos, han estudiado la homosexualidad. Muchos de estos estudios han profundizado en lo que se vino a llamar homofobia (Weinberg, 1972). En los años sucesivos, este término ha ido sirviendo como modelo para la conceptualización de una variedad de actitudes negativas basadas en la sexualidad y el género, tales como lesbofobia, transfobia, e incluso heterofobia. La socióloga estadounidense Candace West define en 2004 (citado por Wickens y Sandlin, 2010, p. 652) la homofobia como el prejuicio hacia las personas con una orientación no heterosexual y caracterizada por un intenso miedo y aversión hacia aquellos que desean a personas del mismo sexo, enfatizando en las actitudes, los comportamientos, y las creencias individuales. Una de las características más destacable de la homofobia es el silencio (Anderson, 2005; Carless, 2012; Wickens y Sandlin, 2010), la existencia de un miedo a hablar de homosexualidad, relegándola a un ámbito privado de las personas. Con el paso del tiempo diversos autores encabezados por el psicólogo estadounidense George Herek (1984; 2000; 2004) han planteado la necesidad de redefinir el vocablo homofobia, buscando una conceptualización más adecuada como es el término prejuicio sexual.

Independientemente del término que se emplee, son diversas las instituciones implicadas en el proceso de creación de una sociedad libre de discriminaciones sexuales. La familia, el Estado, los medios de comunicación, la escuela... son agentes involucrados en la misma. De todos ellos, la escuela puede ser uno de los agentes más eficaces en la erradicación de estas conductas negativas, eliminando las discriminaciones sexuales y creando actitudes inclusivas entre el alumnado. En definitiva, creando una nueva cultura de género más igualitaria y equilibrada, donde no tenga cabida el rechazo de lo diferente.

Desde los años 80 los estudios sobre homosexualidad y educación se vienen sucediendo en la comunidad académica. Algunos estudios se han centrado en el profesorado (Newton, 1982; Olson, 1987), otros en el alumnado (Epstein, 1997; Mills, 1999), otros en la necesidad de incluir la visión de género en las políticas educativas (Andrews, 1990). En la actualidad, las ramas de investigación educativa referidas a la homosexualidad están muy diversificadas. No obstante, dentro de la escuela, la educación física es una de las áreas que más trabajo le queda por hacer (Ayvazo y Sutherland, 2009) ya que es donde encontramos el clima más hostil a la homosexualidad (McCaughtry, Dillon, Jones y Smigell, 2005).

A pesar de que, como se ha señalado, se ha producido un cambio social fruto de la lucha por la igualdad de mujeres y homosexuales, el deporte y la educación física siguen siendo uno de los pilares de la dominación androcéntrica en nuestra sociedad que es hostil a la presencia de gays y lesbianas en el deporte (Hemphill y Symons, 2009; McCaughtry, Dillon,

Jones y Smigell, 2005; Pronger, 2000). Además, el fuerte incremento de la práctica deportiva, así como la mayor presencia del deporte en los medios de comunicación, está haciendo que sean cada vez más los chicos y chicas que se ven influidos e impregnados por esta ideología. Como Ayvazo y Sutherland (2009) afirman, las visiones estereotipadas de la homofobia y la heterosexualidad, así como de la masculinidad y feminidad están más acentuadas en este contexto deportivo.

En su estudio sobre la sensibilidad sexual en la escuela, los investigadores estadounidenses McCaughtry, Dillon, Jones y Smigell (2005), y anteriormente Squires y Sparkes (1996), Lenskyj (1997) y Clarke (1998), reconocen la importancia del papel del profesorado de educación física como agentes implicados en el cambio de la agenda social de la escuela. Reconocen también la necesidad de estos docentes de innovar en su docencia, creando una conciencia de género en el alumnado; la necesidad de tomar cartas en el asunto e implicarse para el reconocimiento de los derechos de las personas homosexuales aunque ello suponga el rechazo de otras personas; y reconocen también la importancia de las imágenes como perpetuadoras de la visión heterosexista del deporte. La inclusión dentro del currículum escolar de estrategias de sensibilización sobre la problemática de la homofobia ha demostrado mejorar el clima escolar entre el alumnado (Toomey, McGuire y Russell, 2012).

Una vez comenzada la revisión de la literatura científica, encontramos en el ámbito anglosajón diversos estudios que analizan la situación del profesorado homosexual en las clases de educación física. Una de las personas pioneras en escribir sobre esta temática, que surge al inicio de los 90, fue la profesora estadounidense Pat Griffin con trabajos sobre profesorado homosexual, especialmente lesbianas. En uno de sus primeros trabajos, Griffin (1991) analiza la forma de desarrollo de la identidad en el profesorado homosexual, encontrando que este profesorado gestionaba su orientación sexual en la escuela desde la ocultación hasta la exposición y defensa pública de su homosexualidad.

En esta misma línea, encontramos el estudio de Clarke (1998) sobre mujeres lesbianas, quien afirma que la cultura deportiva separa a mujeres heterosexuales y homosexuales con el fin de mantener la hegemonía, forzándolas a permanecer invisibilizadas o, como afirma Sykes (1998, 2001), silenciadas por la heteronormatividad. En su investigación sobre los deseos sexuales del profesorado de educación física, la investigadora británica Heather Sykes (2003) plantea las dificultades que se encuentran estas personas a la hora de articular el deseo y el sexo en sus clases. Todo esto puede extrapolarse no solo con homosexuales en las clases de educación física, sino con otros colectivos (transexuales, bisexuales...) que sufren este modo de discriminación, obligando a muchos de ellos a esconder sus identidades sexuales (Devís, Fuentes y Sparkes, 2005). La mayoría de las profesoras de educación física lesbianas (Lenskyj, 1997; Sparkes, 1994) reconocen sufrir experiencias de acoso sexual en sus vidas e incluso pérdida de sus trabajos, así como ser vistas por el resto de la sociedad como pervertidas en su trabajo con niños y niñas en las clases de educación física. Para evitar esto, las homosexuales tienden a desarrollar las atributos tradicionalmente asignados a las mujeres, llegando a lo que se conoce como hiperfeminidad (Clarke, 1998).

Morrow y Gill (2003) comprobaron, en un estudio llevado a cabo en Estados Unidos, las percepciones del profesorado de educación física sobre la homofobia, encontrando que los comportamientos homofóbicos son comunes en las escuelas secundarias y que el profesorado, según su alumnado (Gill, Morrow, Collins, Lucey y Scultz, 2010), falla en su intento por crear un ambiente inclusivo en sus clases.

Estudios llevados a cabo en contextos y países donde la homosexualidad está todavía mal vista o incluso perseguida, demuestran que en esos casos las discriminaciones son más patentes. En un reciente estudio con profesorado de educación física en formación en Turquía, la investigadora Leyla Saraç (2012) resalta las actitudes negativas hacia la homosexualidad en el futuro profesorado de educación física, siendo más patente entre los hombres.

Un gran número de investigadores (Clarke, 2006a; Sykes, 2004) vienen desde hace años recalcando que las más básicas pero habituales formas para oprimir a los homosexuales en la escuela en general, y en la educación física en particular, es el uso del lenguaje como una herramienta de agresión. Sin embargo, ha surgido dentro de algunos ámbitos académicos (McCormack, 2011) la posibilidad, en función del contexto cultural, del uso del lenguaje homófobo de una manera no peyorativa. Esta afirmación surge a raíz de la creencia de que en diversas sociedades como la británica o americana, la homofobia está decreciendo fruto de los avances legislativos y sociales (Anderson, 2009).

En su revisión de los trabajos sobre homofobia en las clases de educación física, Ayvazo y Sutherland (2009), así como Clarke (2006b) plantean como acción del profesorado para erradicar la homofobia: trabajar el respeto a los demás en las clases, dar valor a las diferentes orientaciones sexuales y demostrar un comportamiento inclusivo en sus aulas. Del mismo modo, recalcan la necesidad de cambiar la formación del futuro profesorado de educación física para que tenga las herramientas y experiencias necesarias, y así llevar a cabo los cambios planteados en la asignatura. A pesar de todo, muchos docentes prefieren ignorar los conflictos que surgen en la escuela a causa de la discriminación homofóbica para evitar problemas, descalificaciones… Por desgracia, como asevera Lenskyj (1997), todavía existe una oposición significativa en algunos contextos dentro de la educación física a tratar abiertamente este tema.

Doing Masculinity ¿Masculinidad o masculinidades en las clases de educación física?

El deporte y la actividad física han sido tradicionalmente ámbitos de dominación masculina, históricamente reservados para los hombres, concretamente con aquellos que cumplen con los estereotipos que la sociedad occidental les ha asignado (heterosexualidad, desarrollo físico, poca afectividad). Aquellos individuos varones que no han cumplido con la totalidad o parte de estos estereotipos y roles han sufrido a lo largo de sus vidas múltiples discriminaciones. Esta explicación de la realidad social masculina fue ideada por la socióloga australiana Raewyn Connell (1995) y más tarde reformulada (Connell y Messerschmidt, 2005), denominando *masculinidad hegemónica* aquella que cumple con los requisitos preestablecidos, oprimiendo otros tipos de masculinidad, situándose esta en el puesto superior de la jerarquía social. Los hombres más exitosos, los más aceptados, los más imitados por los jóvenes son los que cumplen con creces estos patrones (James Bond, David Beckham, Indiana Jones…). Todas las demás formas de desarrollar la masculinidad son dominadas por esta visión hegemónica de la masculinidad, discriminando y vejando a aquellos hombres que se salen de lo «normal». El deporte, con su visión androcéntrica y heteronormativa, no hace más que potenciar y promocionar, en muchos casos de manera sutil y velada, esta dominación social.

Esta teoría sociológica ha sido la base teórica dominante de los estudios sobre masculinidad en las tres últimas décadas (Tischler y McCaughtry, 2011). Pudiéndose estudiar a diferentes niveles: personal, interpersonal o institucional (Connell, 2008). Como afirman estos autores, de la teoría sociológica presentada se pueden extraer cinco ideas básicas: no hay una única forma de ser hombre, la jerarquía de las masculinidades surge en contextos sociales, los criterios jerarquizantes difieren a través de los contextos sociales, las masculinidades dominantes logran el estatus de hegemónicas con respecto a otras formas de masculinidad, las masculinidades hegemónicas se representan a través de la conducta corporal.

Sin embargo, en los últimos años ha surgido una nueva teoría de explicación de la masculinidad, que sin dejar de ser una continuidad de la anterior, supera algunas debilidades. Así, el sociólogo Eric Anderson (2009) expuso las bases de lo que él denomina *teoría de la masculinidad inclusiva*. Esta nueva línea teórica afirma la coexistencia de diferentes masculinidades, entendiéndolas más como una forma de actuar del individuo que como un rasgo genético. Estas masculinidades siguen estando jerarquizadas, encontrando en el rango más alto la masculinidad ortodoxa que basa su éxito en la homohisteria. Se entiende por homohisteria el miedo a ser identificado como homosexual, lo que obliga al hombre a mantener un discurso homofóbico, con escaso contacto físico y sin muestras de afecto. Muchas de las masculinidades no ortodoxas, denominadas inclusivas por el autor, no asumen la homohisteria en su modelo, por lo que los gays, los afeminados, los no atléticos, pueden desarrollar su personalidad sin presiones. Esta teoría surge por la laguna teórica que el autor encontraba en la teoría de la masculinidad hegemónica en contextos con baja homohisteria social, como es el ámbito anglosajón en la actualidad (Anderson, 2012), donde la homosexualidad no está perseguida, llegando incluso en algunos contextos a estar bien vista. Por todo ello, como afirman Morrow y Gill (2003) y Silva, Botelho-Gomes y Goellner (2012), la relación entre masculinidades y homofobia es innegable. La homofobia sustenta la hegemonía de la masculinidad ortodoxa, y en muchos casos, los límites de la masculinidad los marca la homosexualidad.

Acordes a las dos líneas teóricas presentadas, encontramos el concepto de *Doing Masculinity* (construcción de la masculinidad) ideado por el sociólogo inglés Will Coleman (1990). En este sentido, la masculinidad se explica como un artefacto de construcción social. Existen por lo tanto diferentes formas y maneras de entender y construir al hombre, denominado por Paechter, (2006) como *doing man/boy*, pero la mayoría buscan ser aceptadas por sus iguales (Swain, 2006). Dentro del ámbito escolar, el patio de recreo es un lugar donde las luchas de poder entre grupos tienen lugar. En ella, el deporte en general, y el fútbol en particular, tienen un papel protagonista en las relaciones entre niños y niñas (Skelton, 2000). Como afirman Epstein, Kehily, Mac an Gahill, y Redman (2001), formar parte de estas actividades supone popularidad y estatus, construyendo su masculinidad aceptablemente. Por tanto, dentro del ámbito deportivo, para que el niño tenga éxito ha de exhibir una adecuada habilidad deportiva, fuerza, potencia y competitividad (Bramham, 2003; Clarke, 2002; Hauge y Haavid, 2011; Hickey y Fitzclarence, 1999; Hopper y Sanford, 2006; Pringle, 2008; Swain, 2006; Wright, 1998) diferenciándose claramente de los estereotipos femeninos.

Los estudios sobre masculinidad y educación física marcan la clara función del deporte competitivo escolar como herramienta de opresión para muchos niños (Tischler y McCaughtry, 2011), privilegiando unas masculinidades sobre otras. Gard (2006) recalca el hecho de que el profesorado de educación física generalmente desarrolla un currículum en sus clases basado en el deporte competitivo, estableciendo la competición como el dominio natural de la asignatura. Los recientes estudios realizados en contextos sociales diferentes confirman que el deporte y la actividad física privilegian una masculinidad ortodoxa, marginalizando otros tipos de masculinidad (Atencio y Koca, 2011; Larsson, Redelius y Fagrell, 2011; Millington, Vertinsky, Boyle y Wilson, 2008; Parker y Curtner-Smith, 2012; Silva, Botelho-Gomes y Goellner, 2012). Sin embargo, este mismo contexto puede ser también un lugar de resistencia del alumnado (Tischler y McCaughtry, 2011).

Dentro de la educación física y el deporte escolar, el estudio de los niños en las clases de danza es una de las temáticas más trabajadas. En su estudio con alumnado de educación física, Gard y Meyenn (2000) destacan de la danza que casi todos los niños expresan sentimientos negativos hacia ella, apuntando que hacerlo sería raro, incluso gay. Son muchos los autores que detallan las agresiones y discriminaciones que sufren los niños que hacen danza por parte de sus compañeros (Crawford, 1994; Gard, 2001; Li, 2011).

En su estudio sobre profesorado y masculinidad, Brown (1999) reconoce que en muchas ocasiones el profesorado no es consciente de que está reproduciendo una cultura de desigualdad entre sus alumnos, siendo cómplice de su reproducción. El profesor Parker (1996) aboga por concienciar al profesorado de educación física de la realidad de sus aulas, necesaria para la creación de un clima equitativo. Mientras la educación física y el deporte escolar estén enfocados hacia la competición y la superación del adversario, será muy difícil promover formas tolerantes y responsables de masculinidad (Hickey, 2008). Por eso, el profesorado ha de promover un cambio en sus aulas, actuando de manera más estratégica hacia la cultura deportiva de su alumnado (Hickey, 2010). Este cambio no se puede limitar a presentar nuevos contenidos, sino que se deben utilizar pedagogías que permitan al alumnado reflexionar y criticar su situación (Gard, 2008). Sin embargo, la situación no es estática. En su análisis de la realidad docente, Wedgwood (2005) y Soler (2009) resaltan las contradicciones y contrariedades que se encuentra el profesorado de educación física a la hora de negociar su visión del género, oscilando entre la masculinidad hegemónica y la masculinidad inclusiva, por lo que resulta necesario conocer bien la realidad docente para poder actuar con precisión y eficacia.

En España, las investigaciones sobre esta temática son casi inexistentes. La única investigación sobre masculinidades es la llevada a cabo por Vidiella, Herraiz, Hernández y Sancho (2010) que afirman que el recreo y los vestuarios son lugares en los que se regula la corporeidad de los chicos bajo vigilancia y el control normativo. En este estudio también se destaca, a través de entrevistas a jóvenes, que cualquier chico que se salga de los límites normativos hegemónicos es colocado en lugares de subordinación y humillación. Aunque no en el ámbito español, pero sí hispanohablante, el estudio del argentino Scharagrodsky (2003) reafirma la existencia de una dinámica escolar que respalda la masculinidad hegemónica en las clases, como es el uso del lenguaje como herramienta de discriminación, y las propias expectativas y creencias del profesorado que, consciente o inconscientemente, reproducen la visión heteronormativa del deporte.

Así pues, constatada la escasez de investigaciones realizadas que a nivel español combinan el estudio de las masculinidades y homosexualidad en las clases de educación física, el objetivo que nos planteamos en este trabajo es conocer las creencias del profesorado de educación física sobre masculinidades y hacia la homofobia en sus clases y en la escuela, así como las relaciones entre ambos conceptos.

El estudio

La investigación que se presenta en este capítulo ha seguido una metodología descriptiva, pues trata de describir la homofobia existente en la educación física escolar, según los profesores y las profesoras de esta asignatura. Paralelamente se analiza otro concepto relacionado directamente con la homofobia, se trata de la concepción que tiene este profesorado de la masculinidad en sus clases. El estudio de estos conceptos y de sus interrelaciones, ayudará a dar una visión más completa de la problemática existente al respecto.

En concreto, se ha entrevistado a 10 profesores y profesoras[1] que cumplían con los siguientes requisitos:

- Profesorado en activo y con docencia reconocida de al menos 5 años en la asignatura de educación física.
- Profesorado con formación inicial en el ámbito de la educación física, bien Diplomatura de Magisterio en Educación Física, bien Licenciatura en Ciencias de la Actividad Física y el Deporte, admitiéndose también a aquellos sujetos que poseen ambas titulaciones.

1. En el epígrafe de resultados, cuando se citan fragmentos de las entrevistas realizadas a estas personas, no se especifican los nombres de las mismas sino unas iniciales asignadas a cada uno de ellos de forma aleatoria para preservar su confidencialidad.

De estas 10 personas, dos eran mujeres y ocho hombres. La edad media se situó en 38,5 años, teniendo el más joven 34 años y el más veterano 57. En centros públicos trabajan siete, y tres lo hacen en centros privados o concertados. En relación a la etapa educativa, siete de ellos imparten docencia en Primaria y dos en Enseñanza Secundaria Obligatoria, solo uno lo hace en ambas etapas.

Con objeto de describir con mayor profundidad las características del profesorado entrevistado, indicar que la mayoría de ellos estudiaron durante la Primaria, la Secundaria y el Bachillerato en centros mixtos, solo dos lo hicieron en centros segregados.

En cuanto a la formación universitaria recibida sobre coeducación, cuatro de estas personas afirman que no han recibido formación alguna y seis que sí, todas ellas menores de 38 años, lo cual apunta a que esta temática no formaba parte de la formación inicial del profesorado entrevistado que estudió antes de la década de 1990. No obstante, llama la atención el hecho de que cuatro de los que afirman haber recibido formación en torno a la coeducación, indican que dicha formación tuvo un carácter muy testimonial y poco relevante en el conjunto de enseñanzas que recibieron.

Por otro lado, con objeto de detallar las características puramente metodológicas de este estudio, hay que señalar que las técnicas de investigación utilizadas para la recogida y análisis de la información han sido la entrevista personal semiestructurada y el análisis de contenido. En relación a la entrevista, indicar que existían preguntas específicas (relacionadas con la homofobia y la concepción de la masculinidad en las clases de educación física) y un final abierto donde el entrevistado o entrevistada podía expresar libremente cualquier cuestión que considerara relevante en relación a la temática. Una vez transcritas las entrevistas, se aplicó el análisis de contenido a través del programa ATLAS.ti 6.2, con objeto de obtener de forma metódica los datos contenidos en dichas transcripciones. Para ello se estableció un sistema de categorías y a continuación se procedió a la codificación de los datos por parte de los tres investigadores, obteniéndose un índice de correlación entre ellos bastante alto, en concreto del 86%.

Creación de un clima escolar seguro

Según la legislación vigente en España, el trabajo de la igualdad de género es un contenido obligatorio en las aulas, tanto de Primaria como de Secundaria. Por tanto, el profesorado tiene el deber de incluir en su actuación docente el trabajo de la coeducación. Al ser preguntado sobre este aspecto, solo tres respondieron afirmativamente, siendo todos ellos menores de 36 años. El resto defendía hacerlo de forma transversal y no plasmada como tal en sus programaciones.

> ¿Trabajáis el tema de la educación física en vuestras programaciones?
> Explícitamente no, implícitamente por mi parte, siempre que puedo, mucho. Es decir, yo es algo que en el día a día intento fomentar. (Entrevista realizada a C.Q, 20 de marzo de 2012).

> ¿Lo incluyen en las programaciones, lo trabajan de forma transversal pero sin reflejarlo en las programaciones...?
> De forma transversal, en las programaciones no está reflejado concretamente. (Entrevista realizada a J.C, 8 de febrero de 2012)

> ¿Incluyes la coeducación en tus programaciones?
> [...] La coeducación no es un contenido como contenido, sino es el tratamiento que tiene día a día. (Entrevista realizada a S.D, 23 de febrero de 2012)

La no inclusión manifiesta del trabajo en las aulas de la igualdad de trato, supone, primero una irregularidad con respecto a la legislación, pero por otro lado, supone dejar a la voluntad y «buena fe» de un profesorado que en muchos casos no está formado para este tratamiento, un trabajo tan delicado e importante.

En cuanto al nivel de trabajo que sobre coeducación se lleva a cabo en el centro de trabajo, es reseñable que seis de ellos creen que es apropiado, estando entre ellos los tres que incluyen en sus programaciones aspectos específicos sobre coeducación. Estos datos coinciden con los resultados del estudio de Morrow y Gill (2003), que indican que la mayoría de los docentes de educación física buscan la creación de espacios no discriminativos. Sin embargo, a excepción de un sujeto que considera que el nivel de trabajo es un nivel intermedio, llama la atención que tres critiquen el nivel de trabajo coeducativo en su centro de trabajo, tachándolo de deficiente. Paradójicamente, ninguno de ellos incluye en sus programaciones aspectos coeducativos.

La última de las categorías propias de esta dimensión hace referencia a la percepción que este profesorado tiene sobre el clima escolar, en relación a si lo consideran seguro para todas las personas con independencia de su personalidad, orientación sexual, etc. Las respuestas obtenidas indican que la mitad de ellos piensan, al igual que muchos académicos (Hemphill y Symons, 2009; McCaughtry, Dillon, Jones y Smigell, 2005; Pronger, 2000), que el centro escolar es un contexto hostil para colectivos como homosexuales, etnias minoritarias... Por contra, uno piensa que el clima escolar ni favorece ni perjudica y cuatro creen que tiene un carácter inclusivo para todas las personas. Igualmente destaca que no existen diferencias en el clima escolar en función de la tipología de centro (público o privado/ concertado) ni tampoco en relación con la etapa educativa (Primaria o Secundaria).

¿Qué ve, qué oye y qué dice el profesorado de educación física ante las masculinidades?

En esta dimensión se profundiza en el concepto de masculinidad ortodoxa y en su influencia sobre el ámbito de la educación física. La primera de las categorías trabajadas durante las entrevistas se refiere a la visión existente en la sociedad sobre la masculinidad. Al respecto, la gran mayoría de las personas, en concreto nueve, identifican la masculinidad ortodoxa como la imperante en nuestra sociedad, en el que el hombre se concibe como una persona fuerte, valiente, activa, pero carente de sentimientos y emociones. Solo un entrevistado afirma que esa visión ortodoxa ya ha evolucionado hacia una perspectiva inclusiva, que respeta diferentes formas de ser hombre y de comportarse como tal, por tanto, para este sujeto estaríamos en la segunda de las fases que plantea Anderson (2009), un periodo en el que la cultura homofóbica está disminuyendo, viéndose los primeros indicios de una reducción de la homohisteria.

Al ser preguntados por su visión personal de la masculinidad, como es lógico pensar, todos los docentes entrevistados afirman tener una visión inclusiva de la masculinidad contraria a la que ellos perciben en la sociedad española. Sin embargo, cuando se les pregunta por sus creencias entre las diferencias entre chicos y chicas, muchos de ellos se decantan por una visión dicotómica. En concreto, siete de los entrevistados afirman que los niños tienen unas características y las niñas tienen otras bien diferentes (que casualmente están muy acordes con los estereotipos de género). De esta manera inconsciente se reproduce la visión ortodoxa y hegemónica de la masculinidad, encorsetando tanto a niños como a niñas a un comportamiento esperado de ellos, saliéndose de lo «normal» aquellos niños y niñas que no cumplen con los estereotipos asignados a su sexo.

> Aquí me duele decirte que los niños se implican bastante más, se implican bastante más, están más abiertos al esfuerzo y normalmente te responden mejor. (Entrevista realizada a C.B, 8 de febrero de 2012)

> Claro, pero sí que es verdad que yo te digo no, no he leído mucho sobre el tema pero hay diferencias. Hay diferencias y yo sí pienso que bueno a lo mejor, no sé si genéticamente pero de forma natural ehhh las mujeres siguen en… tienen desarrollada ehh la sensibilidad un poco más que los hombres. Desde mi punto de

> vista y hacia algunas actividades, como por ejemplo la danza o como por ejemplo pues el..., muestran más, más inclinación o incluso te podría decir como más facilidad. Yo he dado clase de baile a gente que no había hecho nada de baile, y las niñas siempre van por delante. Ehh, en el 80-90% de los casos. Y también muestran como más inclinación o más motivación hacia esa actividad. (Entrevista realizada a T.M., 16 de abril de 2012)

> Las chicas más tranquilas, los chicos son mucho más... sobre todo las edades que yo te he dicho de 7 años, los niños son más activos y las niñas son más prudentes, o sea, en general se portan... así de manera general las niñas se portan mejor que los niños. (Entrevista realizada a J.C., 8 de febrero de 2012)

Tal y como afirman los autores (Hemphill y Symons, 2009; McCaughtry, Dillon, Jones y Smigell, 2005), el deporte en nuestra sociedad está impregnado de una visión androcéntrica y heteronormativa, asignando deportes más apropiados para unos o para otros. En este sentido los docentes de nuestro estudio apoyan esta afirmación, exponiendo una visión bipolar del deporte (masculino/femenino). Sin embargo, una pequeña parte de los docentes, dos, entre los que se encuentra la misma persona que defendía la existencia de un cambio social hacia la homosexualidad, se oponen a esta visión discriminatoria del deporte, rechazando la existencia de deportes afines, adecuados o asociados a un sexo.

En la siguiente parte de la entrevista, de nuevo el profesorado parece contradecirse, ya que todos los entrevistados y entrevistadas reconocen que el hecho de salirse de lo socialmente aceptado para cada sexo en el ámbito deportivo supone una estigmatización tanto para el hombre como para la mujer; como llevan años confirmando las investigaciones (Clarke, 1998; 2002; Crawford, 1994; Gard, 2001; Griffin, 1991; Hemphill y Symons, 2009; Li, 2011; McCaughtry, Dillon, Jones y Smigell, 2005; Sykes, 1998; 2001; 2003).

Las discriminaciones y agresiones que se han comentado anteriormente, en numerosas ocasiones se producen dentro del aula, ocasionando conflictos que el profesorado debe saber gestionar correctamente. Al preguntárseles sobre esto, la gran mayoría de los entrevistados, en concreto ocho, aseveran que son sensibles a los conflictos del alumnado que no entra en el canon masculino o femenino.

> La verdad es que sí. Este año no, pero el año pasado sí tuve un curso, un segundo de la E.S.O., un primero de la E.S.O., que de hecho hay un niño que es un poco afeminado, un niño que siempre está con las niñas. La verdad es que yo lo he notado el tema ese, y he tenido que... ha tenido conflicto con los demás compañeros y hemos tenido que parar el tema y hablarlo, y hacer una reunión, y aclarar muchas cosas. Sí que... de hecho en este colegio hay alguno. (Entrevista realizada a J.C., 8 de febrero de 2012)

En el caso de detectar dichos conflictos, los docentes afirman actuar de manera adecuada, tratando de, no solo solventar el problema, sino de concienciar a su alumnado en el futuro. Sin embargo siguen existiendo algunos docentes que expresan no tener esta actitud, tan necesaria para erradicar cualquier forma de discriminación por razón de género (Hickey, 2010; Parker, 1996).

> Aquí en el centro en cuanto detectamos algún problema de estos, algún comentario o alguien que ha dicho algo de ese tipo, intentamos atajarlo rápido, rápido y de una manera seria. (Entrevista realizada a M.A., 12 de abril de 2012)

> No, bueno, si es algo de primera vez como intento hacerle ver que no tiene que ser así, pero bueno. Ya si veo que el mismo niño o la misma niña lo vuelve a hacer, entonces ya sí lo llamo e intento hablar con él. Si la cosa es más grave, seria, a lo mejor no bajo o bajo más tarde al patio, organizo como un debate o como una asamblea para que todos opinen de lo que ha pasado. (Entrevista realizada a J.A., 29 de marzo de 2012)

Por tanto, a tenor de las respuestas obtenidas, es patente el compromiso del profesorado entrevistado por cambiar la cultura discriminativa de la sociedad española hacia las diversidades. Sin embargo, todavía queda mucho por caminar, ya que, como afirma Brown (1999), en muchos casos el profesorado no es consciente del grado de responsabilidad que tiene para con sus estudiantes, ni de su actitud laxa hacia la cultura androcéntrica hegemónica, siendo cómplice de su reproducción.

¿Qué ve, qué oye y qué dice el profesorado de educación física ante la homosexualidad?

En esta parte del capítulo se trabajan las creencias de los entrevistados en torno a la consideración de la homosexualidad dentro de la sociedad, y el efecto que tiene la visibilización de la homosexualidad dentro de los centros educativos de cara a la educación del alumnado.

En relación a la primera categoría, referida a las creencias imperantes sobre la homosexualidad en la sociedad, cuatro de los entrevistados piensan que ya nos encontramos en una fase de homohisteria reducida (Anderson, 2009), de forma que la homofobia está localizada en grupos muy pequeños y, por lo general, se puede hablar abiertamente de homosexualidad. El resto de entrevistados y entrevistadas se decantan por una visión menos positiva, considerando que si bien la homofobia está decreciendo en la sociedad, dejando atrás el periodo de alta homohisteria (Anderson, 2009), colectivos relevantes siguen transmitiendo una cultura homofóbica, aunque los cambios sociales les obliguen a mostrarse políticamente correctos en el ámbito público.

> En la sociedad ha avanzado mucho pero habrá situaciones en las que sí, todavía la gente homosexual se sienta discriminada. De hecho, se están escuchando ahora en la tele reformas en el tema de los homosexuales, del matrimonio gay [...] y no doy crédito por ejemplo, entonces hay cosas, no sé, es un paso atrás y me da idea de que hay mucha gente hoy día con un pensamiento retrógrado en ese aspecto, también hay gente [...] mientras haya gente que estén cuchicheando en la calle cuando van dos personas del mismo sexo cogidas de la mano, o se besan [...] sí, eso es una forma de discriminación. (Entrevista realizada a C.B., 8 de febrero de 2012)

> Que sigue estando, no mal visto, sino de alguna forma... visto de otra forma, no voy a decir si mal, ni mejor, ni peor, porque en algunos círculos incluso está mejor visto, sí. Bueno, tienes que ir a una población... bueno, te voy a decir una cosa, no, la población de mayores, de la edad de mis padres, no, no, no. Hay mucha gente que... gente de 25, 30 años que son totalmente anacrónicos y retrógrados, y escuchas algunas cosas por ahí que te quedas helado. (Entrevista realizada a S.D., 23 de febrero de 2012)

Estas afirmaciones parecen contradecir lo que, líneas más arriba, explicábamos sobre la aceptación de las diversas masculinidades. Parece ser que el profesorado está más sensibilizado hacia la homosexualidad y sus discriminaciones dentro de la sociedad y cultura española que cuando hablamos de masculinidades inclusivas. Al hablar de igualdad se piensa rápidamente en las discriminaciones de las mujeres y de los homosexuales, sin embargo, no existe una misma concienciación y sensibilización en el tema de las masculinidades, dejando a muchos hombres en una especie de «limbo social», no siendo apoyado ni por algunos feminismos ni por los propios hombres.

Con la segunda de las categorías de esta dimensión, referida a los efectos de visibilizar la homosexualidad en la escuela, cuatro de los entrevistados consideran positiva esta visibilización que lucha contra el silencio que la heteronormatividad ocasiona entre los homosexuales (Sykes, 1998, 2001). Uno de ellos lo explicaba de la siguiente forma:

> Yo es que creo de verdad en ese sentido, igual aceptando sus peculiaridades porque normalmente pues estos niños pues a la hora de juntarse pues se juntan más con las niñas. Y entonces, pues yo creo que en ese sentido sí se ha avanzado bastante porque la mayoría les acepta y... no hay los problemas que había antes, me imagino. El niño antes, de hecho, pues todo el que se sentía un poco gay, por llamarlo así, tendía a ocultarlo y a no manifestar sus tendencias y hoy día pues los chavales, no, ese problema casi no lo tienen. En ese sentido, pues sí podríamos

> decir que la mentalidad, yo no sé si es en el ambiente escolar el que se ve así y en sus familias no, porque antes te decía lo contrario. Pero en el ambiente escolar yo creo que la educación en ese sentido sí que ha avanzado bastante porque los niños que tienen esa tendencia más femenina pues no, no tienen los mismos problemas que antes. (Entrevista realizada a J.R., 17 de abril de 2012)

No obstante, es llamativo que el resto de entrevistados y entrevistadas no valoren positivamente la visibilización de la homosexualidad en la escuela, considerando que ni beneficia ni perjudica a la educación del alumnado. Sobre todo si se comparan estas afirmaciones con las que hicieron anteriormente sobre el clima escolar, cuando cinco de estas personas manifestaron que la escuela no es un lugar seguro para algunos colectivos, con unos niveles de homohisteria reducidos.

Profundizando ya en sus actuaciones como docentes, se pregunta al profesorado por el trato que dispensan al alumnado que muestra tendencias o comportamientos que ellos identifican como homosexuales. Al respecto destacamos que todos afirman que el trato en estos casos es igual de cordial que con el resto del alumnado. Sin embargo, esto no siempre coincide con la visión del alumnado, que en muchos casos muestra opiniones contrapuestas a las del profesorado, como es el caso del estudio de Morrow y Gill (2003) en el que la mayoría del alumnado opinaba que sus docentes de educación física no creaban un clima de clase libre de discriminaciones.

Otra de las categorías hace referencia a la utilización de un lenguaje peyorativo en relación a la homosexualidad, en la que casi todos los entrevistados y entrevistadas afirman no utilizar términos despectivos hacia las personas homosexuales. La única excepción es un profesor que algunas veces utiliza un lenguaje irrespetuoso hacia este colectivo, pero según él lo hace sin connotaciones negativas:

> Yo tengo muchísimos amigos gays y lesbianas, que alguna vez le diga a mi amigo «illo, mariquita», a mi amigo homosexual, que no hay ningún problema. Que no creo que sea algo peyorativo algunas veces, sino que simplemente es una forma de hablar o de comunicarse. (Entrevista realizada a C.B., 8 de febrero de 2012)

El lenguaje, como hemos visto anteriormente (Clarke, 2006a; García, 2011; Sykes, 2004), juega un papel clave en la discriminación de la sociedad hacia todas las personas que se salen de lo «normal», homosexuales incluidos. Sin embargo, como acabamos de comprobar, parece ser que empiezan a surgir en algunos colectivos, un uso del lenguaje homófobo de una manera no peyorativa (McCormack, 2011). Este dato apoya las afirmaciones anteriores de este trabajo que parecen apuntar hacia el decreciendo de la homohisteria (Anderson, 2009) en la sociedad española, como ya está sucediendo en otros países (Anderson, 2012).

Sin embargo, el cambio en el uso del lenguaje y la consideración generalizada hacia las personas homosexuales que hemos mencionado anteriormente, contrasta con el hecho de que cuatro de los entrevistados y entrevistadas manifiesten una visión todavía estereotipada de las personas homosexuales.

> ¿Crees que los homosexuales son promiscuos, o más promiscuos que los heterosexuales? Sí, sí, por supuesto, más promiscuos. (Entrevista realizada a J.C., 8 de febrero de 2012)

> ¿Crees que la mayoría de los hombres que participan en estos deportes son gay? Yo creo que muchas veces que sí, por ejemplo la danza, Nacho Duato creo que era homosexual y el director que lleva ahora ha venido de Londres, y también creo que es... creo no, que lo es, le he leído en una entrevista que vive con su pareja. (Entrevista realizada a M.G., 26 de marzo de 2012)

Finalmente, se les preguntaba a los entrevistados y entrevistadas sobre su interés formativo en materia de igualdad, homosexualidad y coeducación de cara a su labor como docentes. En este caso las opiniones estaban muy repartidas, ya que cuatro de ellos manifestaron que realizan habitualmente actividades formativas sobre estas temáticas, dos afirmaron que les interesan pero que no han realizado actividades formativas concretas y otros cuatro defendieron abiertamente que no consideraban que fueran temas de interés en los que tuvieran que formarse (esta última tipología de profesores ya fue identificada por Barbero en su estudio de 2003).

Estos datos confirman, si cabe aún más, la importante labor que deben jugar en la formación los centros de formación del profesorado (Ayvazo y Sutherland, 2009; Clarke, 1998; 2006b; García, 2011; Lenskyj, 1997; McCaughtry, Dillon, Jones y Smigell, 2005; Squires y Sparkes, 1996; Toomey, McGuire y Russell, 2012), pues muchos docentes ni se forman ni lo consideran importante. De este último grupo, se citan dos fragmentos de entrevistas bastante significativos:

> ¿Por qué no los has hecho, porque no te interesan, porque no tienes tiempo?
> Ummm, vamos tiempo sí. Lo que pasa es que tengo otras prioridades. (Entrevista realizada a T.M., 16 de abril de 2012)

> ¿Has asistido últimamente, recientemente a cursos, charlas, sobre coeducación?
> No.
> ¿Por qué, porque no te ha interesado, porque no has tenido oportunidad, porque no has tenido tiempo...?
> Vamos a ver...
> ¿Porque no le has dado la prioridad que le dabas a otras cosas...?

En este momento, la formación la tengo canalizada en otra cosa.
(Entrevista realizada a C.B., 8 de febrero de 2012)

En relación a esta última parte, es necesario resaltar que todos los entrevistados y entrevistadas que manifestaron no tener interés en la formación dentro de los campos de la igualdad, la coeducación y la homofobia, paradójicamente afirmaron con anterioridad que en sus clases el alumnado que se sale de la «normalidad» suele verse agraviado por otros compañeros. Además, también en partes precedentes de la entrevista, todos ellos consideraron que existe aún un grado relevante de homofobia en la sociedad. Son precisamente este tipo de docentes, los que necesitan una sensibilización y formación mayor hacia la temática de las desigualdades hacia la diversidad.

A modo de conclusión

A través de las entrevistas realizadas a un grupo de docentes se observa la actualidad del trinomio escuela-homosexualidad-masculinidades. Como confirman los entrevistados y las entrevistadas, en todas las escuelas encontramos un pequeño número de chicos y chicas que no se amoldan a los patrones sociales asignados a los hombres y a las mujeres. Al respecto es importante destacar que estas chicas no suelen ser discriminadas por ello, sin embargo la gran mayoría de los chicos sufren discriminaciones, vejaciones y hasta agresiones por no cumplir con los principios de la masculinidad impuesta.

La designación más habitual para estos niños que se salen de lo «normal» es la de gays. Con ello se explican dos cosas, por un lado la inferioridad social asignada a la homosexualidad, lo que supone una vejación para un niño ser catalogado como gay, repercutiendo en la reproducción de la homohisteria, generalizada todavía entre los jóvenes. Por otro lado, estos hechos suponen la designación de todos los niños que no cumplen con los estereotipos masculinos como homosexual, no contemplando la existencia de otras masculinidades diferentes a la ortodoxa y al colectivo gay.

Los y las docentes entrevistados son conscientes de las mayores dificultades que los niños no «normales» (homosexuales o no) encuentran en sus clases, planteando ellos ciertas medidas educativas cuando el problema surge en sus aulas. Sin embargo, estas medidas no están prediseñadas, ni el profesorado está formado adecuadamente para poder aplicarlas con las debidas garantías.

También en muchos casos, el profesorado no es consciente o no reconoce sus propias concepciones sobre esta temática. En concreto se trata de estereotipos y roles sociales que en muchos casos reproducen de manera inconsciente con sus alumnos y alumnas, transmitiendo a sus discentes una educación discriminativa. Esto deja patente la necesidad de hacer frente a una realidad existente en las aulas y que debe ser cambiada, planteando una formación del profesorado en los campos de la igualdad, la coeducación, y el respeto ante la diversidad. La finalidad no es otra que dotar al profesorado de la sensibilidad suficiente y las herramientas adecuadas para actuar contra esta lacra social de la que la escuela no se libra y, por tanto, a la que no debe ser indiferente. En este sentido, las actuaciones citadas al principio del capítulo, y que ya se están implementando por parte de diversas entidades en las aulas, vienen a desarrollar este aspecto, sirviendo como punto de partida para el cambio de mentalidad, no solo entre el alumnado, sino entre los docentes y las familias, lo que se antoja más complicado.

Por último, cabe resaltar la poca literatura que sobre esta temática se encuentra en España y en lengua castellana, lo cual demuestra la laguna de conocimiento existente en este campo. Abordar con nuevos estudios e investigaciones esta temática en nuestra sociedad permitirá un mejor conocimiento de una realidad existente en las aulas, así como el planteamiento de medidas y actuaciones encaminada a la erradicación de una juventud homófoba y discriminativa.

Referencias

ANDERSON, E. (2005). *In the game.* Albany: SUNY Press.

ANDERSON, E. (2009). *Inclusive masculinity: the changing nature of masculinities.* Nueva York, NY: Routledge.

ANDERSON, E. (2012). «Shifting masculinities in Anglo-American countries». *MCS. Masculinity and Social Change*, 1(1), 40-60.

ANDREWS, J. (1990). «Don't Pass Us By: keeping lesbian and gay issues on the agenda». *Gender and Education*, 2(3), 351-355.

ATENCIO, M. y KOCA, C. (2011). «Gendered communities of practice and the construction of masculinities in Turkish physical education». *Gender and Education*, 23(1), 59-72.

AYVAZO, S. y SUTHERLAND, S. (2009). «Uncovering the secrets: Homophobia in Physical Education». *Action in Teacher Education*, 31(3), 56-69.

BARBERO, J. I. (2003). «La educación física y el deporte como dispositivos normalizadores de la heterosexualidad». En O. Guasch y O. Viñuales (eds.), *Sexualidades: diversidad y control social* (pp. 355-377). Barcelona: Bellaterra.

BRAMHAM, P. (2003). «Boys, masculinities and PE». *Sport, Education and Society*, 8(1), 57-71.

BROWN, D. (1999). «Complicity and reproduction in teaching physical education». *Sport, Education and Society*, 4(2), 143-159.

CARLESS, D. (2012). «Negotiating sexuality and masculinity in school sport: an autoethnography». *Sport, Education and Society*, 17(5), 607-625.

CLARKE, G. (1998). «Queering the Pitch and coming out to play: lesbians in Physical Education and Sport». *Sport, Education and Society*, 3(2), 145-160.

CLARKE, G. (2002). «Difference matters: sexuality and physical education». En D. Penney (ed.), *Gender and Physical Education. Contemporary issues and future directions* (pp. 41-56). NY: Routledge.

CLARKE, G. (2006a). «There's nothing queer about difference. Challenging heterosexism and homophobia in Physical Education». En S. Hayes y G. Stidder (eds.), *Equity and Inclusion in Physical Education and Sport* (pp. 91-104). Londres: Routledge.

CLARKE, G. (2006b). «Sexuality and Physical Education». En D. Kirk, D. MacDonald y M. O'Sullivan (eds.), *The Handbook of Physical Education* (pp. 723-739). Londres: SAGE.

COLEMAN, W. (1990). «Doing Masculinity/Doing theory». En J. Hearn y D. Morgan (eds.), *Men, Masculinities & Social Theory* (pp. 186-200). Londres: Unwin Hyman.

CONNELL, R. W. (1995). *Masculinities*. Cambridge: Polity Press.

CONNELL, R. W. (2008). «Masculinity construction and sports in boys' education: a framwork for thinking about the issue». *Sport, Education and Society*, 13(2), 131-145.

CONNELL, R. W. y MESSERSCHMIDT, J. W. (2005). «Hegemonic Masculinity: Rethinking the concept». *Gender & Society*, 19(6), 829-859.

CRAWFORD, J. R. (1994). «Encouranging male participation in dance». *Journal of Physical Education, Recreation & Dance*, 65(2), 40-43.

DEVÍS, J.; FUENTES, J. y SPARKES, A. C. (2005). «¿Qué permanece oculto del currículum oculto? Las identidades de género y de sexualidad en la educación física». *Revista Iberoamericana de Educación*, 39, 73-90.

DÍAZ-AGUADO, M. J. (2005). «La violencia entre iguales en la adolescencia y su prevención desde la escuela». *Psicothema*, 17(4), 549-558.

EPSTEIN, D. (1997). «Boyz' Own Stories: masculinities and sexualities in schools». *Gender and Education*, 9(1), 105-116.

EPSTEIN, D.; KEHILY, M.; MAC AN GAHILL, M. y REDMAN, P. (2001). «Boys and girls come out to play: Making masculinities and femininities in schools playgrounds». *Men and Masculinities*, 4(2), 158-172.

GARD, M. (2001). «Dancing around the 'Problem' of Boys and Dance». *Discourse: Studies in the Cultural Politics of Education*, 22(2), 213-225.

GARD, M. (2006). «More art than science? Boys, masculinities and physical education research». En D. Kirk, D. MacDonald y M. O'Sullivan (eds.), *The Handbook of Physical Education* (pp. 784-795). Londres: SAGE.

GARD, M. (2008). «When a boy's gotta dance: new masculinities, old pleasures». *Sport, Education and Society*, 13(2), 181-193.

GARD, M. y MEYENN, R. (2000). «Boys, bodies, pleasure and pain: interrogating contact sports in schools». *Sport, Education and Society*, 5(1), 19-34.

GILL, D. L.; MORROW, R. G.; COLLINS, K. E.; LUCEY, A. B. y SCULTZ, A. M. (2010). «Perceived Climate in Physical Activity Settings». *Journal of Homosexuality*, 57(7), 895-913.

GRIFFIN, P. (1991). «Identity management strategies among lesbian and gay educators». *Qualitative Studies in Education*, 4(3), 189-202.

HAUGE, M. I. y HAAVID, H. (2011). «Boys' bodies and the construction of adolescent masculinities». *Sport, Education and Society*, 16(1), 1-16.

HEMPHILL, D. y SYMONS, C. (2009). «Sexuality Matters in Physical Education and Sport Studies». *Quest*, 61(4), 397-417.

HEREK, G. M. (1984). «Beyond «homophobia»: A social psychological perspective on attitudes toward lesbians and gay men». *Journal of Homosexuality*, 10(1-2), 1-21.

HEREK, G. M. (2000). «The psychology of sexual prejudice». *Current Directions in Psychological Science*, 9, 19-22.

Herek, G. M. (2004). «Beyond "Homophobia": Thinking About Sexual Prejudice and Stigma in the Twenty-First Century». *Sexuality Research & Social Policy*, 1(2), 6-24.

HICKEY, C. (2008). «Physical education, sport and hyper-masculinity in schools». *Sport, Education and Society*, 13(2), 147-161.

HICKEY, C. (2010). «Hypermasculinity in schools. The good, the bad and the ugly». En M. O'Sullivan y A. MacPhail (eds.), *Young people's voices in Physical Education and Youth Sport* (pp. 108-121). Londres: Routledge.

HICKEY, C. y FITZCLARENCE L. (1999). «Educating boys in sport and physical education: using narrative methods to develop pedagogies of responsibility». *Sport, Education and Society*, 4(1), 51-62.

HOPPER, T. y SANFORD, K. (2006). «Masculinity in Physical Education: socialization of new recruits». En E. Singleton y A. Varpalotai (eds.), *Stones in the Sneaker: Active theory for secondary school physical and health educators* (pp. 255-272). Ontario: The Althouse Press.

LARSSON, H.; REDELIUS, K. y FAGRELL, B. (2011). «Moving (in) the heterosexual matrix. On heteronormativity in secondary school physical education». *Physical Education and Sport Pedagogy*, 16(1), 67-81.

LENSKYJ, H. J. (1997). «No fear? Lesbians in sport and physical education». *Women in Sport and Physical Activity Journal*, 6, 7-22.

LI, Z. (2011). «Adolescent males in dance: a closer look at their journey». *Journal of Physical Education, Recreation & Dance*, 82(7), 17-22.

MCCAUGHTRY, N.; DILLON, S. R.; JONES, E. y SMIGELL, S. (2005). «Sexuality sensitive schooling». *Quest*, 57(4), 426-443.

MCCORMACK, M. (2011). «Mapping the Terrain of Homosexuality-Themed language». *Journal of Homosexuality*, 58(5), 664-679.

MILLINGTON, B.; VERTINSKY, P.; BOYLE, E. y WILSON, B. (2008). «Making Chinese-Canadian masculinities in Vancouver's physical education curriculum». *Sport, Education and Society*, 13(2), 195-241.

MILLS, M. (1999). «Homophobia and Anti-Lesbianism in Schools: Challenges and Possibilities for Social Justice». *Melbourne Studies in Education*, 40(2), 105-126.

Morrow, R. G. y Gill, D. L. (2003). «Perceptions of homophobia and heterosexism in Physical Education». *Research Quarterly for Exercise and Sport*, 74(2), 205-214.

Newton, D. (1982). «A Note on the Treatment of Homosexuality in Sex Education Classes in the Secondary School». *Journal of Homosexuality*, 8(1), 97-100.

Olson, M. R. (1987). «A study of Gay and Lesbian teachers». *Journal of Homosexuality*, 13(4), 73-81.

Paechter, C. (2006). «Masculine femininities/ feminine masculinities: power, identities and gender». *Gender and Education*, 18(3), 253-262.

Parker, A. (1996). «The construction of masculinity within boys' physical education». *Gender and Education*, 8(2), 141-157.

Parker, M. B. y Curtner-Smith, M. D. (2012). «Sport education: a panacea for hegemonic masculinity in physical education or more of the same?» *Sport, Education and Society*, 17(4), 479-496.

Pringle, R. (2008). «'No rugby – no fear': collective stories, masculinities and transformative possibilities in schools». *Sport, Education and Society*, 13(2), 215-237.

Pronger, B. (2000). «Homosexuality and Sport. Who's winning?» En J. McKay, M. Messner y D. Sabo (eds.), *Masculinities, gender relations and sport* (pp. 222-244). Londres: SAGE.

Saraç, L. (2012). «The relationships between homophobic attitudes and religiosity among Tukish physical education teacher majors». *Physical Education and Sport Pedagogy*, 17(3), 277-287.

Scharagrodsky, P. A. (2003). «Entre machos y no Tan Machos. El Caso de la Educación Física Escolar Argentina. Breve Genealogía de la Educación Física Escolar Argentina o Acerca de Cómo Construir Masculinidad y feminidad». *Apunts*, 72, 41-48.

Silva, P.; Botelho-Gomes, P. y Goellner, S. V. (2012). «Masculinities and sport: the emphasis on hegemonic masculinity in Portuguese physical education classes». *International Journal of Qualitative Studies in Education*, 25(3), 269-291.

Skelton, C. (2000). «'A Passion for Football': Dominant Masculinities and Primary School». *Sport, Education and Society*, 5(1), 5-18.

Soler, S. (2009). «Los procesos de reproducción, resistencia y cambio de las relaciones tradicionales de género en la EF: el caso del fútbol». *Cultura y Educación*, 21(1), 31-42.

Sparkes, A. C. (1994). «Self, silence and invisibility as a beginning teacher: A life history of lesbian experience». *British Journal of Sociology of Education*, 15, 93-118.

Squires, S. I. y Sparkes, A. C. (1996). «Circles of silence: Sexual identity in physical education and sport». *Sport, Education and Society*, 1, 77-101.

Swain, J. (2006). «The role of sport in the construction of masculinities in an English independent junior school». *Sport, Education and Sport,* 11(4), 317-335.

Sykes, H. (1998). «Turning the closets inside/out: Towards a queer-feminist theory in women's physical education». *Sociology of Sport Journal*, 15, 154-173.

Sykes, H. (2001). «Understanding and overstanding: Feminist-poststructural life histories of physical education teachers». *Qualitative Studies in Education*, 14(1), 13-31.

Sykes, H. (2003). «The Angel's playground: same-sex desires of physical education teachers». *Journal of Gay & Lesbian Issues in Education*, 1(1), 3-31.

Sykes, H. (2004). «Pedagogies of censorchip, injury and masochism: teacher responses to homophobic speech in physical education». *Journal of Curriculum Studies*, 36, 75-99.

Tischler, A. y McCaughtry, N. (2011). «PE is not for me: when boys' masculinities are threatened». *Research Quarterly for Exercise and Sport*, 82(1), 37-48.

Toomey, R. B.; McGuire, J. K. y Russell, S. T. (2012). «Heteronormativity, school climates, and safety for gender nonconforming students». *Journal of Adolescence*, 35, 187-196.

Vidiella, J. (2007). «El deporte y la actividad Física como mediadores de modelos corporals: género y sexualidad en el aprendizaje de las masculinidades». *Educación Física y Ciencia*, 9, 1-20.

Wedgwood, N. (2005). «Just one of the boys? A life history case study of a male physical education teacher». *Gender and Education*, 17(2), 189-201.

Weinberg, G. (1972). *Society and the healthy homosexual.* Nueva York: St. Martin's.

Wickens, C. M. y Sandlin, J. A. (2010). «Homophobia and heterosexism in a college of education: a culture of fear, a culture of silence». *International Journal of Qualitative Studies in Education*, 23(6), 651-670.

Wright, J. (1998). «Reconstructing gender in sport and physical education». En C. Hickey, L. Fitzclarence y R. Matthews (eds.), *Where the boys are: Masculinity, sport and education* (pp. 13-27). Geelong: Deakin University Press.

Legislación

Assemblée Parlementaire du Conseil de L'Europe (2000). Recommandation 1474. *Situation des lesbiennes et des gays dans les Etats membres du Conseil de l'Europe.* Extraído de: <http://.google.es/books?isbn=92871443> [Consulta: 7 marzo 2013]

Assemblée Parlementaire du Conseil de L'Europe (2003). Doc. 10001. *Les lesbiennes et les gays dans le sport.* Extraído de: <http://books.google.es/books?isbn=9287155143> [Consulta: 7 marzo 2013].

Centro de Estudios Políticos y Constitucionales (2010). *Legislación sobre Igualdad de trato y no discriminación.* Boletín de documentación nº 34 <https://aulavirtual.uji.es/mod/resource/view.php?.id=759146> [Consulta: 14 marzo 2013]

Comité Idaho. *Promueve una «Lección Idaho».* <http://www.dayagainsthomophobia.org/IMG/pdf/IDAHOLessons2012TEENS-SP.pdf> [Consulta: 17 marzo 2013]

Gobierno Vasco (2007). *Guía de actuación en los centros educativos ante el maltrato entre iguales.* Departamento de Educación, Universidades e Investigación.

Junta de Andalucía (2006). *I Plan de Igualdad entre hombres y mujeres en educación.* Consejería de Educación.

Ley 62/2003, de 30 de diciembre, *de medidas fiscales, administrativas y del orden social*, España. Boletín Oficial del Estado nº 313 de 31 de diciembre de 2003.

Ley Orgánica 1/2004, de 28 de diciembre, de *Medidas de Protección Integral contra la Violencia de Género*, España. Boletín Oficial del Estado nº 313 de 29 de diciembre de 2004. <https://www.boe.es/boe/dias/2004/12/29/pdfs/A42166-42197.pdf> [Consulta: 19 marzo 2013]

Ley Orgánica 2/2006, de 3 de mayo, *de Educación*, España. Boletín Oficial del Estado nº 106 de 4 de mayo de 2006. <http://www.boe.es/boe/dias/2006/05/04/pdfs/A17158-17207.pdf> [Consulta: 14 marzo 2013]

Ley Orgánica 3/2007, de 22 de marzo, *para la igualdad efectiva entre mujeres y hombres,* España. Boletín Oficial del Estado nº 71 de 23 de marzo de 2007. <http://www.boe.es/boe/dias/2007/03/23/pdfs/A12611-12645.pdf> [Consulta: 14 marzo 2013]

Ley 12/2007, de 26 de noviembre, *para la promoción de la igualdad de género en Andalucía*, España. Boletín Oficial del Estado. nº 38 de 13 de febrero de 2008. <http://www.boe.es/boe/dias/2008/02/13/pdfs/A07761-07773.pdf> [Consulta: 15 marzo 2013]

Ley 17/2007, de 10 de diciembre, *de Educación de Andalucía,* España. Boletín Oficial del Estado nº 20 de 23 de enero de 2008. <http://www.boe.es/boe/dias/2008/01/23/pdfs/A04467-04501.pdf> [Consulta: 14 marzo 2013]>

Ley 6/2008, de 26 de diciembre, *de Educación de Cantabria*, España. Boletín Oficial del Estado nº 21 de 24 de enero de 2009. <http://www.boe.es/boe/dias/2009/01/24/pdfs/BOE-A-2009-1174.pdf> [Consulta: 10 marzo 2013]

Ley 7/2010, de 20 de julio, *de Educación de Castilla-La Mancha,* España. Boletín Oficial del Estado nº 248 de 13 de octubre de 2010. <http://www.boe.es/boe/dias/2010/10/13/pdfs/BOE-A-2010-15624.pdf> [Consulta: 15 marzo 2013]

Ley 4/2011, de 7 de marzo, *de Educación de Extremadura* España. Boletín Oficial del Estado nº 70 de 23 de marzo de 2011. <http://www.boe.es/boe/dias/2011/03/23/pdfs/BOE-A-2011-5297.pdf> [Consulta: 15 marzo 2013]

12 «¡No te quejes y corre, nenaza!»: Percepciones de la homofobia y el heterosexismo del alumnado español en las clases de educación física de Secundaria

JOAQUÍN PIEDRA, FRANCIS RIES y
AUGUSTO R. RODRÍGUEZ-SÁNCHEZ

Introducción

En este capítulo estudiamos las percepciones que los jóvenes españoles tienen sobre la presencia de la homofobia y el heterosexismo en las clases de educación física. A lo largo de la adolescencia, chicos y chicas van elaborando y modificando su identidad sexual. Por tanto, esta etapa de la vida del individuo se hace esencial en la identidad sexual que mantendrá a lo largo de su vida. El hecho de que el alumnado sea consciente de la importancia de esta etapa en su vida posterior, así como en la vida de sus compañeros y compañeras, permitirá una intervención educativa más eficaz y productiva. Si nuestros jóvenes no son conscientes de las variables que influyen en la creación de una identidad sexual sana y coherente, así como de los agentes implicados en dicha elaboración, el proceso educativo integral de la persona se complicará. Dentro de la escuela, la educación del cuerpo juega un rol muy importante en el desarrollo durante la adolescencia. Por ello, la asignatura de educación física, como garante de la educación a través del cuerpo, puede y debe desempeñar un papel protagonista en la elaboración de las identidades sexuales de su alumnado.

Con todo lo anterior, conocer las percepciones de los jóvenes españoles sobre homofobia y heterosexismo nos permitirá articular medidas de actuación en el área de educación física más exitosas, y que propicien la superación del clima de hostilidad hacia la homosexualidad que en muchos casos el deporte lleva incluido.

Por desgracia, no es raro oír en los medios de comunicación, o a través de conocidos, casos de acoso y violencia en las escuelas. En muchos de estos casos, dichas conductas se producen entre compañeros y compañeras de clase, y durante la adolescencia principalmente. Sin embargo, como señalan Díaz-Aguado (2005) y Smith (2003), las posibilidades de ser víctima del acoso en la escuela se incrementan cuando se pertenece a colectivos «vulnerables» como es el caso del homosexual.

En nuestro país, el avance legislativo en materia de igualdad de género en los últimos años ha sido indiscutible. Desde que España volvió a la democracia a finales de los años 70, la homosexualidad ha dejado de ser considerada un delito, desapareciendo del código penal. Con el avance de los años y la sociedad, la participación pública de las personas homosexuales ha ido normalizándose, pero ha sido en la última década donde la adquisición de derechos ha sido más notable. La *Ley de Igualdad Efectiva entre mujeres y hombres* aprobada en 2007 defiende la igualdad entre mujeres y hombres independientemente de su orientación sexual, y la escuela ha de proveer los mecanismos necesarios para hacer efectiva dicha igualdad.

La *Ley Orgánica de Educación*, aprobada en 2006, y que actualmente se encuentra en vigor supuso la adaptación de la legislación educativa a los importantes cambios sociales acontecidos en la sociedad española, tanto a nivel cultural como a nivel educativo. Esta ley buscaba la mejora de la calidad educativa y ello pasaba por incluir la igualdad de género en las aulas y la búsqueda de la igualdad de oportunidades, así como el rechazo de los comportamientos sexistas:

> El pleno desarrollo de la personalidad y de las capacidades afectivas del alumnado, la formación en el respeto de los derechos y libertades fundamentales y de la igualdad efectiva de oportunidades entre hombres y mujeres, el reconocimiento de la diversidad afectivo-sexual, así como la valoración crítica de las desigualdades, que permita superar los comportamientos sexistas. (Ley de Educación, p. 17162)

Anterior a estas leyes, buscando la ampliación de derechos para las personas homosexuales, se aprobó en 2005 la modificación del Código Civil para que las personas homosexuales pudieran contraer matrimonio en igualdad de condiciones a las parejas tradicionales.

Dentro del marco nacional encontramos comunidades autónomas que a su vez han ido desarrollando y detallando en nuevas legislaciones la búsqueda de una sociedad más justa y equitativa, donde no existan discriminaciones ni rechazos a causa de la orientación sexual de los individuos. Andalucía es una de las comunidades autónomas pioneras en España en legislar en materia educativa sobre los derechos de las mujeres. En estos últimos años han visto la luz diferentes medidas para el fomento de la igualdad de género en la comunidad educativa, comenzando por la aprobación en 2005 del *I Plan Andaluz de Igualdad entre Hombres y Mujeres en Educación*, seguido por la edición en 2006 de la *Guía de Buenas Prácticas para favorecer la igualdad entre hombres y mujeres en educación*. Otro paso en la construcción de la igualdad de género ha sido la aprobación a finales de 2007 de la *Ley para la promoción de la igualdad de género en Andalucía*. Toda esta legislación ha ido acompañada de campañas y proyectos educativos a lo largo de muchos centros educativos, consiguiendo que poco a poco el alumnado, el profesorado y las familias estén más sensibilizadas.

Otras comunidades, como el País Vasco, han reglamentado mediante legislación la lucha por la igualdad, con atención especial en la educación. La *Ley para la Igualdad de Mujeres y Hombres* aprobada en 2005 por el gobierno vasco plantea dentro del ámbito educativo el principio de respeto a la diversidad en las aulas.

Una vez planteado un marco legislativo de apoyo a la igualdad como el que se ha descrito anteriormente y en base a ello, han ido surgiendo desde diferentes estamentos o asociaciones y dentro del ámbito educativo varias actuaciones y planes que se están implementando actualmente tanto a nivel nacional como regional. Uno de los más difundidos es el programa *Red Educación para el fomento de la diversidad, la igualdad de oportunidades, la paz, la convivencia en las aulas y la educación en valores*, subvencionado por el Ministerio de Sanidad, Política Social e Igualdad, que desde 2010 ofrece charlas, talleres y actividades para intervenir en centros educativos, con alumnado de Primaria y Secundaria, pero también con profesorado y familias. Otra actividad que se realiza en nuestro país es la *Lección IDAHO* que se realiza en conmemoración del Día Internacional Contra la Homofobia (17 de mayo). Se trata de una iniciativa internacional surgida en Canadá en 2004, pero que rápidamente se ha difundido por muchos países, y que busca hacer visible entre los jóvenes la problemática de la homofobia. A pesar de ello, sigue existiendo aún, en determinados contextos y situaciones, un clima hostil hacia la homosexualidad que se traduce en casos de discriminación, acoso e incluso violencia física.

La escuela tiene la posibilidad de ir cambiando dichas conductas, eliminando las discriminaciones sexuales y creando actitudes inclusivas entre el alumnado. En definitiva, puede crear una nueva cultura de género más igualitaria y equitativa, donde no tenga cabida el rechazo de lo diferente. No obstante, dentro de la escuela, la educación física es una de las áreas que más trabajo le queda por hacer (Ayvazo y Sutherland, 2009) ya que es donde encontramos el clima más hostil a la homosexualidad en la escuela (McCaughtry, Dillon, Jones y Smigell, 2005). El deporte y la actividad física han sido históricamente ámbito de dominación masculina, tradicionalmente reservados para un único colectivo, los hombres que cumplen con los estereotipos de lo que Connell (1995) denomina *masculinidad hegemónica* (heterosexualidad, desarrollo físico, poca afectividad). Como afirman Silva, Botelho-Gomes y Goellner (2012), la relación entre masculinidades y homofobia es innegable.

A pesar de que, como se ha señalado, se ha producido un cambio social fruto de la lucha por la igualdad de mujeres y homosexuales, el deporte y la educación física siguen siendo uno de los pilares de la dominación androcéntrica en nuestra sociedad que es hostil a la presencia de gays y lesbianas en el deporte (Barbero, 2003; Hemphill y Symons, 2009; McCaughtry, Dillon, Jones y Smigell, 2005; Pronger, 2000). Además, el fuerte incremento de la práctica deportiva, así como la mayor presencia del deporte en los medios de comunicación, está haciendo que sean cada vez más los chicos y chicas que se pueden ver influidos e impregnados por esta ideología. Como Ayvazo y Sutherland (2009) afirman, las visiones estereotipadas de la homofobia y la heterosexualidad, así como de la masculinidad y feminidad están más acentuadas en este contexto deportivo.

Estudios sobre alumnado, homofobia y heterosexismo en educación física

El término homofobia surge en la década de los 70 (Weinberg, 1972) y se utiliza comúnmente para definir el miedo u odio irracional hacia las personas homosexuales, enfatizando las actitudes negativas y los prejuicios hacia la homosexualidad y los homosexuales (Hayde y Delamater, 2006). Igualmente, estos autores definen el heterosexismo como la creencia de que todos los individuos son heterosexuales y que la heterosexualidad es lo normal y lo aceptable, dejando a la homosexualidad u otras orientaciones sexuales en un lugar devaluado y desacreditado al extralimitarse de las imposiciones de la heteronormatividad. Este heterosexismo es un obstáculo importante en la vida diaria de las personas homosexuales, particularmente cuando estos tienen que «negociar» su propia identidad (Hemphill y Symons, 2009). Anderson (2005), Brown y Rich (2002), Carless (2012) y Wright y Clarke (1999) destacan el silencio como característica principal de la homofobia y el heterosexismo, la existencia de un miedo a hablar de homosexualidad, relegándola a un ámbito privado de las persona.

La poca existencia de investigaciones sobre homosexualidad en Educación Física supone un hándicap para la comprensión de esta problemática (Clarke, 2006b), como sucede claramente en el contexto español (Barbero, 2003). Si bien encontramos cierto número de estudios que analizan el binomio profesorado-homosexualidad en las clases de educación física (Clarke, 1998; Griffin, 1991; Lenskyj, 1997; Morrow y Gill, 2003; Sparkes, 1994; Sykes, 1998, 2001, 2003), encontramos pocos trabajos que analizan dentro de este mismo contexto al alumnado.

En España, los estudios sobre masculinidades con jóvenes deportistas de los investigadores catalanes Vidiella (2007) y Vidiella, Herraiz, Hernández y Sancho (2010) establecen una fuerte conexión entre la actividad física y la homofobia, detallando situaciones en las que jóvenes homosexuales han sufrido situaciones de acoso, sobre todo a través del lenguaje despectivo. En este mismo sentido, el estudio de Blández, Fernández y Sierra (2007) sobre estereotipos de género, reconoce el uso del lenguaje homofóbico para insultar a aquellos niños y niñas que no cumplen con los estereotipos atribuidos a su sexo. Es por ello que muchos chicos y chicas articulen mecanismos para que no se les catalogue como homosexuales o *queer* (Larsson, Redelius y Fagrell, 2011).

En el contexto norteamericano, los únicos estudios que analizan al alumnado son los realizados por Morrow y Gill con estudiantes universitarios (Gill, Morrow, Collins, Lucey y Schultz, 2006, 2010; Morrow y Gill, 2003), encontrando entre sus resultados que el alumnado de educación física ha sido alguna vez consciente de comportamientos homofóbicos y heterosexistas, tanto hacia otros estudiantes como hacia el profesorado de educación física, principalmente por el uso del lenguaje.

Ratificando los estudios anteriores, la comunidad científica (Clarke, 2006a; García, 2011; Sykes, 2004) recalcan que uno de los mecanismos para oprimir en educación física al alumnado homosexual es el uso peyorativo del lenguaje. Sin embargo, recientemente el investigador británico Mark McCormack (2011) plantea la posibilidad, en función del contexto cultural, del uso del lenguaje de estilo homosexual de una manera no peyorativa. Esta afirmación surge a raíz de la creencia de que en diversos sociedades como la británica o americana, la homofobia está decreciendo fruto de los avances legislativos y sociales (Anderson, 2009).

En su estudio sobre la sensibilidad sexual en la escuela, los investigadores estadounidenses McCaughtry, Dillon, Jones y Smigell (2005) y, anteriormente Squires y Sparkes (1996), Lenskyj (1997) y Clarke (1998), destacan la importancia del profesorado en la creación de una conciencia de género en el alumnado; la necesidad de tomar cartas en el asunto e implicarse para el reconocimiento de los derechos de las personas homosexuales;

reconociendo así mismo la importancia de las imágenes como perpetuadoras de la visión heterosexista del deporte y la actividad física.

Si bien, como hemos visto, el tema de la homosexualidad en educación física es una cuestión tratada (en cierta medida) por la comunidad académica, existen otros colectivos igualmente discriminados por su identidad sexual pero que son menos estudiados en el contexto de la educación física. Así, encontramos el trabajo de Caudwell (en prensa) sobre la corporeidad de los transexuales, reconociendo que la ignorancia alrededor de la transexualidad produce prejuicios contra este colectivo tanto a nivel institucional como individual.

Entre las medidas a adoptar para la erradicación de la homofobia y el heterosexismo en las clases de educación física, Ayvazo y Sutherland (2009), así como Clarke (2006b) y García (2011) plantean el trabajo con el alumnado del respeto a los demás, el aprecio a las diferentes orientaciones sexuales y la demostración de un comportamiento inclusivo. Del mismo modo, resaltan la necesidad de cambiar la formación del futuro profesorado de educación física para que tenga las herramientas y experiencias necesarias, pudiendo llevar a cabo de este modo, los cambios planteados en la asignatura. Sin embargo, sigue siendo una realidad que muchos docentes prefieren ignorar los conflictos que surgen entre el alumnado por causa de la discriminación homofóbica. Además de ello, como asevera Lenskyj (1997), todavía existe incluso una oposición significativa en algunos contextos dentro de la educación física a tratar abiertamente este tema.

Así pues, una vez constatada la escasez de investigaciones realizadas a nivel español sobre homosexualidad en las clases de educación física, y dado que en la mayoría de los casos los estudiantes son protagonistas (agresores y víctimas) de la homofobia y el heterosexismo, el objetivo que nos planteamos es conocer las percepciones de los jóvenes españoles hacia la homofobia y el heterosexismo en las clases de educación física.

Aspectos referentes a la planificación y al desarrollo de la investigación

Para la realización de esta investigación sobre homofobia y heterosexismo en clases de educación física contamos con la participación de 619 estudiantes (436 hombres y 183 mujeres) elegidos entre estudiantes de las Universidades de Sevilla, Vigo y La Coruña. La edad media de los participantes se situó en 22 años con un rango de edades entre 18 y 50 años. Los datos se recogieron a través de un cuestionario en el cual las preguntas iniciales versaban sobre el sexo y la orientación sexual de los participantes, así como la provincia donde habían cursado sus estudios de Educación Secundaria Obligatoria (ESO). Los participantes indicaron en otras preguntas los años desde que terminaron la ESO y el tipo de centro en el que estudiaron. Por último, se les preguntó sobre el sexo de su último docente de educación física en esta etapa.

Para medir los datos más específicos de la percepción de la homofobia y el heterosexismo en educación física entre los estudiantes, se utilizó el cuestionario elaborado por Morrow y Gill (2003). Este cuestionario consta de dos subescalas y las diez primeras preguntas versan sobre la percepción de conductas heterosexistas y homofóbicas entre el alumnado y entre el alumnado y sus profesores de educación física. La segunda parte del cuestionario de cinco preguntas trata sobre el uso de lenguaje inclusivo por parte del alumnado y la creación de un ambiente de clase seguro y libre de odio para todo el alumnado por parte del profesor de educación física. En la elaboración del cuestionario utilizado se respetó la estructura del cuestionario original de manera que las preguntas están reflejadas en escalas de tipo Likert. Las 10 primeras preguntas quedan reflejadas en una escala del uno («muchas veces») al cuatro («nunca»), mientras que las cinco preguntas de la segunda subescala se miden a través de una escala Likert del uno al cinco donde el uno corresponde a «siempre» y cinco a «nunca».

Para asegurar la comprensión adecuada de todos los ítems del cuestionario y para clarificar los conceptos empleados en el mismo, se incluyeron las siguientes definiciones:

- Comportamiento heterosexista: describe aquel comportamiento que asume que todos los estudiantes son heterosexuales, tales como las declaraciones y actividades que suponen que todos viven en una familia tradicional o que salen con alguien del sexo opuesto. (Ejemplo: «Manolo, ¿aún no tienes novia? Seguro que ya andas tonteando con alguna.»)
- Comportamiento homofóbico: se refiere a un comportamiento dirigido a los estudiantes que se cree que son gays o lesbianas, o a las personas u organizaciones que apoyan a estas personas, tales como insultos o agresiones físicas. (Ejemplo: «Juan, ¡cómo pierdes aceite! Deja de mariposear con Pedro.»)
- Comportamiento inclusivo: sería el comportamiento que deliberadamente incluye a todos los estudiantes, incluidos gays o lesbianas. (Ejemplo: «Alba, no me importa que te dé cosa ponerte con María [lesbiana] en este juego, es otra compañera más.»)

Los investigadores del presente trabajo se contactaron con docentes del Departamento de Educación Física y Deporte de las Universidades de Sevilla, Vigo y La Coruña para la recogida de los datos a través del cuestionario elaborado. Previamente se había pedido permiso a la Dirección de dichos departamentos para poder administrar la encuesta. En todo momento el procedimiento seguido para la obtención de la muestra ha sido anónimo y voluntario. Los cuestionarios sobre la percepción de conductas heterosexistas y homofóbicas entre el alumnado se realizaron durante el segundo cuatrimestre del curso académico 2011/2012. Antes de la recogida de los datos, los investigadores explicaron a todos los estudiantes en sesiones conjuntas los objetivos y contenidos del cuestionario. Del mismo modo se intentó aclarar cualquier duda por parte de los estudiantes. Todos los participantes en el estudio contestaron a las preguntas de forma voluntaria durante las clases con los docentes implicados y previamente habían firmado un consentimiento informado.

Debido a que el cuestionario original está en inglés, se llevó a cabo un proceso de traducción y de validación, ya que el uso de un cuestionario en una lengua diferente a aquella en la que se diseña necesita pruebas de fiabilidad y validez. Una de las técnicas más utilizadas es la técnica de la retrotraducción (Brislin, Lonner y Thorndike, 1973; Van der Vijver y Leung, 1997; Sperber, 2004). La elección de esta técnica es debido a la preferencia de la comunidad investigadora por la misma, a pesar de que requiere mucho tiempo y puede ser más costosa que otras. Previo a la traducción, las 15 preguntas que componen el cuestionario original fueron analizadas en cuanto a su legibilidad, enfoque y comprensión. Para el estudio piloto, los ítems fueron traducidos del inglés al español de forma separada por cuatro nativos españoles, todos ellos especialistas en ciencias del deporte. Las discrepancias existentes entre las formas traducidas fueron ampliamente discutidas para desarrollar una versión inicial del cuestionario en español. Esta versión en español fue traducida a continuación al inglés por cuatro nativos de habla inglesa. Para alcanzar consenso entre las versiones traducidas, los traductores realizaron un nuevo afinado. A continuación, se discutieron la comparabilidad y la similitud de interpretabilidad (Sperber, 2004) de los textos del original y de las retrotraducciones, y se corrigieron las discrepancias encontradas. Seguidamente se entregaron las versiones traducidas a cuatro profesores de educación física bilingües, desconocedores de la versión inglesa original, para que tradujeran de nuevo los ítems del español al inglés. Tanto la versión original en inglés como la retrotraducida del español, fueron nuevamente comparadas para determinar cualquier diferencia importante. Finalmente, se realizó un ensayo piloto para comprobar la adecuación del cuestionario a fin de utilizarlo con participantes españoles. La versión consensuada en español se entregó a un grupo de 55 estudiantes de la Universidad de Sevilla. Los resultados de este estudio piloto indicaron un coeficiente de fiabilidad de α=0,785 para el cuestionario completo. Una vez recogidos los datos se procedió de nuevo a calcular la fiabilidad del cuestionario completo y de las dos subescalas por separado. El coeficiente Alfa de Cronbach se incrementó ligeramente a α=0,798 para el instrumento completo. La primera subescala se situó en 0,850, mientras que las cinco preguntas que conforman la segunda subescala alcanzaron una fiabilidad de α=0,768. McMillan (2008) sitúa un grado de fiabilidad aceptable entre 0,700 y 0,900. Para el análisis descriptivo de los datos y de fiabilidad del cuestionario se utilizó el paquete estadístico SPSS 20.0 para Windows.

Consideraciones generales de los resultados de la investigación

En relación a los resultados obtenidos en la investigación que ocupa este capítulo, es necesario reseñar inicialmente que, con el objetivo de evitar una excesiva dispersión de los datos relativos a la edad de los sujetos participantes, se establecieron horquillas de edad. Así pues, la muestra se conformó con un 45,9% de sujetos pertenecientes al rango de entre 18 y 21 años; un 41,8% de entre 22 y 24 años; un 10,5% de entre 25 y 30 años; y, finalmente, un 1,8% de sujetos mayores de 30 años.

Otro dato de importancia para la definición de la muestra correspondió con el tiempo transcurrido entre que el sujeto intervino en la investigación y cuándo finalizó sus estudios de ESO. De esta forma, la mayoría de sujetos se agrupan en los rangos de 4-5 años (27,2%) y 6-10 años (50,6%), siendo sensiblemente menor el porcentaje de sujetos que finalizaron esta etapa educativa dentro del rango 0-3 (19,2%) y, teniendo un carácter testimonial, los que la finalizaron hace más de 10 años (2,9%). En este sentido, es pertinente reseñar que el 82,5% realizó sus estudios de Educación Secundaria Obligatoria en centros de enseñanza públicos, haciéndolo el resto (17,5%) en centros concertados o privados.

Otro dato de especial interés para esta investigación fue la declaración expresa de cada sujeto en relación a su orientación sexual. De este modo, la inmensa mayoría se definen como heterosexuales (concretamente, el 97%), siendo la representación homosexual de un 1,7% y la de otras orientaciones sexuales de un 1,3%. Relacionando estos datos con la variable sexo, se establece que el 99,1% de los hombres se declaran heterosexuales y un 92,2% de las mujeres, lo que arroja que un 0,7% de los hombres encuestados se definen como homosexuales, frente al 3,9% de las mujeres. Atendiendo a los sujetos que se han definido con otras orientaciones sexuales, en el caso de los hombres constituye un 0,2% de los sujetos totales, mientras que en el de las mujeres, este porcentaje alcanza una cifra de 3,9%.

¿Qué opina el alumnado? Datos generales

Los resultados totales que se reflejaron en los 10 ítems principales del cuestionario se muestran, para más claridad, en la siguiente tabla:

Tabla 1. Frecuencias relativas de las respuestas a los ítems del cuestionario

	Muchas	Algunas	Pocas	Nunca
1. Como estudiante, ¿en cuántas ocasiones has sido testigo de comportamientos heterosexistas de un estudiante a otro?	44,3%	34,9%	14,9%	5,9%
2. Como estudiante, ¿cuántas veces has presenciado comportamientos heterosexistas de un estudiante hacia un docente?	11,5%	20,5%	37,2%	30,8%
3. Como estudiante, ¿en cuántas ocasiones has sido testigo de comportamientos homofóbicos entre estudiantes?	26,2%	38,1%	24,7%	11,1%
4. Como estudiante, ¿en cuántas ocasiones has presenciado comportamientos homofóbicos de un estudiante hacia un docente?	5,2%	18,5%	33,8%	42,6%
5. ¿Has experimentado personalmente comportamientos homofóbicos por parte de tus compañeros de clase?	4,1%	10,5%	17,9%	67,4%
6. ¿Has experimentado comportamientos homofóbicos hacia ti, por parte de tus profesores/as?	0,7%	2,1%	6,1%	91,1%
7. ¿Has usado comentarios, críticas o insultos homofóbicos?	7,1%	17,3%	40,9%	34,8%
8. ¿Has usado comentarios sexistas de manera homofóbica (por ejemplo llamando a los niños nenazas o a las niñas machorras)?	9,5%	27,6%	40,9%	22,0%
9. ¿Has usado comentarios heterosexistas (asumiendo que el alumnado es heterosexual)?	15,5%	27,9%	33,6%	23,0%
10. ¿Has usado el término normal (asumiendo que lo normal es la heterosexualidad y todo lo demás no)?	15,8%	22,7%	30,4%	31,1%

Observando los datos que se desgajan de dicha tabla, cabe destacar, en primer lugar, que el 79% de los encuestados manifiesta haber presenciado comportamientos heterosexistas de un estudiante hacia otro, quedando representado dicho resultado por la respuesta de un 44,3% de los sujetos en la opción «muchas» y el 34,9% de «algunas», en este caso, los dos valores más altos de la escala tipo Likert utilizada en el cuestionario.

Por otra parte, estos porcentajes contrastan con los obtenidos en la pregunta referida a comportamientos heterosexistas de un estudiante hacia un docente, donde los valores se polarizan en las opciones «pocas» (37,2%) y «nunca» (30,8%).

Los sujetos participantes en el estudio también manifiestan haber sido testigos de comportamientos homofóbicos entre estudiantes en «muchas» ocasiones (un 26,2% del total) y «algunas» (38,1%), sumando estos dos valores dominantes un total de 64,3% de las respuestas. Este dato da una idea de la percepción que tienen estos sujetos sobre la regularidad con la que se daban comportamientos homofóbicos durante su etapa como alumnado de Educación Secundaria. Con estos resultados es posible afirmar que el alumnado sigue siendo testigo con frecuencia de comportamientos heterosexistas y homofóbicos entre estudiantes en las clases de educación física en ESO. Estos datos obtenidos vienen a coincidir con estudios precedentes realizados en la última década en el contexto norteamericano (Morrow y Gill, 2003; Gill, Morrow, Collins, Lucey y Schultz, 2010), los cuales demostraron que el alumnado de educación física había sido alguna vez testigo de comportamientos homofóbicos y heterosexistas, tanto hacia otros estudiantes como hacia el profesorado de educación física, recalcando de esta manera el clima hostil de la educación física hacia este grupo minoritario. Salvando las diferencias culturales entre la sociedad española y la estadounidense, los resultados parecen respaldar la idea de que los cambios legislativos producidos en España en los últimos años en materia de igualdad, no están siendo acompañados por un cambio de mentalidad entre los individuos en materia de identidad sexual.

Relativo a estos resultados, hay que destacar una tendencia en los datos que es, a la vez, relevante y paradójica: a mayor edad de los sujetos, menor cantidad de experiencias homofóbicas afirman haber experimentado. Dichas diferencias podrían deberse, en general, el elevado tiempo transcurrido entre el término de la etapa de Educación Secundaria, junto con la falta de concienciación hacia esta problemática que predominaba en dicha época. Sin embargo, la falta de estudios previos donde se analicen los efectos de la edad en la percepción de la homofobia y el heterosexismo impide contrastar los resultados obtenidos con otras muestras, dejando esta hipótesis en una aproximación explicativa de dicho fenómeno.

¿Qué opina el alumnado? Respuestas de chicos vs. chicas.

Estratificando los datos obtenidos en el cuestionario en función al sexo de los sujetos encuestados, se obtienen los siguientes resultados:

Tabla 2. Frecuencias relativas de las respuestas a los ítems en función del sexo

	Muchas		Algunas		Pocas		Nunca	
	Hombre	Mujer	Hombre	Mujer	Hombre	Mujer	Hombre	Mujer
Ítem 1	43,7%	45,6%	33,7%	37,8%	15,8%	12,8%	6,7%	3,9%
Ítem 2	9,8%	15,6%	19,8%	22,2%	38,1%	35,0%	32,3%	27,2%
Ítem 3	24,9%	29,1%	39,3%	35,2%	23,8%	26,8%	12,0%	8,9%
Ítem 4	5,5%	4,4%	17,1%	21,7%	32,5%	36,7%	44,9%	37,2%
Ítem 5	4,4%	3,3%	9,1%	13,9%	18,2%	17,2%	68,2%	65,6%
Ítem 6	0,7%	0,6%	2,3%	1,7%	6,1%	6,1%	90,9%	91,7%
Ítem 7	9,2%	2,2%	21,1%	8,3%	41,8%	38,7%	27,9%	50,8%
Ítem 8	13,1%	1,1%	31,5%	18,2%	37,4%	49,2%	18,0%	31,5%
Ítem 9	18,1%	9,5%	28,2%	27,4%	34,7%	30,7%	19,0%	32,4%
Ítem 10	18,2%	10,2%	25,2%	16,8%	28,9%	34,1%	27,7%	39,1%

De estos resultados destaca la mayor frecuencia en la utilización de un lenguaje homofóbico por parte de los sujetos varones de la muestra, evidenciándose este dato en las respuestas obtenidas en las preguntas séptima (uso de comentarios homofóbicos) y octava (uso de comentarios sexistas con intención homofóbica) del cuestionario. Igualmente, puede constatarse dicha diferencia en relación a comentarios heterosexistas con mayor predominancia en los varones, atendiendo a las respuestas de las preguntas novena (uso de comentarios heterosexistas) y décima (uso del término «normal» como sinónimo de «heterosexual»).

En relación con estos resultados, la comparativa de percepciones de la homofobia y el heterosexismo entre los alumnos y las alumnas arroja algunas diferencias con el estudio realizado por las estadounidenses Morrow y Gill (2003). Mientras que en el estudio norteamericano los chicos tenían más experiencias personales con estas conductas discriminativas, en la presente investigación no sólo son las chicas las que más veces han sido testigos de comportamientos de hostigamiento, sino que la única diferencia que se observa entre estos dos grupos es que, en el caso de los chicos, se emplea con mayor frecuencia el lenguaje heterosexista y homofóbico, siendo un dato relevante para determinar la responsabilidad del mantenimiento de estereotipos al respecto. Morrow y Gill (2003), en este sentido, explican las diferencias entre sexos por el marcado carácter sexista, androcéntrico y heteronormativo que tradicionalmente ha distinguido al deporte.

¿Qué opina el alumnado? Respuestas en función de la orientación sexual

Otro de los datos que mayor relevancia presenta en la presente investigación es la experimentación en primera persona de comportamientos homofóbicos por parte de un tercio de los sujetos encuestados, correspondiendo estos resultados con los mismos que muestran el estudio de Morrow y Gill (2003). Al ser el deporte y la actividad física dos escenarios sociales con una tradición heteronormativa bastante arraigada, parece razonable que, a pesar de ser reducido el número de participantes abiertamente no heterosexuales, muchos de los heterosexuales manifiestos en las encuestas han sido equiparados (es decir, socialmente identificados) por sus compañeros como gays o lesbianas: el 31,8% de heterosexuales ha sufrido algún tipo de comportamiento homofóbico por parte de sus compañeros de clase, frente al 40% de ocasiones en el caso de los homosexuales y el 62,5% de los sujetos con otra orientación sexual.

En cuanto al uso de lenguaje de comentarios sexistas con intención homofóbica, son los sujetos heterosexuales los que con mayor frecuencia ma-

Tabla 3. Frecuencias relativas de las respuestas a los ítems en función de la orientación sexual

	Muchas			Algunas			Pocas			Nunca		
	Hetero	Homo	Otra	Hetero	Homo	Otra	Hetero	Homo	Otra	Hetero	Homo	Otra
Ítem 1	44,5%	20,0%	75,0%	34,7%	50,0%	25,0%	15,1%	30,0%	0%	5,7%	0%	0%
Ítem 2	10,8%	20,0%	50,0%	20,3%	40,0%	12,5%	36,9%	40,0%	37,5%	32,0%	0%	0%
Ítem 3	25,6%	30,0%	50,0%	38,3%	40,0%	37,5%	25,1%	10,0%	12,5%	10,9%	20,0%	0%
Ítem 4	5,1%	10,0%	12,5%	18,5%	30,0%	12,5%	33,2%	40,0%	62,5%	43,3%	20,0%	12,5%
Ítem 5	4,0%	10,0%	0%	10,2%	10,0%	50,0%	17,6%	20,0%	12,5%	68,3%	60,0%	37,5%
Ítem 6	0,7%	0%	0%	1,9%	20,0%	0%	6,0%	0%	12,5%	91,4%	80,0%	87,5%
Ítem 7	7,4%	0%	0%	17,1%	10,0%	25,0%	40,9%	40,0%	25,0%	34,5%	50,0%	50,0%
Ítem 8	9,5%	10,0%	12,5%	27,2%	0%	50,0%	42,0%	30,0%	0%	21,3%	60,0%	37,5%
Ítem 9	15,8%	0%	25,0%	27,7%	20,0%	37,5%	34,1%	20,0%	25,0%	22,4%	60,0%	12,5%
Ítem 10	15,5%	20,0%	25,0%	22,8%	10,0%	25,0%	31,0%	30,0%	0%	30,7%	40,0%	50,0%

nifiestan dichos comportamientos, con una cifra total de 78,7%, frente al 40% de frecuencia en homosexuales y un 62,5% en sujetos con otra orientación sexual. Estos datos apoyan los resultados de la misma investigación de Morrow y Gill (2003), donde se establece que las personas heterosexuales hacen uso del lenguaje homofóbico y heterosexista con más frecuencia que los no heterosexuales.

Los estudios realizados en este contexto (Blández, Fernández y Sierra, 2007; Clarke, 2006a; García, 2011; Sykes, 2004) denotan que uno de los mecanismos más habituales para la represión del colectivo homosexual es el uso peyorativo del lenguaje en la intercomunicación entre iguales. Así, los resultados de esta investigación coinciden con los mostrados por Morrow y Gill (2003) y Kosciw, Greytak, Bartkiewicz, Boesen y Palmer (2012), que identifican el lenguaje como un instrumento común (dos de cada cuatro estudiantes reconoce usarlo muchas o algunas veces, y tres de cada cuatro ha sido testigo de comentarios homofóbicos) para vejar a otros compañeros en el contexto educativo.

A pesar de esto, es preciso constatar que la reducida muestra de sujetos homosexuales y con otras orientaciones sexuales que caracterizan la muestra de esta investigación, limitan la capacidad generalizadora de los resultados. De igual modo, se ha considerado pertinente la reseña de dichos resultados con el objetivo de repuntar futuras investigaciones que permitan contrastar o rechazar las hipótesis que emanan de algunos de estos resultados.

¿Qué opina el alumnado? Percepciones sobre el docente de educación física

Los cinco últimos ítems del cuestionario son relativos a la percepción que tiene al alumnado del profesorado de educación física en la etapa de E.S.O. (véase tabla 4).

Así y en relación al lenguaje inclusivo, existe una tendencia al uso habitual del mismo por parte del alumnado, prevaleciendo las situaciones en que se manifiesta «siempre» (13,2%), «a menudo» (26,9%) o «a veces» (31,8%), frente a las «pocas» situaciones (19,7%) o «nunca» (8,3%) que se manifiesta la inclusividad en la intercomunicación.

Atendiendo a la percepción que el alumnado tiene del profesorado de educación física en la etapa de Educación Secundaria, es preciso destacar que raramente se utiliza figuras de personas homosexuales como ejemplos o modelos durante la docencia (el 47,6% de las respuestas apuntan al valor «nunca»). La percepción de la medida en que los docentes construyen espa-

Tabla 4. Frecuencias de las respuestas relativas a la percepción que tiene el alumnado del profesorado de educación física

	Siempre	A menudo	A veces	Pocas	Nunca
¿En qué medida usas un lenguaje inclusivo?	13,2%	26,9%	31,8%	19,7%	8,3%
¿En qué medida tus docentes de EF mencionan a personajes homosexuales como ejemplo o modelo?	0,8%	2,6%	11,2%	37,7%	47,6%
¿En qué medida tus docentes de EF han creado espacios seguros (zonas libres de odio) para todo el alumnado?	4,6%	15,2%	20,6%	29,1%	30,6%
¿En qué medida tus docentes de EF se han enfrentado a los comportamientos homofóbicos?	8,7%	14,9%	26,8%	31,8%	17,8%
¿En qué medida tus docentes de EF se han enfrentado a los comportamientos heterosexistas?	3,8%	11,6%	26,6%	36,6%	21,5%

cios seguros que fomenten la inclusión se estratifica de forma más dispersa, aunque existe una tendencia a la poca prevalencia de estas situaciones (»pocas» y «nunca» abarcan el 59,7% de las respuestas, frente al 40,4% de «a menudo», «siempre» y «a veces»).

En referencia a las medidas proactivas y de rechazo del profesorado hacia comportamientos homofóbicos, el alumnado percibe que son más habituales las veces en que el docente no se posiciona de forma activa (49,6% de respuestas relativas a «nunca» o «pocas»), mientras que en el rechazo hacia comportamientos heterosexistas, el dato se acentúa aún más (58,1% de respuestas «nunca» o «pocas»).

En relación con la segmentación de los datos relativos al sexo de los sujetos encuestados, se aprecian algunos detalles, como por ejemplo la in-

Tabla 5. Frecuencias de las respuestas relativas a la percepción que tiene el alumnado del profesorado de educación física, en función del sexo

	Siempre		A menudo		A veces		Pocas		Nunca	
	Hombre	Mujer	Hombre	Mujer	Hombre	Mujer	Hombre	Mujer	Hombre	Mujer
Ítem 11	10,7%	19,2%	26,5%	28,0%	34,8%	24,7%	20,2%	18,7%	7,9%	9,3%
Ítem 12	1,2%	,0%	3,2%	1,1%	12,0%	9,3%	36,1%	41,5%	47,5%	48,1%
Ítem 13	4,2%	5,6%	14,8%	16,1%	20,8%	20,0%	28,5%	30,6%	31,7%	27,8%
Ítem 14	10,0%	5,6%	17,2%	9,4%	25,5%	30,0%	30,4%	35,0%	16,9%	20,0%
Ítem 15	3,9%	3,4%	10,9%	13,4%	27,1%	25,1%	37,6%	34,1%	20,4%	24,0%

clinación al uso del lenguaje inclusivo por parte de las féminas (19,2%, frente al 10,7% de los hombres) o una percepción más baja del rechazo de comportamientos homofóbicos de los docentes (5,6% de la contestación «siempre» y 9,4% «a menudo», frente al respectivo 10% y 17,2% de los hombres).

Tabla 6. Frecuencias de las respuestas relativas a la percepción que tiene el alumnado del profesorado de educación física, en función de la orientación sexual

	Siempre			A menudo			A veces			Pocas			Nunca		
	Hetero	Homo	Otra	Hetero	Homo	Otra	Hetero	Homo	Otra	Hetero	Homo	Otra	Hetero	Homo	Otra
Ítem 11	13,0%	20,0%	12,5%	27,7%	10,0%	25,0%	30,8%	50,0%	37,5%	19,8%	20,0%	25,0%	8,7%	0,0%	0,0%
Ítem 12	0,9%	0,0%	0,0%	2,4%	0,0%	12,5%	11,4%	10,0%	0,0%	37,1%	60,0%	25,0%	48,2%	30,0%	62,5%
Ítem 13	4,8%	0,0%	0,0%	15,2%	10,0%	0,0%	20,5%	20,0%	28,6%	28,7%	40,0%	42,9%	30,8%	30,0%	28,6%
Ítem 14	9,1%	0,0%	0,0%	14,7%	20,0%	14,3%	26,7%	20,0%	14,3%	31,3%	60,0%	42,9%	18,2%	0,0%	28,6%
Ítem 15	3,9%	0,0%	0,0%	12,0%	0,0%	14,3%	26,5%	33,3%	14,3%	36,6%	22,2%	28,6%	20,9%	44,4%	42,9%

Abordando estas cuestiones en relación a la orientación sexual de los sujetos encuestados, se observa como la distribución de los resultados es pareja entre las diferentes categorías, siendo interesante este dato puesto que el menor porcentaje de sujetos homosexuales y de otras orientaciones frente a heterosexuales podría haber polarizado de forma inversa la tendencia de las respuestas. Esta uniformidad indica que no está reñida la orientación sexual con la forma en que el alumnado percibe la actitud de los docentes frente a situaciones de exclusión homofóbica y/o heterosexual.

Unas palabras finales

La investigación presentada en este capítulo pretende realizar una aproximación a la forma en que la juventud percibe la homofobia y el heterosexismo en las clases de educación física en la etapa de Educación Secundaria.

Los resultados obtenidos muestran que la juventud estudiantil encuestada sigue siendo testigo y víctima con frecuencia de comportamientos heterosexistas y homofóbicos, especialmente las minorías sexuales.

Los datos del presente estudio permiten también concluir que los rasgos que definen a las personas que emplean con mayor frecuencia un lenguaje heterosexista y homofóbico son la masculinidad y heterosexualidad, avalando de esta forma que el lenguaje sigue siendo una herramienta empleada en los centros educativos para perpetuar la heteronormatividad en la sociedad española.

A pesar de lo que se podría pensar, los participantes de más edad han percibido una menor cantidad de experiencias homofóbicas durante su etapa de Educación Secundaria. Esto parece apuntar que la legislación sobre igualdad vigente en España está siendo, de alguna manera, efectiva, en el sentido de sensibilizar a las personas sobre la percepción de esta discriminación en las aulas.

Por último, se propone la continuación de la investigación y producción científica de esta línea temática en otros ámbitos educativos, dada la falta de estudios hasta la fecha sobre homofobia y heterosexismo en el contexto español de la educación física, siendo igualmente interesante la inclusión de estudios comparados con otro países y entornos socioculturales que enriquezcan el conocimiento académico. En esta línea de pensamiento, Gill, Morrow, Collins, Lucey y Schultz (2010) señalan que para comprender mejor el clima grupal en el marco de la educación física, es necesario contemplar otros factores importantes e intervinientes como la etnia, el cuerpo, discapacidad, etc., siendo todos estos factores en conjunto los que conforman las identidades personales y culturales de los chicos y chicas, por lo que sería relevante para futuras investigaciones tener en cuenta la interconexión entre estos factores y el objetivo de la investigación.

Referencias

ANDERSON, E. (2005). *In the game*. Albany: SUNY Press.

ANDERSON, E. (2009). *Inclusive masculinity: the changing nature of masculinities*. Nueva York: Routledge.

AYVAZO, S. y SUTHERLAND, S. (2009). «Uncovering the secrets: Homophobia in Physical Education». *Action in Teacher Education*, 31(3), 56-69.

BARBERO, J. I. (2003). «La educación física y el deporte como dispositivos normalizadores de la heterosexualidad». En O. Guasch y O. Viñuales (eds.), *Sexualidades: diversidad y control social* (pp. 355-377). Barcelona: Bellaterra.

BLÁNDEZ, J.; FERNÁNDEZ, E. y SIERRA, M.A. (2007). «Estereotipos de género, actividad física y escuela: la perspectiva del alumnado». *Profesorado: Revista de Currículum y Formación del Profesorado*, 11(2), 1-21.

BRISLIN, R.; LONNER, W. y THORNDIKE, R. (1973). *Questionnaire wording and translation. Cross-cultural research methods*. Nueva York: Wiley.

BROWN, D. y RICH, E. (2002). «Gender positioning as pedagogical practice in teaching physical education». En D. Penney (ed.), *Gender and Physical Education. Contemporary issues and future directions* (pp. 80-100). Londres: Routledge.

CARLESS, D. (2012). «Negotiating sexuality and masculinity in school sport: an autoethnography». *Sport, Education and Society*, 17(5), 607-625.

Caudwell, J. (en prensa). «[Transgender] young men: gendered subjetivities and the physically active body». *Sport, Education and Society, iFirst*, 1-17, Consulta en DOI: <http://dx.doi.org/10.1080/13573322.2012.672320>.

Clarke, G. (1998). «Queering the Pitch and coming out to play: lesbians in Physical Education and Sport». *Sport, Education and Society*, 3(2), 145-160.

Clarke, G. (2006a). «There's nothing queer about difference. Challenging heterosexism and homophobia in Physical Education». En S. Hayes y G. Stidder (eds.), *Equity and Inclusion in Physical Education and Sport* (pp. 91-104). Londres: Routledge.

Clarke, G. (2006b). «Sexuality and Physical Education». En D. Kirk, D. MacDonald y M. O'Sullivan (eds.), *The Handbook of Physical Education* (pp. 723-739). Londres: SAGE.

Devís, J.; Fuentes, J. y Sparkes, A. C. (2005). «¿Qué permanece oculto del currículum oculto? Las identidades de género y de sexualidad en la educación física». *Revista Iberoamericana de Educación*, 39, 73-90.

Díaz-Aguado, M. J. (2005). «La violencia entre iguales en la adolescencia y su prevención desde la escuela». *Psicothema*, 17(4), 549-558.

García, C. (2011). «Gender Expression and Homophobia: a motor development and learning perspective». *Journal of Physical Education, Recreation & Dance*, 82(8), 47-49.

Gill, D. L.; Morrow, R. G.; Collins, K. E.; Lucey, A. B. y Scultz, A. M. (2006). «Attitudes and Sexual Prejudice in Sport and Physical Activity». *Journal of Sport Management*, 20(4), 554-564.

Gill, D. L.; Morrow, R. G.; Collins, K. E.; Lucey, A. B. y Scultz, A. M. (2010). «Perceived Climate in Physical Activity Settings». *Journal of Homosexuality*, 57(7), 895-913.

Griffin, P. (1991). «Identity management strategies among lesbian and gay educators». *Qualitative Studies in Education*, 4(3), 189-202.

Hayde, J. S. y Delamater, J. D. (2006). *Understanding human sexuality* (9th ed.). Boston: McGraw Hill.

Hemphill, D. y Symons, C. (2009). «Sexuality Matters in Physical Education and Sport Studies». *Quest*, 61(4), 397-417.

Kosciw, J.; Greytak, E.; Bartkiewicz, M.; Boesen, M. y Palmer, N. (2012). *The 2011 National School Climate Survey: the experiences of lesbian, gay, bisexual and transgender youth in our nation's school.* Nueva York: GLSEN. <http://www.glsen.org/binary-data/GLSEN_ATTACHMENTS/file/000/002/2105-1.pdf> [Consulta: 1 marzo 2013].

Larsson, H.; Redelius, K. y Fagrell, B. (2011). «Moving (in) the heterosexual matrix. On heteronormativity in secondary school physical education». *Physical Education and Sport Pedagogy*, 16(1), 67-81.

Lenskyj, H. J. (1997). «No fear? Lesbians in sport and physical education». *Women in Sport and Physical Activity Journal*, 6, 7-22.

McCaughtry, N.; Dillon, S. R.; Jones, E. y Smigell, S. (2005). «Sexuality sensitive schooling». *Quest*, 57(4), 426-443.

McCormack, M. (2011). «Mapping the Terrain of Homosexuality-Themed language». *Journal of Homosexuality*, 58(5), 664-679.

McMillan, J. H. (2008). *Assessment Essentials for Standards-Based Education*. Nueva York: Corwin Press.

Morrow, R. G. y Gill, D. L. (2004). «Perceptions of homophobia and heterosexism in Physical Education». *Research Quarterly for Exercise and Sport*, 74(2), 205-214.

Pronger, B. (2000). «Homosexuality and Sport. Who's winning?» En J. McKay, M. Messner y D. Sabo (eds.), *Masculinities, gender relations and sport* (pp. 222-244). Londres: SAGE.

Silva, P.; Botelho-Gomes, P. y Goellner, S. V. (2012). «Masculinities and sport: the emphasis on hegemonic masculinity in Portuguese physical education classes». *International Journal of Qualitative Studies in Education*, 25(3), 269-291.

Smith, P. (2003). *Violence in schools: the response in Europe*. Londres: Routledge.

Squires, S. I. y Sparkes, A. C. (1996). «Circles of silence: Sexual identity in physical education and sport». *Sport, Education and Society*, 1, 77-101.

Sparkes, A. C. (1994). «Self, silence and invisibility as a beginning teacher: A life history of lesbian experience». *British Journal of Sociology of Education*, 15, 93-118.

Sperber, A. D. (2004). «Translation and Validation of Study Instruments for Cross-Cultural Research». *Gastroenterology*, 124, S124-S128.

Sykes, H. (1998). «Turning the closets inside/out: Towards a queer-feminist theory in women's physical education». *Sociology of Sport Journal*, 15, 154-173.

Sykes, H. (2001). «Understanding and overstanding: Feminist-poststructural life histories of physical education teachers». *Qualitative Studies in Education*, 14(1), 13-31.

Sykes, H. (2003). «The Angel's playground: same-sex desires of physical education teachers». *Journal of Gay & Lesbian Issues in Education*, 1(1), 3-31.

Sykes, H. (2004). «Pedagogies of censorship, injury and masochism: teacher responses to homophobic speech in physical education». *Journal of Curriculum Studies*, 36, 75-99.

Van de Vijver, F. J. R. y Leung, K. (1997). *Methods and Data Analysis for Cross-cultural Research*. Newbury Park: SAGE.

Vidiella, J. (2007). «El deporte y la actividad Física como mediadores de modelos corporales: género y sexualidad en el aprendizaje de las masculinidades». *Educación Física y Ciencia*, 9, 1-20.

Vidiella, J.; Herraiz, F.; Hernández, F. y Sancho, J. (2010). «Masculinidad hegemónica, deporte y actividad física». *Movimiento*, 16(4), 93-115.

Weinberg, G. (1972). *Society and the healthy homosexual*. Nueva York: St. Martin's.

Wright, J. y Clarke, G. (1999). «Sport, the media and the construction of compulsory heterosexuality: a case study of women's rugby union». *International Review for the Sociology of Sport*, 34(3), 227-243.

Índice